Hermann Scharnagl
Kurze Geschichte der Konzentrations

Hermann Scharnagl

Kurze Geschichte der Konzentrationslager

marixverlag

Bildnachweis

The 1945 Aid Society, London 200; Film- und Fotoarchiv, Yad Vashem, Jerusalem 164, 208; Martin Gilbert, London 174; Erich Hartmann, London 118, 125, 146, 154, 181, 183, 193; Andree Kaiser/Boris Geilert (G. A. F. F.), Hamburg 267, 268, 273, 274, 275, 279; Jutta Winter/Ingo Scheffler, München 141, 186, 187, 191; alle übrigen Abbildungen stammen aus dem Archiv des Verfassers.

Covergestaltung: Thomas Jarzina, Köln
Bildnachweis: AKG, Berlin
Satz: Pinkuin Satz und Datentechnik, Berlin
Druck und Bindung: GGP Media GmbH, Pößneck
Printed in Germany

ISBN 3-937715-18-5
www.marixverlag.de

Inhalt

»Die Millionen bestialisch Ermordeter dürfen nicht dem Vergessen anheim fallen. Im Gedenken an sie muss es die Aufgabe heute und die künftiger Generationen sein, den sinnlosen Macht- und Vernichtungswillen in uns selbst und bei anderen zu bekämpfen und nach Antworten auf die Fragen zu suchen, wie die Menschen beschützt, innerlich und äußerlich befreit und zu harmonischem Streben erzogen werden können.«

Albert Einstein, Aus seinem Nachlass

Einführung

Über zwei Dutzend Haupt- und 1200 Außenlager stehen für die Inkarnation des Schreckens im totalitären nationalsozialistischen Herrschaftssystem. Konzentrationslager, Ende des 19. Jahrhunderts bereits entstanden, wurden im SS-Staat zu grausamsten Terror-, Sklavenarbeits- und Vernichtungslagern der zivilisierten Welt.

Die imperialistischen Raubzüge des Hitlerregimes hatten der Welt zwar bereits leidvoll vor Augen geführt, zu welcher Barbarei der deutsche Faschismus fähig war, nachdem der »Größte Führer aller Zeiten« und seine Schergen 1939 einen Krieg entfacht hatten, der zum größten Weltbrand wurde. Das ungeheuerliche Ausmaß des Naziterrors wurde erst endgültig bekannt, als die Häftlinge der Konzentrationslager befreit wurden: die teuflisch geplante physische und geistige Vernichtung des jüdischen Volkes in Europa, die Ermordung von Behinderten, von Sinti und Roma, von Homosexuellen, Kriegsgefangenen und großer Teile der Zivilbevölkerung Osteuropas, vor allem der Russen und der Polen, die Verfolgung jeglicher politischer Gegner und alle anderen unzähligen Verbrechen.

Dabei handelt es sich nicht um Ereignisse, wie sie in der Menschheitsgeschichte immer wieder stattfanden und von den jeweiligen Chronisten überliefert wurden, wie Kriege und Schlachten der Vergangenheit. Es geht um etwas, was es in der Geschichte in diesem Ausmaß und in dieser Form bisher noch nie gegeben hatte: etwas, das im wahrsten Sinne des Wortes weder verstanden noch erklärt, sondern nur beschrieben werden kann und wofür heute die Begriffe *Holocaust, Shoah* oder *Auschwitz* stehen. Schon früh hatte Hitler – im *Völkischen Beobachter* vom 13.3.1921 – Konzentrationslager als Mittel gegen »die jüdische Unterhöhlung unseres Volkes« bezeichnet.

Wenngleich kaum eine historische Epoche als so umfassend erforscht gilt und die Fülle der Literatur darüber ebenso kaum noch überschaubar ist, legen uns eben diese Epoche und die während dieser Zeit verübten Verbrechen, die heute von manchen Interpreten nicht mehr in voller Schärfe gesehen, verdreht und vernebelt werden, die Pflicht des *Nicht-Vergessen-Dürfens* auf. Diese immer wieder und auch in diesem Buch erhobene Forderung richtet sich selbstverständlich nicht an die Opfer oder an ihre Familien, die ohnehin nicht vergessen können. Sie ist auch nicht an die noch lebenden NS-Verbrecher und an jene Mitläufer gerichtet, die »nichts gewusst haben« und sich an nichts erinnern können oder wollen. Oder an die Neonazis, die diese Verbrechen bestreiten, ebenso wenig ist sie an jene Stammtischbrüder gerichtet, deren Parolen verstärkt auf fruchtbaren Boden fallen.

Vielmehr will dieses Buch mit dem Versuch, das Unverständliche zu vermitteln, helfen, der jungen Generation und allen denen, die pädagogisch, geistig und politisch zur Bildung der Persönlichkeit junger Menschen beitragen. Für einen Rückfall der Deutschen in die Barbarei gibt es keine Anzeichen. Doch wer wagt zu behaupten, dass deshalb die »Goebbels'«, »Bormanns« und »Eichmanns« bei uns keine Chance mehr hätten, wenn wir nicht wachsam sind?

Lange bevor mich mein Verleger bat, dieses Buch zu schreiben, durfte ich für namhafte Verlage Arbeiten so bekannter Autoren betreuen wie Eugen Kogon, Theodor Eschenburg, Hans Rothfels, Jochen von Lang, um hier nur einige zu nennen, deren Bücher und Zeitschriftenbeiträge als Schlüsselwerke über die NS-Zeit und unsere jüngste Vergangenheit gelten. Diese Arbeit bestärkte mich noch mehr darin, dass die Auseinandersetzung mit der Zeit des Nationalsozialismus, der Entwicklung der SS und der Errichtung der Konzentrationslager, in denen sechs Millionen Menschen einem geplanten Völkermord zum Opfer fielen, nie enden kann und nie enden darf. Das gilt in besonderer Weise für den publizistischen Bereich.

Die Verantwortung gegenüber der Vergangenheit ist untrennbar von der Verantwortung gegenüber der Gegenwart und der Zukunft zu sehen. Elie Wiesel bringt es auf den Punkt, wenn er über die politisch-moralische Aufgabe des Schriftstellers heute sagt: »Um Schande zu verhindern, um eine neue Katastrophe zu verhindern, müssen wir wahrhaftig sein gegenüber der Vergangenheit. Wenn wir das Vergangene so berichten, ist die Zukunft sicher; wenn wir die Vergangenheit verleugnen, ist die Zukunft in Gefahr.«

Dieses Buch ist auch wesentlich beeinflusst durch meine Begegnung mit Avner W. Less[1], jenem Hauptmann der israelischen Polizei, den der Generalstaatsanwalt des Staates Israel beauftragt hatte, Adolf Eichmann zu verhören und damit den Strafprozess gegen Eichmann vorzubereiten, der dann zwei Monate nach dem letzten Verhör in Israel stattfand. Einige hundert Stunden lang saß Avner W. Less dem Mann gegenüber, der Millionen Juden in den Tod geschickt hatte, darunter seinen Vater und ein Dutzend nahe Verwandte. Der Vater von Avner W. Less, ein Berliner Fabrikant und Frontsoldat des Ersten Weltkriegs, war im Januar 1943 über das KZ Theresienstadt in die Gaskammern von Auschwitz gebracht worden. Als Träger des Eisernen Kreuzes hatte er, wie Hauptmann Less mit bitterer Ironie sagte, »das Privileg, als einer der Letzten umgebracht zu werden«.

Was Eichmann diesem Verhör-Offizier gestand und ich an Informationen von Avner W. Less erhielt, gibt mehr preis als alle bis dahin bekannten Einblicke in die Apparatur der Vernichtung. Neue, bisher ungekannte, ungewohnte Dimensionen des Menschseins werden erschreckend offenbar – in der Gestalt des Mannes, der das Ungeheuerliche exekutiert hatte, des Judenreferenten Adolf Eichmann[2], der ohne jegliches Empfinden für diese Ungeheuerlichkeit des Tuns und in eigener Regie einen Vernichtungsauftrag durchführte, wie ihn die Menschheit bisher nicht kannte.

Als ich Hauptmann Less fragte, was ihn während der Verhöre am meisten empört hatte, antwortete er: »Eichmanns völlige Empfindungslosigkeit. Obwohl er wusste, dass er nicht das ›kleine Rädchen‹ in Hitlers Riesenmaschine war, womit er sich bis zum Schluss herausreden wollte, sondern vielmehr das Schwungrad der erbarmungslosen Vernichtungsmaschine, wie ich ihm anhand von Dokumenten nachgewiesen hatte, gab es bei ihm kein Gefühl für das Ungeheuerliche seiner Verbrechen und nicht die geringste Spur von

Reue. Als eines der Verhöre zu Jahresbeginn stattfand, meinte er: ›Darf ich mir erlauben, Ihnen, Herr Hauptmann, ein frohes neues Jahr zu wünschen?‹ Als ich nur kurz erwiderte, dass es mir unmöglich sei, ihm einen solchen Wunsch zurückzugeben, sagte Eichmann: ›Jawohl, Herr Hauptmann, ich verstehe sehr gut, dass Sie das nicht dürfen.‹ Dass ich es gar nicht gekonnt hätte, kam ihm nicht in den Sinn.«

»Aus der Geschichte kann man nichts lernen fürs nächste Mal«, resümierte der Historiker, Staatsmann und Essayist Carl Jacob Burckhardt, »aber weise werden für alle Zeit.« Die Gestalt Eichmanns (siehe Seite 201 ff.) hält beides bereit: die Einsicht in das Gewesene und den Schauder vor dem Möglichen.

Erinnerungsarbeit, um »weise zu werden für alle Zeit«, in Zeiten, in denen jüdische Friedhöfe verwüstet werden, Rassenhass in kranken Hirnen neue Nahrung findet und Politikverdrossenheit in der Bevölkerung wächst, wenn Mitglieder des Deutschen Bundestages in ihrem Unrechtsbewusstsein so abgestumpft sind, dass sie auf Flugblättern und in Reden vor antisemitischen Äußerungen nicht zurückschrecken. Vor diesem Hintergrund gewinnen die Erinnerungsarbeit und die Auseinandersetzung mit den latenten Gefährdungspotenzialen der Demokratie eine zusätzliche Bedeutung.

Das Problem des *Sich-Erinnerns* an den Nationalsozialismus und seine Verbrechen liegt häufig nicht nur in dem *Sich-nicht-Erinnern-Wollen,* sondern auch in einer gewissen Unsicherheit und Schwierigkeit im Umgang mit dem Thema. Das trifft vor allem für die Verbrechen zu, die in den Konzentrations- und Vernichtungslagern begangen wurden. Selbst in Israel wusste man lange nicht, wie man sich damit befassen sollte. Der große Staatsmann David Ben Gurion war sogar der Meinung, dass die Juden nicht in der Lage sein würden, sich mit so viel Leid auseinander zu setzen, und hob deshalb den jüdischen Widerstand mehr hervor als das erlittene Leid des jüdischen Volkes.

Vor allem im Umgang mit der nationalsozialistischen Vergangenheit und ihren Verbrechen im Bereich pädagogischer Arbeit scheint es mir wesentlich zu sein, sich des *Nicht-Verstehen-Könnens* bewusst zu werden, anstatt endgültig erklären zu wollen, was so ohne weiteres vor allem für junge Menschen nicht erklärbar ist. Es scheint mir, dass dieser Aspekt häufig außer Acht gelassen wird, denn viele Pädagogen – bis hin zu Hochschullehrern – meinen, auf die Fragen junger Menschen immer gültige Antworten parat haben oder geben zu müssen – sofern diese Problematik überhaupt zum festen Bestandteil des Geschichtsunterrichts zählt. Mit solchen Antworten wird jedoch den Fragenden weniger geholfen als mit dem Versuch, das Unverständliche vermitteln zu helfen, wozu dieses Buch beitragen will.

Die Auseinandersetzung mit der Geschichte der Konzentrationslager und dort verübter Verbrechen muss sich daher stärker als bisher an Bedürfnissen und Defiziten der Gegenwart orientieren. So wird es möglich, Erkenntnisse im Sinne einer vernünftigen Bewältigung der Zukunft auf die Gegenwart zu beziehen und auf diese Weise an der Bildung des Geschichtsbewusstseins mitzuarbeiten.

Im vorliegenden Buch beschäftigen sich die einzelnen Kapitel mit der Vor- und Frühgeschichte der Konzentrationslager, mit den Terror- und den Vernichtungslagern in der Sowjetunion, der Vernichtungsmaschinerie während des

Anna Seghers kurz nach ihrer Rückkehr aus der Emigration im Jahr 1947 in die sowjetisch besetzte Zone Deutschlands. Neben ihr: Johannes R. Becker (links) und Alexander Abusch.

Dritten Reichs einschließlich wesentlicher Aussagen von Zeitzeugen in Bild und Text. Besondere Beachtung finden in dieser Darstellung ebenso die literarischen Auseinandersetzungen von Schriftstellern mit der KZ-Wirklichkeit. Schwerpunktmäßig sind dies Anna Seghers' »Das siebte Kreuz[3]«, Willi Bredels »Die Prüfung[4]« und Bruno Apitz' »Nackt unter Wölfen[5]«. Daneben wurden in den ersten Jahren nach 1945 viele Erinnerungsberichte ehemaliger KZ-Häftlinge gedruckt, die oft sehr informativ und nicht selten von hoher literarischer Qualität waren, zum Beispiel »Goethe in Dachau« von Nico Rost[6] oder »Zeit ohne Gnade« von Rudolf Kalmar.[7] Da sie vom Buchmarkt verschwunden sind, sollen sie wieder ans Licht gebracht werden.

Im Exil entstanden und in deutscher Erstauflage: »Das siebte Kreuz«, der Roman des entflohenen KZ-Häftlings Georg Heisler.

Ebenso umfassend beschäftigen sich weitere Kapitel mit Konzentrationslagern nach 1945 im außereuropäischen Raum – Asien, Lateinamerika –, mit den Lagern in der Sowjetischen Besatzungszone, mit den Arbeitslagern des Ostblocks – in der Tschechoslowakei, in Polen, Ungarn, Jugoslawien, Rumänien, Bulgarien, Albanien – bis hin zu den Todeslagern in Ex-Jugoslawien.

Bruno Apitz und das »Kind« Juschu seines Romans »Nackt unter Wölfen«.

Zentrales Thema sind die nationalsozialistischen Vernichtungslager und eine in die Zukunft weisende Gedenkkultur. Mit ihrem qualifizierten und engagierten wissenschaftlichen und pädagogischen Personal erfüllen diese Gedenkstätten an den authentischen Orten des Geschehens wichtige Aufgaben, die in ihrer Bedeutung und Wirkung aber umfassender werden müssen. In der Auseinandersetzung mit Norman G. Finkelsteins Buch »Die Holocaust-Industrie« gab es eine Reihe von Denkanstößen, die mir für Gedenken und Gedenkstättenarbeit in der Zukunft wesentlich erscheinen. Einer dieser Denkanstöße im Zusammenhang mit Finkelsteins kontrovers diskutiertem Buch kommt von Philipp Blom.[8] Er formuliert ihn so:

»Im deutschen und im europäischen Kontext muss man Finkelsteins Gedanken (damit meint Blom u. a. Finkelsteins Postulat, dass das Grauen nicht wie in Amerika länger kommerzialisiert werden und Gedächtniskultur nicht von Leidenskitsch in einer teils sinnentleerten Betroffenheitskultur verschluckt werden darf) weiter spinnen, denn das institutionalisierte Gedenken, erwachsen aus der Integrität des ›Nie wieder!‹, das im Jahr 2000 Großbritanniens ersten ›Holocaust-Day‹ hervorgebracht hat, hat inzwischen die gegenteilige Wirkung. Nicht nur die soziale Situation in Deutschlands neuen Bundesländern ist Indiz dafür, dass sich das ›alte Unbehagen‹ wieder rührt; halb öffentlich, in Andeutungen, vertraulich zwinkernd oder von der Kanzel in der Paulskirche. Die Routine des Erinnerns stößt auf einen Widerstand, der pilzgleich aus einem weiten und augenscheinlich ganz gesunden Wurzelgeflecht überall Köpfe emporschießen lässt, auf die zu treten gar nichts nützt.

Wenn die Geschichte etwas lehren kann, dann ist es nicht die Institution immer neuer Mahnmale, Gedenktage und Museen, mit denen das Publikum sein Gewissen beruhigen kann, sondern das *Anwenden* des ›Nie wieder‹ auf heutige Schauplätze von Unrecht und Völkermord. Das heißt nicht vergessen und verdrängen und schon gar nicht ›Schluss machen mit der ewigen Schuld‹, sondern *politisches* und nicht ritualisiertes Lebendighalten der Vergangenheit – im Kontext gegenwärtiger Menschenrechtsverletzungen, das Festhalten eines Legates, nicht eines Katechismus.«

Im Kapitel zur Gedenkkultur sind diese Gedanken weitergeführt. Sie sollen ein Brückenschlag zu dem sein, was sich Eugen Kogon schon im Schlusssatz der Erstausgabe seines bedeutenden Werks »Der SS-Staat«, dem viele Nachauflagen folgen sollten, so sehnlichst wünschte:

»Möge Deutschland sich selbst erkennen: seine edlen und seine entsetzlichen Züge, damit das entstellte, das verzerrte Antlitz wieder Gleichmaß gewinne. Es wird dann den Richter nicht mehr zu fürchten brauchen, weil es sich selbst ehrlich beurteilt hat. Und wenn er erneut die Frage an Deutschland stellt: ›Kennt ihr mich jetzt?‹, dann wird es in ihm den Erlöser sehen aus Irrtum, Verbrechen, Blutschuld, Schande und Not, den *Erlöser zur Freiheit und Menschenwürde.* Weit werden die Konzentrationslager dann hinter dem erneuerten Deutschland liegen – nur noch eine Mahnung aus Zeiten der Finsternis des Dritten Reiches.«

Reute im Breisgau
Hermann Scharnagl

Vor- und Frühgeschichte der Konzentrationslager

Nicht selten wird übersehen, dass die Konzentrationslager der NS-Zeit und davor ab 1918 der GULAG in der Sowjetunion keineswegs aus dem Nichts heraus entstanden sind.

Anfänge von Konzentrationslagern gab es bereits am Ende des 19. Jahrhunderts, sie reichen bis zum nationalen Befreiungskampf auf Kuba und bis zum Burenkrieg zurück. Auch die heutige Lagerwelt auf Kuba, wo die Vereinigten Staaten in den Verliesen von Guantánamo Bay mit mehr als 1000 Soldaten über 600 Gefangene festhalten und wo ebenfalls weder Recht noch Gesetz zählen, hat hier ihre Wurzeln. Die Anfänge dieser Lager gehen also weder auf das Spanien Francos noch auf das faschistische Italien, auf die Sowjetunion und den NS-Staat zurück, wie häufig und irrtümlich angenommen wird.

Um kein Missverständnis aufkommen zu lassen, muss an dieser Stelle ebenso klargestellt werden, dass sich hinter der Bezeichnung »Konzentrationslager« höchst unterschiedliche Realitäten verbergen. Wenn das Konzentrationslager auch eine Erfindung von vor gut hundert Jahren war, so versteht sich von selbst, dass zum Beispiel die *laagers* der Briten während des Burenkriegs (siehe dazu Seite 29 ff.) nichts mit den späteren Konzentrationslagern totalitärer Staaten gemein hatten. Der Begriff »Konzentrationslager« dient sehr umfassend zur Bezeichnung von Inhaftierungslagern, Internierungszentren und Arbeitslagern, von Konzentrationslagern im eigentlichen Sinn – geprägt von Erniedrigung, Umerziehung und Zwangsarbeit – sowie von Vernichtungslagern beziehungsweise von Vernichtungszentren.

Wenn im Folgenden einzelne Lager beschrieben und miteinander verglichen werden, so bedeutet Vergleichen keineswegs »über einen Kamm scheren«. Das verbietet allein schon die Einzigartigkeit der NS-Verbrechen in den Vernichtungslagern. Die Darstellung orientiert sich an einem Prinzip von Wolfgang Sofsky: »Einem Ereignis das Prädikat ›unvergleichlich‹ zuzusprechen setzt voraus, dass man dieses Ereignis bereits mit anderen Ereignissen verglichen hat, und zu dem Schluss gekommen ist, dass es radikal von anderer Art ist.«[1]

Die Behauptung, Auschwitz, wo mehr als eine Million Juden, Sinti und Roma sowie sowjetische Kriegsgefangene ermordet wurden, sei »unvergleichlich«, setzt daher einen Vergleich mit anderen Lagern voraus. Die vergleichende Betrachtung des Phänomens Konzentrationslager ist somit nicht nur legitim, sondern zwingend erforderlich, will man die Besonderheiten des jeweiligen Lagertyps herausarbeiten (siehe dazu auch Typologie der Lager Seite 199 ff.).

Vorläufer auf Kuba

Die erste organisierte Konzentration einer bestimmten Bevölkerungsgruppe in einem begrenzten und bewachten Raum wurde 1896 auf Kuba durchgeführt.

Wie zuvor schon mehrfach seit der Eroberung der Insel durch Diego de Velásquez kam es im Februar 1895 erneut zu einem Aufstand. Diese Rebellion wuchs sich zu einem Krieg aus, in dem die Spanier größere Verluste erlitten, ohne dass ein Ende abzusehen war. Deshalb suchte die Regierung in Madrid nach einem Mittel, die Angelegenheit ein für alle Mal zu beenden, während gleichzeitig die Gegnerschaft der USA immer deutlicher spürbar wurde.

Nach der Schlacht von Peralejo im Sommer 1895, die die kubanischen Rebellen unter ihrem Anführer Maceo für sich entscheiden konnten, sprach sich Martínez de Campos für neue, radikalere Methoden aus. In einer vertraulichen Mitteilung an den spanischen Regierungschef Cánovas schlug er vor, »die Landbevölkerung in den städtischen Ballungszentren zu *rekonzentrieren*«. Dabei ging es darum, die Landbevölkerung zwangsweise an einem vorgegebenen, von der Armee kontrollierten Ort zu versammeln, häufig in einer Stadt oder in der Nähe einer Stadt.

Die Verwendung des spanischen Begriffs *reconcentración* mag für Erstaunen sorgen. Warum sagt man nicht einfach *concentración*? Francisco Pérez Guzmán, ein kubanischer Historiker, dem die beste Untersuchung zu diesem Thema zu verdanken ist, vermutet einen Zusammenhang mit den vorausgegangenen *Konzentrationsmaßnahmen* zwischen 1868 und 1878. Man führte jetzt im Großen durch, was man einige Jahre zuvor bereits im kleinen Maßstab begonnen hatte, und so konnte man tatsächlich von einer *Re-Konzentration* sprechen.[2]

Vor allem verweist der Begriff darauf, dass die »Rekonzentrierten«, nachdem sie aus ihrer gewohnten Umgebung herausgerissen waren, an dem ihnen zugewiesenen Ort in einem großen Kollektiv leben mussten, man hatte sie »konzentriert«.

Weyler, der de Campos als *Capitán general* auf der Insel ablöste, bekam den Auftrag, den Aufstand schnell zu beenden. Sofort nach seiner Ankunft auf der Insel im Februar 1896 stellte der neue Generalgouverneur in einem feierlichen Aufruf an die Aufständischen Strafminderung für alle in Aussicht, die innerhalb von acht Tagen ihre Waffen niederlegen und als Kronzeugen aussagen würden. Jede Unterstützung der Rebellen würde dagegen ausdrücklich vor dem Militärgericht geahndet.[3]

Dann ließ Weyler an der engsten Stelle der Insel eine militärische Sperrlinie errichten. Es handelte sich dabei um eine breite Trasse mit Lauf- und Schützengräben sowie Stacheldrahtabsperrungen auf beiden Seiten. Offensichtlich steckte dahinter die Taktik der Isolierung, der Aufteilung des Territoriums in verschiedene Teilzonen, die dann leichter »befriedet« werden konnten.

Stacheldraht wurde seit 1874 in den Vereinigten Staaten industriell hergestellt und kommerziell vertrieben. Mit dieser Erfindung veränderte sich nicht nur rapide der Anblick der nordamerikanischen Prärienlandschaft, sondern es ergaben sich seit dieser Erfindung auch ganz neue Möglichkeiten für die Kriegführung.

Die Isolierung der kubanischen Rebellen war jedoch noch nicht vollendet, solange man sie nicht auch von der Bevölkerung abgeschnitten hatte, die auf dem Land lebte. Und deshalb beschloss Weyler, die Landbevölkerung an bestimmten Orten zu *konzentrieren,* die unter seiner Kontrolle standen.

Diese Maßnahme spielte laut Historiker Pérez Guzmán für den Befehlshaber Weyler »eine entscheidende Rolle bei der Erreichung seines Ziels, einen Frieden auf einem militärischen Sieg aufzubauen«.[4]

Weyler gewann schon im Dezember 1896 militärisch die Oberhand. Am 7. Dezember gelang es seinen Truppen, den Rebellenführer Maceo aus einem Hinterhalt heraus zu ergreifen und zu töten. Das war der Anfang vom Ende des Aufstands, denn die Spanier hatten umso leichteres Spiel, als unter den Rebellen keine Einigkeit mehr herrschte. Im Frühsommer 1897 gelangen den spanischen Truppen zwar entscheidende Vorstöße, aber dennoch rückte ein Sieg in weite Ferne. Es zeigte sich nämlich nun, dass der Einsatz ihrer Methoden zu einem zweischneidigen Schwert geworden war.

Die Konzentration beziehungsweise Rekonzentration bot nämlich dem US-Präsidenten die Gelegenheit, sich in die inneren Angelegenheiten Kubas einzumischen. Deshalb protestierte der gerade gewählte Präsident McKinley in einem offiziellen Schreiben gegen die unmenschliche Politik Spaniens und stellte deren Regierung über seinen Botschafter in Madrid ein Ultimatum. In diesem Ultimatum wurde Spanien aufgefordert, bis Ende Oktober 1897 alle kriegerischen Handlungen einzustellen. Als der spanische Premier einem Attentat zum Opfer fiel, schien sich die Situation zunächst zu klären.

Die ersten Maßnahmen des Amtsnachfolgers gingen in der Tat in die von den Amerikanern geforderte Richtung. General Weyler wurde im Dezember 1897 abberufen. Weyler, der Erfinder der Konzentrationslager, wurde danach dreimal Kriegsminister und machte weiter eine steile Karriere.

Auf Kuba wurde ab 1898 eine autonome Regierung eingerichtet. Zuvor wurde ein Abbruch der Rekonzentrationspolitik vereinbart. Der amerikanische Senator Proctor beschrieb die »Rekonzentrierten« so: »Sie sind aus ihrer Heimat verschleppt worden, sie leben auf einem stinkenden Boden, atmen ungesunde Luft, trinken verdorbenes Wasser und ernähren sich von verfaulter Nahrung, wenn sie überhaupt welche finden. Wer soll sich da noch wundern, dass die Hälfte von ihnen bereits tot ist und ein Viertel derer, die noch leben, so krank ist, dass keine Hoffnung mehr besteht. Man sieht Kleinkinder, die mit verkrüppelten Armen und Beinen herumlaufen, mit verschwollenen Augen und mit einem Bauch, der dreimal so dick ist wie normal. Die Ärzte sagen, dass es für diese Kinder keine Rettung gibt.«[5]

In seiner traditionellen Rede »Zur Lage der Nation« wandte sich Präsident McKinley gegen »die grausame Konzentrationspolitik, die seit dem 16. Februar 1896 verfolgt wird, ein Mittel in einem unzivilisierten Krieg, in einem Vernichtungskrieg«. Als dann im Februar 1898 in der Bucht von Havanna ein US-Kriegsschiff explodierte, war das der Funke im Pulverfass für den Krieg.

Dieser Krieg war jedoch schnell beendet, und an seinem Ende erlangte die Insel zwar die Unabhängigkeit, gelangte jedoch unter die wirtschaftliche Kontrolle der Vereinigten Staaten. Die Reconcentración war vorüber. Gleichzeitig war dies aber die Geburtsstunde des Interventionsrechts aus so genannten humanitären Gründen.

Diese Intervention durch die US-Regierung sah so aus: Nicht lange nachdem Weyler von Kuba abberufen worden war, kopierten die Amerikaner seine Methoden. Das geschah auf den Philippinen, die die Amerikaner in Fortsetzung ihres Krieges gegen die spanische Kolonialmacht den Spaniern entrissen hatten. Dort war gegen die neue, amerikanische Unterdrückung eine Rebellion unter der Führung von Emilio Aguinaldo ausgebrochen.

Schon bald waren die Aufständischen besiegt, und sie begannen einen Guerillakrieg, der die amerikanische Besatzungsmacht dazu veranlasste, auf der Insel Mindanao *Konzentrationslager* unter dem Vorwand des »Schutzes der nicht kämpfenden Zivilisten« einzurichten.

Doch weder das spanische Original noch die amerikanische Nachahmung des Konzentrationslagers erreichten die traurige Berühmtheit der britischen Nachahmung während des Burenkriegs.

Konzentrationslager im Burenkrieg 1899 bis 1902

Die Ursache für den Krieg der Buren (niederländische Bezeichnung für Bauern) gegen die Briten waren die Bestrebungen der Briten, ein zusammenhängendes Kolonialreich in Afrika zu errichten.

Den Anlass zum Burenkrieg bildete die Drohung der Briten, die Forderung der Transvaal-Briten militärisch zu unterstützen. Diese waren nach der Entdeckung großer Goldminen nach Transvaal (Transvaal und der Oranje-Freistaat waren von der britischen Krone seit 1852 beziehungsweise 1854 anerkannte unabhängige südafrikanische Burenrepubliken) eingeströmt und hatten erstmals 1896 versucht, das Land ohne Krieg in ihre Hand zu bekommen. Da dies misslang, suchten die Briten eine militärische Lösung.

Nach Ablehnung des burischen Ultimatums auf Einstellung britischer Truppenentsendungen erklärte 1899 die Republik Transvaal Großbritannien den Krieg. Der Oranje-Freistaat trat ebenfalls auf ihre Seite. Die zunächst zahlenmäßig überlegenen Buren waren bis Anfang 1900 in der Offensive. Sie belagerten die Städte Ladysmith, Kimberley und Mafeking, konnten aber ihre Anfangserfolge nicht nutzen und unterlagen der Übermacht der von Roberts und Kitchener geführten Briten.

Am 27.2.1900 kapitulierte der Burengeneral Cronje. Am 24.5.1900 wurde die Annexion des Oranje-Freistaates, am 1.9.1900 die des Transvaals durch die Briten verkündet.

Danach leisteten die Buren in einem nahezu zweijährigen Guerillakrieg zum Teil erfolgreichen Widerstand. Die Briten reagierten darauf mit der ver-

Zeitgenössische Illustrationen in einem Kriegstagebuch während des Burenkriegs.

Bewaffnete Buren demonstrieren entschlossen auf diesem Gruppenbild ihre Kampfbereitschaft.

heerenden Taktik der verbrannten Erde. Viele Burenfarmen wurden systematisch zerstört und in Brand gesteckt. Die obdachlosen Burenfrauen und ihre Kinder wurden in schnell errichtete *concentration camps,* in Konzentrationslager bestehend aus Zelt und Barackenlagern, eingewiesen. In dem Bericht eines kompetenten Zeitzeugen[6] werden die Lager so beschrieben:

»Gänzlich unzureichende sanitäre Anlagen, fehlende medizinische Versorgung, mangelhafte Ernährung und Kleidung, und die Unbilden der Witterung forderten unter den zusammengepferchten Frauen, Kindern und Greisen eine erschreckend hohe Zahl von Todesopfern. Von insgesamt 120 000 bis 160 000 Lagerinsassen starben über 20 000. Der Höhepunkt

Buren-Transport in ein Konzentrationslager.

des Massensterbens lag im Sommer und Herbst 1901, also im südafrikanischen Winter. Diese tragischen Folgen organisatorischer Versäumnisse belasten das britische Schuldkonto schwer. Beinahe noch fataler für Großbritannien war jedoch, dass die kämpfenden Buren und große Teile der europäischen Öffentlichkeit unter dem Eindruck einer konsequenten Ausrottungspolitik standen. Die verantwortlichen britischen Behörden haben aber, nachdem der Augenzeugenbericht der englischen Philanthropin Emily Hobhouse für ein heilsames Erwachen gesorgt hatte, die Verhältnisse in den Lagern grundlegend zu sanieren begonnen. Mit Beginn des Jahres 1902 trat eine deutliche Besserung ein.«

Emily Hobhouse notierte gleich zu Beginn ihrer Reise im Januar 1901: »Ich nenne dieses Lagersystem eine Grausamkeit im Großen. Nie, niemals kann es aus dem Gedächtnis der

Leute ausgelöscht werden. Die Kinder sind am härtesten davon betroffen. Sie sterben in der furchtbaren Hitze und in Folge der ungenügenden ungeeigneten Nahrung dahin. [...] Wenn das englische Volk doch nur einmal versuchen wollte, sich die ganze trostlose Lage vorzustellen! [...] Diese Art von Lager aufrechtzuerhalten, ist nichts anderes als Kindermord.«[7]

Die Redlichkeit erfordert den Hinweis, dass die Wellen des Protestes in England sehr hoch gingen, dass man für die Opfer der britischen KZs einen Hilfsfonds organisierte und dass der Druck der öffentlichen Meinung die Behörden zwang, von Repressalien dieser Art in Transvaal abzusehen. Bereits im Juni 1900 hatten die liberalen Führer, die späteren Ministerpräsidenten Campbell-Bannermann und Lloyd George, die Methoden der britischen Armee in Südafrika als »barbarisch« gebrandmarkt.

Die Herero, Opfer des ersten Völkermords im 20. Jahrhundert

Wenig bekannt ist heute noch die Existenz der Herero, ihre Geschichte und ihr Schicksal. Und dennoch kommt diesem kleinen Volk im Grenzland des heutigen Namibia die wenig beneidenswerte Besonderheit zu, in den Jahren 1904 bis 1911 Opfer des ersten Völkermords im 20. Jahrhundert geworden zu sein.

Die Herero waren auch die Ersten, die in Lagern zur Zwangsarbeit herangezogen wurden, und zwar in Konzentrationslagern, in denen die deutsche Kolonialmacht sie nach ihrer Verschleppung festhielt. Zwar gab es Konzentrationslager wie bereits erwähnt auch schon vor der »Abwicklung des Falls Herero«, doch hier erfuhr durch die Verbindung von Inhaftierung und Zwangsarbeit das Lagersystem eine entscheidende Veränderung. Entgegen anders lautender Behauptungen – insbesondere des deutschen Generalstabs – stellten die gerade mal 80 000 Herero nie eine echte Bedrohung für die Besatzer dar.[8] Die Herero waren nicht auf Krieg aus: Um seinem Volk ausreichenden Lebensraum zu sichern, hatte ihr Häuptling Maharero mit der Kolonialmacht Vertrag um Vertrag geschlossen und den Deutschen so nach und nach immer größere Teile des angestammten Landes überlassen. Aber was die Herero auch hergaben – es war nie genug, denn die Deutschen hatten nicht vor zu teilen, sondern gedachten, von allen wertvollen Gebieten Besitz zu ergreifen. Ihr Ziel war es, Deutsch-Südwestafrika in eine von Weißen bevölkerte Kolonie zu verwandeln, die Eingeborenen in Reservate zu bringen und wenn sie allzu widerspenstig und lästig wurden, sich ihrer zu entledigen.

Da die deutschen Einwanderer und die Kolonialgesellschaften sich die besten Weideflächen brutal angeeignet hatten, waren die Herero geradezu zum Aufstand gezwungen. Für die Deutschen war die Rebellion, die 1904 ausbrach, ein willkommener Vorwand, dieses von ihnen verachtete Volk loszuwerden, das ja doch nur ihren vermeintlichen Fortschritt bremste. Der Krieg, der im Eiltempo durchgezogen wurde, nahm sehr schnell die Form eines Rassen- statt eines Kolonialkriegs an, und sein Ziel lag nicht so sehr darin, den Feind zu unterwerfen und ihn wirtschaftlich auszubeuten, als ihn vielmehr zu vernichten.

Allein bei der Schlacht beim Waterberg am 11. August

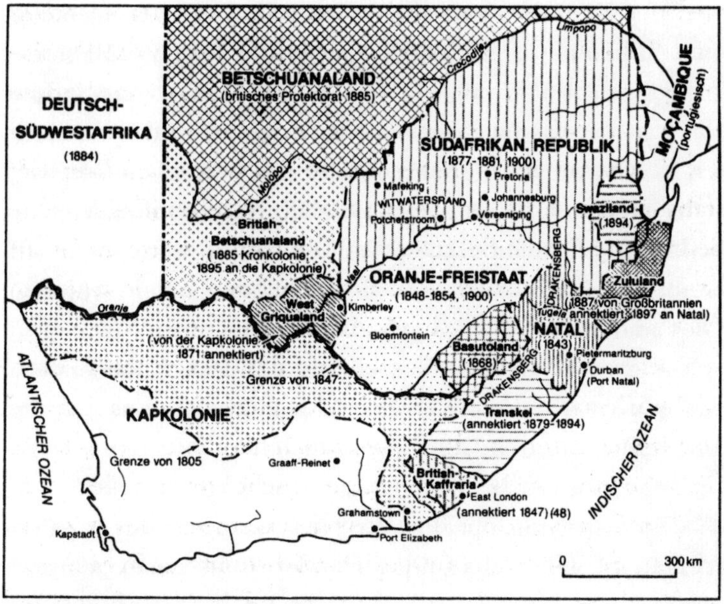

Karte Südafrikas im 19. Jahrhundert.

sollte die deutsche Armee unter dem Befehl von Lothar von Trotha nicht nur die 5000 bis 6000 gegnerischen Kämpfer niedermetzeln, sondern zudem und vor allem auch deren 20 000 bis 30 000 zivile Begleiter. Dass die Kolonialmacht die Ausradierung der lokalen Bevölkerung zum Ziel hatte, geht ganz eindeutig aus dem so genannten Schießbefehl vom 2. Oktober 1904 hervor, der die ersten Maßnahmen logisch ergänzte. Im Folgenden der vollständige Wortlaut der »Proklamation«:

»Ich, der große General der deutschen Soldaten, sende diesen Brief an das Volk der Herero. Die Herero sind nicht mehr deutsche Untertanen. Ich sage dem Volk: Jeder, der einen der Häuptlinge an eine meiner Stationen als Gefangenen abliefert, erhält 1000 Mark, wer Samuel Maherero bringt, erhält 5000 Mark. Das Volk der Herero muss jedoch das Land verlassen. Wenn das Volk dies nicht tut, so werde ich es dazu zwingen. Innerhalb der deutschen Grenzen wird jeder Herero mit und ohne Gewehr, mit oder ohne Vieh erschossen, ich nehme keine Weiber oder Kinder mehr auf, treibe sie zu ihrem Volke zurück oder lasse auf sie schießen. Dies sind meine Worte an das Volk der Herero.

Der große General des mächtigen Deutschen Kaisers.«[9]

Der Krieg, den von Trotha führte, war ein Rassenkrieg. Der Bericht an den Generalstabschefs des deutschen Expeditionkorps in Afrika bezeugt das ausreichend:

»Die Ansichten bei dem Gouverneur und einigen ›alten Afrikanern‹ einerseits und mir andererseits gehen gänzlich auseinander. Erstere wollten schon lange verhandeln und bezeichnen die Nation der Herero als notwendiges Arbeitsmaterial für die zukünftige Verwendung des Landes [...]. Ich glaube, dass die Nation als solche vernichtet werden muss, oder, wenn dies durch taktische Schläge nicht möglich war, operativ und durch die weitere Detail-Behandlung aus dem Lande gewiesen wird [...]. Deshalb halte ich es für richtiger, dass die Nation in sich untergeht [...]. Diese Gewalt mit krassem Terrorismus und selbst mit Grausamkeit auszuüben, war und ist meine Politik. Ich vernichte die aufständischen Stämme mit Strömen von Blut und Strömen von Geld. Nur auf dieser Aussaat kann etwas Neues entstehen, was Bestand hat.«[10]

Dennoch war die Ansicht der Militärs nicht unangefochten. Vor allem die zivile Kolonialverwaltung sperrte sich dagegen, allen voran der kaiserliche Gouverneur Leutwein. Doch seiner Sache und seines Auftrags gewiss, ließ sich von Trotha von den Argumenten Leutweins nicht überzeugen. In seinem Brief vom 4. Oktober 1904 an den kaiserlichen Generalstabschef General von Schlieffen versuchte er das nicht zu vertuschen, sondern vertrat weiterhin die Forderung nach der vollständigen Ausrottung des unliebsamen Volkes. Außerdem berichtete er: »Ich habe die in den letzten Tagen Ergriffenen kriegsgerichtlich verurteilt, aufhängen lassen und habe alle zugelaufenen Weiber und Kinder wieder in das Sandfeld zurückgejagt. Dieser Aufstand ist und bleibt der Beginn eines Rassenkampfes.«[11]

Mit dem Rückhalt Kaiser Wilhelms II. gewann von Trotha leicht die Oberhand über seinen zivilen Widersacher Leutwein, den er bis zur Abdankung trieb. Für die Herero waren die Folgen dieses »diplomatischen« Sieges dramatisch, denn sie wurden unerbittlich dezimiert und verjagt. Es blieb ihnen keine andere Wahl als der Weg in die Kalahariwüste.

Die Schreckensbilanz: Im Jahr 1911 zählten die deutschen Kolonialbehörden von ehemals 80 000 nur noch 15 130 Herero. Das heißt, dass im Verlauf von sieben Jahren mehr als 80 Prozent von ihnen umgekommen waren. Damit wurde in den offiziellen Akten der deutschen Kriegsgeschichtlichen Abteilung die Ansicht begründet, die Herero hätten als Volk aufgehört zu existieren.

Dazu ist anzumerken: Indem der Kolonialismus den Mythos von der Überlegenheit der Weißen förderte und die Anwendung brutalster Gewalt gegen alles, was nicht weiß war, legitimierte, bereitete er den Weg für die schlimmsten Katastrophen des 20. Jahrhunderts. Im afrikanischen Busch kündigten sich bereits die Schrecken des Ersten Weltkriegs und des nationalsozialistischen Völkermordes an. Hannah Arendt macht die »schrecklichen Massaker« und die »brutalen Morde« der europäischen Kolonialmächte verantwortlich für den triumphierenden Einzug von Befriedungsmaßnahmen, die schließlich zu Totalitarismus und Genozid führten. Wenn der Imperialismus siege, schreibt sie, werde der Rassismus zur Notwendigkeit, denn nur er könne eine Grundlage und damit eine Entschuldigung für die Anwendung von Gewalt liefern. Bereits damals hätten für jedermann sichtbar viele Elemente dagelegen, die in ihrem Zusammenspiel ein totalitäres System auf der Grundlage des Rassismus hervorbringen konnten.[12]

Paul Rohrbach schrieb 1912 in seinem Bestseller »Der deutsche Gedanke in der Welt«: »Weder unter den Völkern noch unter den Einzelwesen gilt als Recht, dass Existenzen, die keine Werte schaffen, einen Anspruch aufs Dasein haben.« Diese Kolonistenphilosophie hat er sich als Leiter der Einwanderungsbehörde für Deutsch-Südwestafrika zu Eigen gemacht: »Keine falsche Philanthropie oder Rassentheorie ist imstande, für vernünftige Menschen zu beweisen, dass die Erhaltung irgendwelcher Vieh züchtender südafrikanischer Kaffern für die Zukunft der Menschheit wichtiger sei als die Ausbreitung der großen europäischen Nationen und der weißen Rasse überhaupt. Erst dadurch, dass der Eingeborene im Dienst der höheren Rasse, das heißt im Dienste ihres und seines eigenen Fortschritts, Werte schaffen lernt, gewinnt er ein sittliches Anrecht auf Selbstbehauptung.«[13]

Man könnte versucht sein, das Schicksal der Herero als Folge einer nicht typisch deutschen Kolonialmacht anzuse-

Frauen, Männer und Kinder in Transvaal laden ihre wenigen Habseligkeiten für den Transport in ein Konzentrationslager auf einem dafür bereitstehenden Wagen.

hen, sondern als Folge der ganz allgemeinen Logik des Kolonialismus. Dennoch steht fest, dass zwar die Belgier, Franzosen, Briten und Holländer ihre Macht ebenfalls mithilfe von Verbrechermethoden aufrechterhielten, dass aber dennoch nicht das viktorianische Großbritannien, sondern das wilhelminische Deutschland ein Modell für die nationalsozialistischen Lager und gar für den Holocaust schuf.[14]

In Deutsch-Südwestafrika – und nicht in der britischen Kronkolonie Indien – entstanden Lager, in denen Männer, Frauen und Kinder festgehalten wurden, um durch Arbeit vernichtet zu werden. Dort wurden Wissenschaftler eingesetzt, die eine objektive »Basis« für die Verbrechen der Kolonialmacht liefern sollten. Zwei der Lehrer von Josef Mengele, Theodor Mollisson (1874–1952) und Eugen Fischer (1874–1767), forschten dort. Mollison 1904, das heißt genau im Jahr des Genozids an den Herero, und Eugen Fischer 1908. Fischer war einer der ersten Wissenschaftler, der die Gültigkeit der Mendel'schen Regeln nicht nur für Pflanzen und Tiere, sondern auch für das menschliche Erbgut ableitete und für die Nutzbarmachung von »Rassenqualität« pries. Seine Untersuchungen und die seiner Schüler von Mischlingen in der Bevölkerung deutscher Kolonien Südafrikas in Bezug auf die Vererbung bestimmter Körpermerkmale wie der Haut- und Augenfarbe leisteten mit folgendem Ergebnis einer »Renordisierungspolitik« Vorschub: Durch geeignete Kreuzungen können die Merkmale aus einer vorherigen Kreuzung beseitigt werden, sodass die »nordische Rasse« in ihrer »Reinform« wieder dominiert.

Seine Thesen formulierte Fischer in dem Handbuch »Menschliche Erblichkeitslehre und Rassenhygiene«. Das Werk blieb nicht ohne Wirkung. Als Hitler 1923 in der Festung von Landsberg am Lech in Haft saß, ließ er sich durch diese Lektüre für viele Passagen von »Mein Kampf« beeinflussen.

Im Jahr 1927 wurde in Berlin-Dahlem das »Kaiser-Wilhelm-Institut (KWI) für Anthropologie, menschliche Erblehre und Eugenik« gegründet. Als sein Leiter wurde Eugen Fischer nominiert. Am 30. Januar 1933 wurde Hitler Reichskanzler. Am 1. Februar bereits hielt Professor Eugen Fischer im Harnack-Pavillon des KWI einen Vortrag über »Rassenkreuzung und intellektuelle Leistung«. Im Juli 1933 wurde er zum Rektor der Universität von Berlin ernannt, wo er Medizin lehrte.[15]

Die Ermordung der armenischen Bevölkerung 1915/1916

In Anatolien, Thrazien und Kikilien, Südostkleinasien, wo im Jahr 1915 noch mehr als zwei Millionen Armenier lebten, gibt es heute keine mehr. Sie fielen einem Völkermord zum Opfer. Angesichts dieses Genozids, der zugleich eine Zäsur in der osmanischen Kulturtradition bedeutet, stehen diese drängenden Fragen im Vordergrund: Gab es nach dem ersten Genozid an den Herero (siehe Seite 33) und beim zweiten Völkermord des 20. Jahrhunderts an den Armeniern Konzentrationslager? Welche Daten zur Existenz, Entstehung, Form und Funktion dieser Lager dienen als Belege?

Bevor Zar Nikolaus I. das Osmanische Reich als »kranken Mann am Bosporus« bezeichnete, herrschte dort jahrhundertelang das so genannte *Millet*-System, das den Minderheiten der Juden, Armenier und orthodoxen Christen im Reich eine weitreichende Selbstverwaltung garantierte. Doch in den Jahren 1910 bis 1914 radikalisierten sich die Jungtürken und wurden zu Verfechtern eines Pantürkismus, einer Ideologie, nach der unter der Herrschaft der Türkei alle türkischsprachigen Länder vereinigt werden sollten.[16] Diese Zielsetzung steigerte sich unter dem Einfluss von Intellektuellen wie Ziya Gökalp und Behaedden Sakir. Sakir wurde einer der Hauptverantwortlichen des Völkermords (siehe Seite 47). Doch dem Pantürkismus stellten sich zwei Hindernisse in den Weg, ein physisches und ein geostrategisches: die Armenier und das russische Zarenreich. Die Aussicht, dass die Armenier ihre Autonomie oder gar ihre Unabhängigkeit betreiben könnten, empfanden die Jungtürken als massive Bedrohung, die nach ihrer Auffassung sofort und kompromisslos abgewendet werden musste.

Als Beginn des Genozids an den Armeniern wird in der neueren Historiografie die Razzia am 24. April 1915 angesehen. Innerhalb von zwei Tagen wurden damals in Konstantinopel nahezu 2500 Journalisten, Ärzte, Rechtsanwälte, Priester und Schriftsteller verhaftet, der Großteil der armenischen politischen und kulturellen Elite. Die Armenier waren von da an »eine Herde ohne Hüter«. Am 20. Mai 1915 verkündete der jungtürkische Innenminister Mehmed Talaat einen provisorischen Umsiedlungsbeschluss.[17] Für die Armenier, die wie die Juden zwar Pogrome bereits gewohnt waren, kam diese Entscheidung völlig überraschend. Offiziell sollte die Generalanordnung vom Mai 1915 der Sicherheit der Frontzonen dienen, indem verdächtige Einwohner ins Landesinnere verbracht wurden. In den Augen der Jungtürken-Partei »Einheit und Fortschritt« *(Ittihat Ve Terakki)* bot die armenische Bevölkerung den Ententemächten seit Ausbruch des Ersten Weltkriegs Unterschlupfmöglichkeiten. Das Gesetz sah nun vor, »unter bestmöglichen Bedingungen« die Armenier in die syrischen Wüsten abzuschieben, wo sie sich, weit entfernt von den Frontlinien, wieder niederlassen sollten. Ihr beschlagnahmtes Eigentum sollte später ihrer Ansiedlung in Syrien dienen. Aus der Geschichte wissen wir, dass es in Kriegszeiten offenbar kaum eine einfachere Methode gibt, gegen eine schutzlose Minderheit vorzugehen, als den Vorwurf »innerer Feindschaft«[18]. Die Türken beschuldigten die Armenier verräterischer und separatistischer Aktionen. Ihr Gesetz verfolgte eine doppelte Zielsetzung. Zunächst einmal wurde die Aufmerksamkeit der Opfer von der wirklichen Absicht, nämlich der totalen Vernichtung, abgelenkt, vor allem aber legte man damit ganz bewusst bereits die ersten Grundlagen für die Haltung, die man nach dem Völkermord einnahm: die Zurückweisung jeglicher Schuld.

Tatsächlich aber war der Deportationsbefehl zu keinem Zeitpunkt etwas anderes als eine Täuschung. Viele Zeugnisse – insbesondere die Korrespondenz der Diplomatie – belegen, dass auch armenische Volksgruppen aus Gebieten völlig abseits von den Kampfzonen in den Tod geschickt wurden. Aus denselben Briefen geht hervor, dass die türkische Regierung die armenische Frage ausdrücklich ein für alle Mal regeln wollte: »Wir werden schon ein Mittel finden, uns aller Armenier zu entledigen.«[19] Sogar der armenische Bevölkerungsanteil von Konstantinopel war von den Deportationen betroffen, obwohl er durch die Präsenz vieler Ausländer in der Stadt unter einem gewissen Schutz stand. Den Verlauf des Völkermords an den Armeniern kennzeichnen vier Phasen.

Die erste Phase erstreckte sich auf die Monate April und Mai 1915. In dieser Zeit vollzogen die Türken die ethnische Säuberung von Armee und Verwaltung. Alle Armenier in den osmanischen Armeekorps wurden entwaffnet. Zunächst sammelte man sie in Arbeitstrupps und setzte sie beim Straßenbau ein. Später wurden sie fast alle hingerichtet. Die Türken waren offenbar der Ansicht, dass ihr Vorhaben, die armenische Gemeinschaft zu eliminieren, sich leichter durchführen ließe, wenn erst einmal die armenischen Soldaten getötet und die städtische Elite vernichtet wären.[20]

Die zweite Phase war schon wegen ihres größeren Umfangs wesentlich umfassender. Sie erstreckte sich über die Monate Mai bis Juni 1915. In diesen beiden Monaten ließen die Jungtürken wenige Kilometer vor den Toren der jeweiligen Siedlungen die örtliche Oberschicht und die Mitglieder der armenischen Parteien hinrichten, ebenso alle gesunden Männer im waffenfähigen Alter. Allerdings wurden nicht alle sofort getötet, einige von ihnen waren zunächst noch einer Zwangsumsiedlung und Todesmärschen ausgesetzt. Zu massiven und umfassenden Deportationen kam es erst in der dritten Phase des Völkermords.

Nach dem Willen der Türken sollten im Frühsommer 1915 nur noch Frauen, Kinder und Greise am Leben sein. Und diese bunt gemischte Bevölkerung wurde von heute auf morgen in Richtung Wüste geschickt. Die Maßnahmen, die die Türken gegen sie ergriffen, waren diese: Während der langen Märsche durch die Wüsten und das Hochland des Reiches sollten möglichst viele Menschen umkommen. Parallel zu diesen Deportationen beschloss die türkische Regierung die Einrichtung von Lagern im Süden des Reiches, an der heutigen Grenze zu Syrien. Diese dritte Phase bezog sich auf drei voneinander getrennte geografische Gebiete: den Norden Kleinasiens, die Regionen im Osten und Südosten sowie das Gebiet an der Eisenbahnstrecke von Konstantinopel nach Pozanti. Am Ende der dritten Phase waren etwa 870 000 Armenier deportiert und nach Syrien zwangsumgesiedelt worden. Das entspricht einem Anteil von 40

In »L'Assiette au Beurre« (1901), einer international verbreiteten Sammlung mit Illustrationen, Totenklage einer verzweifelten Mutter.

Prozent aller Armenier, die am Vorabend des Ersten Weltkriegs im Osmanischen Reich lebten.

Die Vernichtung der Armenier unterstand während dieser drei ersten Phasen der Aufsicht einer türkischen Sonderorganisation *(Teskilatt Mahsusu ittihat)*, die die Regierung vollständig dominierte. Diese Sonderorganisation verfügte über eigene Gelder, Funktionäre, Waffen und Spezialmunition. Sie war eine Art »Staat im Staate«. Ihre Funktion bestand darin, das türkische Binnenland zu durchstreifen und die Züge der deportierten Armenier zu verfolgen und zu vernichten. Im Herbst 1915 waren bereits 800 000 Armenier umgekommen.[21]

Wie bereits erwähnt, war ein Teil der Verschleppten von den türkischen Truppen getötet worden, noch bevor sie überhaupt die Steppe erreicht hatten. Da es auch an ausreichender Infrastruktur zur Versorgung der Deportierten fehlte, ließen die langen, grausigen Flüchtlingskonvois verwesende Leichen hinter sich zurück und lösten so Epidemien aus, die ganze Landstriche der arabisch bevölkerten Nachbargebiete heimsuchten. Fleckfieber, Ruhr, Erschöpfung, Hunger und Massaker gehörten zu diesen Todesmärschen. Eingewängt zwischen den türkischen Truppen und den Milizen der Kurden und Tschetschenen, waren die Armenier den schlimmsten Gräueltaten ausgesetzt. Es wurden Männer, Frauen und Kinder Rücken an Rücken aneinander gefesselt und vom Rand der Schluchten in den Fluss gestürzt. Nicht selten wurden die Kolonnen der Zwangsumgesiedelten bei ihrer Ankunft in den Durchgangslagern schon von den Leichen im Euphrat eingeholt. Mindestens 100 000 Menschen sollen in diesem Fluss ertrunken sein. Zur vierten Phase:

Im Juli 1915 begann die Jungtürken-Partei die Umsetzung des vierten Punktes aus ihrem Plan: der systematischen Umsiedlung der Armenier in Lager in Syrien beziehungsweise Mesopotamien. Die Deportationsbefehle, die durch Aushänge oder öffentliche Ausrufer bekannt gemacht wurden, ließen der Bevölkerung nur zwei bis drei Tage Zeit, um ihre Angelegenheiten zu regeln und ihre Sachen zu packen. Angesichts des riesigen Andrangs auf den Straßen in Richtung Wüste legten die türkischen Obrigkeiten im Schnellverfahren eine größere Zahl von Zielorten für die Betroffenen fest. Die Instruktionen aus Konstantinopel an die örtlichen Behörden waren sehr präzise: Die Siedlungen mussten mindestens 25 Kilometer von Eisenbahnlinien entfernt sein, und die armenische Bevölkerung durfte nicht mehr als zehn Prozent der muslimischen Einwohner der entsprechenden Regionen umfassen.

Zu Beginn des Völkermords im Frühjahr und Sommer 1915 spielte die Sonderorganisation eine entscheidende Rolle. Für die letzte Phase des Völkermords aber, die sich gegen die 870 000 Menschen richtete, die bis nach Syrien und Mesopotamien gelangt waren, verhielt es sich anders. Im Verlauf des Septembers 1915 richtete die Regierung in Aleppo eine Untereinheit ein, deren Aufgabe in der physischen Ausrottung der Deportierten bestand. Diese Einheit war ab Oktober einsatzfähig. Sie unterstand direkt dem Innenministerium, geführt wurde sie von Sükri, einem Schergen des Innenministers Talaat. Ab sofort wurden alle Flüchtlingstrecks, die aus dem ganzen Reich kamen, systematisch in die Gegend von Dayr az Zawar und nach Mesopotamien geleitet. Aus umfangreichem Beweismaterial geht hervor, dass die Mitglieder der Sonderorganisation besonders eng mit den Funktionären in Aleppo zusammenarbeiteten. Ohne jeden Zweifel unterstanden diese beiden Organisationen, obwohl sie offiziell zwei verschiedenen Ministern zugeordnet waren, Sakir und den jungtürkischen Ittahisten.[22]

Zeugenaussagen sowie Archivmaterial belegen außerdem die Existenz von 25 Konzentrationslagern, die zum Großteil am Lauf des Euphrat lagen.[23] Außerdem sind fünf Durchgangslager bezeugt, überwiegend im heutigen Grenzgebiet zwischen Irak und Syrien. Immer wieder ist in den Dokumenten über den Völkermord an den Armeniern von Konzentrationslagern die Rede. Wie sind diese Lager in ihrer Gestalt und Funktion zu bewerten?

Zunächst sei klar gesagt, dass die türkischen Lager sich grundlegend von den »klassischen« Lagern der Nazis, der Sowjets oder der Chinesen unterschieden. In den türkischen Lagen gab es weder Wachtürme und Stacheldraht noch Hunde, Baracken oder viele Soldaten, also keine der üblichen Symbole jedes KZ-Systems. Zur Frage der Funktion:

In diesen Lagern ging es auch nicht um Isolierung, Bestrafung, Umerziehung und auch nicht um die Ausbeutung der Arbeitskraft. In diesem neuen Lagertyp ging es vorwiegend darum, die Inhaftierten vor Ort für einige Tage oder Wochen ihrem Schicksal zu überlassen, um sie dann mit einem anderen Ziel wieder weiterzuschicken – und das so lange, bis die einzelnen Konvois auf wenige Menschen zusammengeschrumpft waren. Jean-Jacques Becker kommt nach einem Vergleich der Vernichtungsprozesse an Juden und Armeniern zu dieser Bewertung: »Es hat hier die Ausrottung einer Volksgruppe stattgefunden – und das sogar ohne den Vorwand, den man im sowjetischen KZ-System stets vorgeschoben hat: die Umerziehung durch Arbeit. Der Mord an den Juden und der Mord an den Armeniern, das sind, wenn man einmal von unabweislichen Unterschieden absieht, doch beides Katastrophen, die nach bewusster Planung vor einem ideologischen Hintergrund herbeigeführt wurden und die dieses Jahrhundert unauslöschlich beflecken werden.«[24] Und zwei weitere französische Forscher, Joël Kotek und Pierre Rigoulot, merken dazu Folgendes an:

»Die armenischen Lager hatten ebenso viel von Flüchtlingslagern wie von Konzentrationslagern und sind daher am ehesten mit den späteren Judenghettos in Polen, der Ukraine und Weißrussland zu vergleichen. Es waren Vorkammern des Todes, riesige Sterbeheime. Auch dass diese Lager ganz allmählich entstanden, dass sie völlig unorganisiert und im Grunde doch gut durchdacht waren, erinnert an die Entstehungsgeschichte der Ghettos im Zweiten Weltkrieg. Hier wie dort lief alles darauf hinaus, dass die Flüchtlinge umkamen – zumindest wurde nichts dafür getan, ihr Überleben wahrscheinlicher zu machen. Und wenn sie nicht schnell genug starben, blieben noch Strafexpeditionen innerhalb der Lager oder weitere Deportationen. So bestanden die Durchgangs- oder Sterbelager aus nichts anderem als aus brachliegendem Land, weit genug von den nächsten Ortschaften entfernt, damit die Deportierten nicht von den Einheimischen mit Nahrung versorgt werden konnten, und so abgelegen, dass vom Ausland keinerlei Hilfe zu erwarten war [...].

Jedes neue Lager bedeutete nur eine weitere Station auf dem Leidensweg, ein Zwischenstopp auf dem unaufhaltsamen Marsch in die Wüste. Nur wenige kamen überhaupt dort an; wieder herauszukommen grenzte an ein Wunder. Dieses menschliche Dominospiel ist in dieser Form wohl einzigartig: Die Ersten machten sich wieder auf den Weg, wenn die Nächsten ankamen, und so ging es endlos, so lange, wie die Deportierten noch am Leben waren und laufen konnten. Häufig wurden die Flüchtlingstrupps von arabischen Stämmen angegriffen, die die Gegend durchkämmten, und das unter den wohlwollenden Augen der Türken und der kurdischen und tschetschenischen Milizen. Bei der Durchsetzung ihres Fernziels, des Pantürkismus, der die endgültige und unwiderrufliche Ausrottung der Armenier predigte, kümmerten sich die Behörden in Konstantinopel und die Milizen in Mesopotamien nicht weiter um die Details […].

Zum Abschluss der Vernichtung nahmen die Türken sich die 2000 Waisen aus Zawr vor. Nachdem sie nur dank ihrer außerordentlichen Gewitztheit so lange hatten überleben können, wurden sie nun unter unsäglichen Bedingungen festgehalten. Alle waren übersät von Wunden, die an den Rändern von Würmern zerfressen wurden, und was sie zum Überleben brauchten, mussten sie im Müll und in Tierexkrementen suchen. Manche von ihnen wurden in ihren Karren in einem verlorenen Stück Wüste mit Dynamit in die Luft gejagt, andere bei lebendigem Leib verbrannt. Schätzungen zufolge fielen in der Zeit von Ende Juli bis Ende Dezember 1916 den Massakern etwa 193 000 Menschen zum Opfer.

Angesichts des allgegenwärtigen Todes bewiesen die Armenier einen außerordentlichen Überlebenswillen und eine kaum zu übertreffende Anpassungsfähigkeit. Ein Beispiel dafür ist die Einrichtung eines Kommunikationssystems zwischen einzelnen Deportierten in Form einer lebendigen Zeitung: zehn- bis zwölfjährige Kinder, die zwischen den einzelnen Todeslagern pendelten und den Deportierten Botschaften überbrachten […].

Etwa 870 000 Menschen gelangten bis an die Grenze Syriens, wo die letzte Phase des Völkermords stattfand. Von ihnen sollen 630000 in den Lagern umgekommen sein, rund 220000 wurden bereits auf den Märschen massakriert. Unter den geschätzten 240000 Überlebenden wurden 20000 bis 30000 Frauen von den Nomadenstämmen verkauft oder verschleppt. Etwa 7000 Menschen konnten trotz der ständigen Razzien der Türken in Aleppo und Umgebung untertauchen. Mit dem Leben davon kamen schließlich an die 120000 islamisierte Armenier entlang der Achse Hamah–Damaskus–Jerusalem, die Djemal Pascha unterstand. Der war einer der Initiatoren des Völkermords; allerdings soll er gegen Ende nicht mehr für die Massentötung plädiert und sich damit gegen den radikalen Flügel der *Ittahat ve Terakki* gestellt haben.«[25]

Der Völkermord an den Armeniern erstreckte sich über den Zeitraum April 1915 bis Juni 1916. Innerhalb dieser Zeit wurden von den Osmanen etwa 1,2 Millionen Menschen ermordet. Der Rest von ihnen, etwa 800000, verdankt sein Überleben allein dem glücklichen Zufall oder einer gelungenen Flucht ins Ausland, das heißt nach Europa oder in das spätere sowjetische Armenien.

Der Genozid an den Armeniern nimmt eine Sonderstellung in der Geschichte der KZ-Systeme ein. Die völlige Unorganisiertheit, die minimale Bewachung und die fehlenden Infrastrukturen stehen im Gegensatz zu der sorgfältigen Methodik und dem Pragmatismus, mit dem später die russischen und asiatischen Kommunisten und die Nazis ihre Lagersysteme aufbauten. Alles weist darauf hin, dass die einzige Funktion der türkischen Konzentrationslager die von Todeslagern war.

Konzentrationslager in der Sowjetunion

Die Anfänge der Sowjetunion und die erste Phase ihrer Konzentrationslager

Mit der Rückkehr Lenins, der im Frühjahr 1917 mit Unterstützung der Berliner Reichsleitung aus der Schweiz nach Petrograd gelangt war, nahm die aufrührerische Stimmung in Russland erheblich zu. Der Berufsrevolutionär ließ nichts unversucht, um seine Konzeption einer Sowjetrepublik politisch durchzusetzen.

Mit der Wahl Trotzkis zum Vorsitzenden des Revolutionären Militärkomitees bekamen die *Bolschewiki* ein Instrument zur zielstrebigen Vorbereitung des bewaffneten Aufstandes in die Hand. Ihr Staatsstreich begann in der Nacht zum 25. 10. 1917 – *Oktoberrevolution* – und führte zur gewaltsamen Ablösung der bisherigen Regierung.

Die am 26. 10.1917 gebildete Sowjetregierung hob den privaten Besitz an Grund und Boden ohne Entschädigung auf und legalisierte damit den nun einsetzenden Prozess der Landaufteilung. Das Angebot eines Friedens »ohne Annexionen und Kontributionen« berücksichtigte pazifistische Friedenslosungen im Westen und untermauerte die Absicht weltweiter Revolutionierung bestehender Herrschaftsverhältnisse. Die bei den Wahlen zur Konstituante am

12.11.1917 erzielte antibolschewistische Zweidrittelmehrheit konnte nicht wirksam werden, da ein Gewaltakt der neuen Machthaber den Anfängen einer parlamentarischen Demokratie ein Ende setzte.

Während innenpolitisch eine im Dezember 1917 gebildete Allrussische Außerordentliche Kommision zur Bekämpfung von Konterrrevolution und Sabotage *(Tscheka)* gegen alle oppositionellen Kräfte mit brutalem Terror vorging, erwies sich Anfang 1918 die Einleitung von Friedensverhandlungen mit den Mittelmächten als Existenzfrage für das Sowjetregime. Es musste die harten deutsch-österreichischen Bedingungen im Frieden von Brest-Litowsk (3.3.1918) akzeptieren.

Zwar wurde nach dem Zusammenbruch der Mittelmächte der Diktatfrieden annulliert, jedoch erforderten Hungersnot, Bürgerkrieg und die im Sommer 1918 einsetzende Intervention der westlichen Alliierten sofortiges Handeln der neuen Regierung. Die dadurch erforderliche totale Konzentration der Macht entsprach einer jahrhundertealten Tradition, das Land mithilfe einer Zentralbürokratie und eines Netzes von Kontrollsystemen zu regieren. Im Rahmen der Durchsetzung ihrer Vorstellungen von einer neuen kommunistischen Gesellschaft unter den Bedingungen des Bürgerkriegs – *Kriegskommunismus* – nahmen die *Bolschewiki* eine außenpolitische Isolierung in Kauf. Eine vermeintlich weltrevolutionäre Entwicklung sollte im März 1919 durch die Gründung der III. Kommunistischen Internationale – *Komintern* – gefördert werden.

In dieser Phase wurden die Verstaatlichung sämtlicher Produktionsmittel, die Nationalisierung des Außenhandels sowie die zentrale Planung und Lenkung aller Wirtschaftsvorgänge durchgesetzt. Bis zum Frühjahr 1918 wurden das Privatvermögen in der Montan- und Metallindustrie enteignet sowie die Verkehrsunternehmen, die Elektrizitätswirtschaft, die Textilindustrie und die Zuckerfabriken verstaatlicht, 1919/1920 sämtliche Handels- und Handwerkbetriebe konfisziert und durch eine staatliche Verteilerorganisation ersetzt. Das Fiasko der Wirtschaftspolitik machte sich zuerst auf dem Land bemerkbar. Mit brutaler Gewalt durchgeführte so genannte *Requisitionen* von Getreide durch die KP hatten zur Folge, dass die Bauern aufhörten, das Land zu bestellen, und 1920/1921 zu Zehntausenden in antikommunistischen Guerillaeinheiten kämpften.

Die angespannte innenpolitische Lage spitzte sich dramatisch zu, als Matrosen im Kronstädter Aufstand im März 1921 die Macht der KP in Frage stellten. Die Erhebung wurde von der Roten Armee in erbitterten Kämpfen niedergeschlagen. Gleichzeitig scheiterte der Versuch, im Gegenzug zur polnischen Intervention von 1920 die Fackel der Weltrevolution nach Westen zu tragen. Das gemischte Wirtschaftssystem der Neuen Ökonomischen Politik (NÖP) sollte den Bauern ökonomische Anreize bieten, um die landwirtschaftliche Produktion wieder in Gang zu bringen und zu steigern.

Für die weitere Entwicklung des Sowjetstaats waren Beschlüsse des X. Parteikongresses der Kommunistischen Partei Russlands – *Bolschewiki* – von 1921 von Bedeutung: Verbot der Fraktionsbildung und Ablehnung von Kontrollfunktionen der Gewerkschaften gegenüber der Wirtschaft. Der Wandel der *Bolschewiki* zu einer Partei der Funktionäre wurde in der Ernennung Stalins zu ihrem Generalsekretär unterstrichen. Er nahm die Säuberung des Parteiapparats von allen Oppositionskräften vor und setzte nach dem Prinzip des »demokratischen Zentralismus« dem Politbüro ergebene Parteisekretäre auf allen Ebenen ein. Die am 30.12.1922 aus dem Zusammenschluss der Russischen Sozialistischen Föderativen Sowjetrepublik (RSFSR) mit der Ukrainischen, Weißrussischen und Transkaukasischen Sowjetrepublik entstandene Union der Sozialistischen Sowjetrepubliken (UdSSR) wurde zu einem zentralistisch regierten und russisch bestimmten Einheitsstaat, auch wenn in der Verfassung von 1923 formal das föderative Prinzip festgeschrieben war.

Um ihre Ziele zu realisieren, kannten die Sowjetführer von Anfang an keinerlei Skrupel. Schon früh gebrauchten sie den Begriff *Konzentrationslager*. Auch das sowjetische Lagersystem machte wie dessen Wahrnehmung eine Entwicklung durch, und die Lager aus den ersten Tagen der Revolution hatten andere Aufgaben, wie die folgende Darstellung zeigt, sodass der Begriff *Konzentrationslager* am Beginn der Sowjetunion noch eine andere Bedeutung hatte als die heute übliche. Sogar die Bezeichnung Lager änderte sich.

So taucht die Bezeichnung GULAG in offiziellen Dokumenten erstmalig 1934 auf, wurde aber bereits ab 1917 praktiziert. GULAG steht für die Abkürzung von Hauptverwaltung der Lager *(glawnoje uprawlenije lagerei)*. In den siebziger Jahren wurde dank Aleksandr Solschenizyns berühmtem Buch »Archipel GULAG« der GULAG zu einem feststehenden Begriff, der nicht nur die sowjetischen Konzentrationslager bezeichnet. Das ist auch der Grund, weshalb man heute ebenso vom chinesischen, vom vietnamesischen und vom indonesischen GULAG spricht. Zurück zu den Anfängen.

Bereits im Dezember 1917 äußerte sich Lenin zum Einsatz von Zwangsarbeit.[1] Im Februar 1918 forderte er die Entwicklung weiterer Haftanstalten, da Korruption mit einem Minimum von zehn Jahren Gefängnis plus zehn Jahren Zwangsarbeit bestraft werden müsse.[2]

Bald darauf wurde der erste öffentliche Appell, in dem Lager erwähnt wurden, durch Trotzki forciert. Anfang Juni 1918 forderte er, »die Tschechoslowaken, die sich weigern, die Waffen abzugeben, in Konzentrationslagern zu internieren«. Ende Juni desselben Jahres griff der Rat der Volkskommissare, der SNK, diese Empfehlung auf: Ehemalige zaristische Offiziere, die den Eintritt in die Rote Armee verweigerten, sollten in Konzentrationslagern interniert werden. Nach den feindlichen ausländischen Kräften geriet damit die innere Opposition ins Blickfeld der Staatsmacht. Im August billigte Trotzki die Einrichtung von Konzentrationslagern für so genannte konterrevolutionäre Offiziere, Saboteure, Parasiten und Spekulanten. Von da an, so der Historiker Michel Heller, wurde das Konzentrationslager »zu einem universellen Mittel des Terrors«.[3]

Wie die Archive belegen, wurden diese Lager von da an regulär eingesetzt: Im August 1918 – so steht es in einem Telegramm Lenins – erging der Befehl, »die Kulaken, Priester, Weißgardisten und andere zwielichtige Personen in Konzentrationslagern außerhalb der Stadt einzusperren«. Ein Konzentrationslager war zu dieser Zeit meistens ein einfaches »administratives« Internierungslager. »Administrativ« bedeutete in diesem Zusammenhang ohne Gerichtsurteil, und hinter »Konzentration« steckte der Wille zur massiven Ausübung von Terror. Mit Blick auf Lenins Grundgedanken, »die russische Erde von schädlichen Insekten zu säubern«, schreibt Michel Heller, »die Konzentrationslager wurden – ab ihrer Entstehung – zu einer Peitsche, mit der die Partei der Bolschewiken das widerstrebende Volk ins Paradies treiben möchte«.[4]

Das entstehende System der Haftverbüßungsorte unterstand der *Tscheka* (siehe Seite 54), jener Organisation also, die die politischen Gegner der neuen Herrschaft bekämpfte, sowie dem im April 1918 ins Leben gerufenen Zentralkollegium für Kriegsgefangene und Flüchtlinge. Ein Teil dieses Kollegiums bestand aus der Leitung eines ausgedehnten Netzes von Lagern, in denen die Kriegsgefangenen aus dem Ersten Weltkrieg – das waren Anfang 1918 immerhin 2,2 Millionen Männer – untergebracht waren. Bereits im Sommer 1918 wurden einige der Lager dazu genutzt, nach der Rückführung der ausländischen Soldaten Gefangene des Bürgerkriegs unterzubringen. Ein Erlass des Rates der Volkskommissare zum Roten Terror vom September 1918 zielte darauf ab, die Sowjetrepublik vor ihren Klassenfeinden durch »Isolierung Letzterer in Konzentrationslagern zu beschützen«. Damit war der Wandel vom Konzentrationslager als Waffe im Kampf gegen den äußeren Feind und dessen Verbündete im Innern in ein Lager vollzogen, das zur Bekämpfung des inneren Feindes diente. Und schlimmer noch diente das Lager von nun an auch zur Bekämpfung »potenzieller Feinde« und nicht nur solcher, die sich wirklich schuldig gemacht hatten. Es sollte sogar im Kampf gegen diejenigen gesellschaftlichen Schichten eingesetzt werden, in deren Namen die Revolution durchgeführt worden war: gegen Arbeiter und Bauern.

Die Lager mussten ihre Unterhaltskosten durch die Arbeitsleistung der Gefangenen bestreiten. Außerdem sollten diese umerzogen und gebessert werden, eine Anweisung, die allerdings in der Praxis keine Auswirkungen hatte. Nach *Memorial*, der russischen Vereinigung, die sich mit der Auswertung der seit einigen Jahren zugänglichen Archive befasst, bekamen 1918 nur zwei Prozent der Gefangenen Aufgaben übertragen, die ihnen die Wiedereingliederung in die Gesellschaft erleichtern sollten. Die Lager waren damit Teil einer Gesamtstrategie im Kampf gegen die Revolutionsfeinde. Sie waren jedoch nur eine Strategie – und, so paradox es klingen mag, nicht einmal die schlimmste – von mehreren Waffen. Eine bestimmte Zahl dieser Feinde, die als unresozialisierbar galten – Prostituierte, Verbrecher, »Parasiten« – wurden zur Abschreckung kurzerhand erschossen. Die Lagerinsassen hatten somit noch »Glück«. In der Haft jedoch hing ihr Schicksal vom Zufall ab: Die improvisierte Organisation hatte neben positiven auch negative Auswirkungen. Ein Lagerleiter konnte aus einer bestimmten Laune heraus einen Gefangenen einfach erschießen, ohne dass er mit einer Strafe rechnen musste. Eine Vorstellung von diesen ersten Lagern geben die 1923 eingerichteten Konzentrationslager für Regimegegner auf den Solowezki-Inseln im Weißen Meer. Folter und physische Vernichtung standen dort auf dem Programm.

Gab es unterschiedliche Lagertypen? Es ging vor allem darum, angebliche oder tatsächliche Regimegegner zu einer wohlwollenderen Einstellung gegenüber der neuen Herrschaft zu zwingen oder sie zumindest außer Gefecht zu setzen. Der notwendige Zwang wurde dabei vor allem in Form von Arbeit ausgeübt. Auch die Arbeiterklasse musste nach Auffassung der Sowjetführer erzogen, geführt und angespornt werden. Michel Heller zitiert in diesem Zusammenhang Lenin: »Von dem Arbeitsdienst, der bei den Reichen Verwendung findet, muss die Sowjetmacht dazu übergehen, die Frage zu beantworten, oder besser, sie auf die Tagesordnung zu setzen, wie die Prinzipien auf die Mehrheit der Werktätigen, Arbeiter und Bauern, anzuwenden seien.«[5]

Die »vorübergehenden« Konzentrationslager unterschieden sich auf dem Papier von den Lagern für Zwangsarbeit. Außerdem unterstanden sie unterschiedlichen Institutionen. Die Konzentrationslager waren der *Tscheka* angegliedert, während für die Arbeitslager verschiedene regionale und zentrale Institutionen zuständig waren. In den Konzentrationslagern wurden politische Gegner bekämpft, in den Arbeitslagern alle gesellschaftlich zwielichtigen oder potenziell gefährlichen Gruppen. Nach der offiziellen Unterscheidung gab es nach Kotek/Rigoulot (siehe auch Seite 24) fünf Typen von Konzentrationslagern:

- Lager zur besonderen Verwendung
- Konzentrationslager gewöhnlicher Art
- Produktionslager
- Lager für Kriegsgefangene
- Durchgangslager, zu denen auch vorübergehende Lager wie die im Anschluss an den Baueraufstand in der Region Tambow eingerichteten Zelte gehörten.

Wie die russische Organisation *Memorial* hervorhebt, tauchen die Begriffe »Arbeitslager« und »Konzentrationslager«

in den Unterlagen allerdings oft als Synonyme auf.[6] Außerdem stößt man dort auch auf die Bezeichnung »Konzentrationsarbeitslager«. Diese Unterscheidungen waren allerdings nur formaler Natur. Sie befriedigten das Differenzierungsbedürfnis federführender Bürokraten, hatten aber auf das Lagerleben selbst kaum Auswirkungen.

Die Sterblichkeit in den Lagern war hoch. Neben den üblichen Gründen wie Unterernährung, mangelnde Hygiene usw. spielten dabei auch teilweise grausame Misshandlungen der Häftlinge durch die Aufseher eine Rolle. Solschenizyn berichtet beispielsweise, Gefangene seien wegen Nichterfüllung von Arbeitsnormen auf den Scheiterhaufen getrieben und lebendig verbrannt worden.[7]

Es ist nicht einfach, diese erste Phase der Konzentrationslager in der Sowjetunion richtig einzuschätzen, in der sich zwar die herrschende Ideologie bis in die Durchführungsverordnungen hinein widerspiegelte, diese jedoch von den tatsächlichen Verhältnissen ständig konterkariert wurden. So sah das neue Strafgesetz von 1922 Straflager nicht einmal vor, während sie in Wahrheit ganz offensichtlich existierten. Schwer auszumachen sind ebenso die Unterschiede zwischen »Kriminellen« und »Politischen Häftlingen«, zwischen den Gefangenen des Bürgerkriegs und den Gefangenen außerhalb von Militäroperationen.

Nach den Quellen zu urteilen, beabsichtigten die Bolschewiken dabei stets, die Arbeitsbedingungen der Gefangenen – auch ihre Bezahlung – mit den Forderungen der Gewerkschaften in Einklang zu bringen. Tatsächlich aber war der Alltag der Gefangenen ungemein hart und hatte nichts mit »gewerkschaftlichen Normen« zu tun. Nach Statistiken von

Memorial wurden drei Prozent der Gefangenen mit weniger als 600 Kalorien, 27 Prozent mit bis zu 1000 Kalorien und 45 Prozent mit bis zu 1500 Kalorien täglich ernährt. Auch wenn solche Zahlen stets mit Vorsicht zu genießen sind, geben sie dennoch eine Vorstellung von den Leiden der Gefangenen und entlarven die Behauptung der Umsetzung »gewerkschaftlicher Normen« als Propagandalüge.

Ende 1922 wurden die Haftanstalten der Ministerien für Justiz und für Inneres zur Hauptverwaltung der Haftverbüßungsorte des NKWD zusammengelegt. Die GPU, die Staatliche politische Verwaltung, die auf die *Tscheka* folgte, unterhielt dabei aber nach wie vor ein eigenes System von Haftanstalten. So hatte man wie bisher die uneingeschränkte Vollmacht, ohne Gerichtsverfahren verhaften, exekutieren und so genannte gesellschaftlich gefährliche Elemente beliebig in Lager verbringen zu können.

Die zweite Phase der sowjetischen Konzentrationslager in den Jahren 1923 bis 1930

Für diesen Zeitraum sowjetischer Lager fällt auf, dass die Bezeichnung »Konzentrationslager« 1923 aus der offiziellen Terminologie zwar getilgt wurde, aber Konzentrationslager faktisch von den Solowezki-Inseln ausgehend weiterentwickelt wurden. Begleitet war diese Entwicklung von einer weiteren Methodisierung politischer Gewaltanwendung.

Die Solowezki-Inseln im Weißen Meer waren 1922 der GPU zur Verfügung gestellt worden. Auf diese Inseln sollten die Gefangenen aus den Lagern Chomolgory und Petrominsk und wenig später aus Kem verlegt werden. Im Oktober 1923 wurde aus der Verwaltung der Nördlichen Lager zur besonderen Verwendung die Verwaltung der Solowezker-Lager zur besonderen Verwendung (USLON).

»Anfangs beschränkte sich die Aktivität der USLON auf die Solowezki-Inseln und auf Karelien. Sie wurde anschließend auf den Ural und dann auf die Halbinsel Kola ausgedehnt. Die Gefangenenzahl wuchs dabei rapide: Am 1. Oktober 1927 wurden fast 13 000 Menschen gezählt.«[8]

Die Solowezki-Inseln mit ihrem feuchtkalten Klima liegen im südlichen Teil des Weißen Meeres. Das Lager auf diesen Inseln wurde Mitte des Jahres 1923 eingerichtet. Schon während der ersten sechs Monate gab es Hinrichtungen von erschöpften Gefangenen durch ihre Aufseher, ebenso brutale Übergriffe. Eine russische Wochenzeitschrift enthält dazu folgenden Beleg (zitiert nach Kotek/Rigoulot):

»Die Gefangenen wurden unwahrscheinlich schlecht ernährt. Sie waren in vier Kategorien unterteilt. Zur ersten gehörten die verwaltenden Gefangenen, von wenigen Ausnahmen abgesehen übelste Halunken; zur zweiten die Angestellten, die glücklichen Sterblichen, die in den Werkstätten arbeiteten, und alle Fachleute; zur vierten die Kranken und die buchstäblich Arbeitsunfähigen [...]. Manche erhielten als besondere Vergünstigung die Krankenhausration. Die anderen bekamen für 24 Stunden ein Pfund Schwarzbrot und eine trübe Brühe, die Suppe hieß. Die erdrückende Mehrheit schließlich gehörte der dritten Kategorie an. Sie erhielt ein Pfund, also ein viertel Brot, die gleiche trübe Brühe und am Abend etwas Grütze. Bei der Arbeit konnten die Leute sogar im Sommer kaum die Beine bewegen, und erst im Winter! Im Frühjahr litten 20 bis 30 Prozent an Skorbut, trotz der von der Lagerleitung angeordneten dauernden Bewegung. Im Krankenrevier wurde ich Zeuge grauenhafter Szenen: angeschwollene, völlig blaue Beine, die anderthalbmal so dick waren wie gewöhnlich. Mit Bagatellen blieb man nicht im Krankenhaus. Die Ernährung, die schon unter normalen Lebensumständen unzulänglich war, konnte einen Organismus im äußersten Norden, wo Skorbut grassierte, nur umbringen. Die Soldaten der Solowezker-Division erhielten eine Sonderration mit viel Fett. Im Herbst 1923 wurde der Versorgungsplan angesichts der Marktlage einer Überprüfung unterzogen und die erbärmlichen Rationen im Frühjahr weiter gekürzt. Die Menschen verhungerten, sie verfielen an Körper und Moral. Schließlich waren es nur noch animalische Existenzen. Mehrere hängten sich auf.«

Die hier beschriebenen Fakten dürften auch der Grund dafür sein, weshalb Aleksandr Solschenizyn in diesen Lagern das »Krebsgeschwür« sah, von dem aus sich rasch ein großer sowjetischer KZ-Krebs entwickelte. Solschenizyns These trifft insofern zu, als der Aufbau des GULAG tatsächlich in einer kontinuierlichen Entwicklung erfolgte, bei der sämtliche Elemente eines Stadiums ins nächste einflossen, das heißt, dass Gefangene, politische wie kriminelle, als »Staub« oder »schädliches Ungeziefer« galten und die KZ-Haft immer häufiger verordnet wurde. Das war bereits unter Lenin ersichtliche Politik, auch wenn sie erst unter Stalin ungeheure Ausmaße annehmen sollte (siehe Seite 65 ff.), der die politische Gewaltanwendung in seinem Terrorsystem noch erheblich intensivierte und vor Massenmorden nicht zurückschreckte, indem er politische Gegner systematisch liquidieren ließ.

Die dritte Phase der sowjetischen Konzentrationslager in den Jahren 1930 bis 1953

1930 richtete das Politbüro in der GPU die Hauptverwaltung der Besserungsarbeitslager (GUITL) ein. Die früheren Konzentrationslager wurden in »Besserungsarbeitslager« umgetauft, aber an der Leitung und den Haftbedingungen der Gefangenen änderte sich nichts. Wie auch die Quellen belegen, sprachen die Gefangenen deshalb auch nicht vom »Lager zur Besserung durch Arbeit«, sondern vom »Lager zur Ausrottung durch Arbeit«.

Dieser Zeitraum von 1930 bis zum Tod Stalins im Jahr 1953 ist durch großen Zuwachs an Konzentrationslagern im gesamten Gebiet der UdSSR gekennzeichnet. »Millionen von Stacheldrahtkilometern wurden gezogen, kreuz und quer durcheinander, es winkten und blitzten ihre Stacheln zu den vorbeifahrenden Zügen, den vorbeifahrenden Autos und den nahe gelegenen städtischen Vororten hinüber.«[8]

Die Ausweitung des KZ-Lagerwesens von 1930 an und der damit verbundene gewaltige Zuwachs an Lagerhäftlingen sorgten für die Entstehung einer russischen Redensart: »Wer noch nicht deportiert ist, wird es noch werden.«

Ab 1930 ging es weniger um eine »Umerziehung« oder »Besserung« von Gefangenen, die Opfer der unzulänglich revolutionierten Gesellschaft geworden waren. Jetzt sollten die Häftlinge, die für die politische und wirtschaftliche Entwicklung der UdSSR ein potenzielles Hindernis darstellten, für die Sowjetmacht arbeiten. »Die Strafe funktioniert nicht mehr nach der Schuld, sie funktioniert nach den familiären Beziehungen, der gesellschaftlichen Situation, der ausgeübten Arbeit. Die Strafe trifft nicht mehr aufgrund einer Sache, sondern weil man strafen muss […]. Aus der Zentrale kommen ständig die gleichen Forderungen: die Arbeit der Gefangen intensivieren, die Anzahl derer erhöhen, die man mit den wichtigsten Aufgaben betraut, die Arbeit der Invaliden rationalisieren.« Am ersten Januar 1933 waren 81 Prozent der Gefangenen in der Produktion tätig.[9]

Die Grabungen für den Weißmeer-Ostsee-Kanal sind ein sehr anschauliches Beispiel für die Zwangsarbeit in dieser Zeit. Über 140 000 Gefangene waren von 1931 bis 1933 zu diesen Arbeiten gezwungen worden. Der Nutzen war relativ gering, und die Rentabilität des gesamten Unternehmens äußerst fragwürdig. Wegen der gigantischen Ausmaße der Leiden der beteiligten Häftlinge und der Anzahl der Toten – ein Drittel der Sträflinge ist dabei umgekommen – hinterließ dieses Projekt tiefe Spuren im kollektiven Gedächtnis.

Über den Bau weiterer Kanäle zwischen Moskwa und Wolga hinaus und einem weiteren Kanal zwischen Wolga und Don hinaus wurden mithilfe dieser Zwangsarbeit ganze Städte aus dem Boden gestampft: Magadan in Ostsibirien, Dscheskasgan in Kasachstan, Workuta nördlich des Polarkreises und westlich des Ural. Andere Gefangene wurden zu Arbeiten in der Forstwirtschaft, im Bergbau und in der Ölindustrie gezwungen.

Bei der Arbeit am Weißmeer-Ostsee-Kanal wurde eine Art Gefangenen-Selbstverwaltung aufgebaut. Gerade mal 40 Aufseher kontrollierten Tausende von Gefangenen, aus denen Führungskräfte rekrutiert wurden – Mannschaftsführer, Brigadeführer usw. Zur eigenen Rettung sorgten diese für Disziplin und ein Minimum an Leistung. Ähnlich funktionierten auch die NS-Lager (siehe Seite 93 ff.). Die Sterblichkeit schnellte damals fast überall in die Höhe. Kamen im Jahr 1931 7300 Häftlinge ums Leben, so waren es 1933 bereits 67 000 Häftlinge. Das war immerhin ein Anstieg von drei Prozent auf 15 Prozent.

Offiziell dominierte abermals die Propagandalüge. Die Zwangsarbeiter in den Konzentrationslagern wurden zu »Freiwilligen« schöngeredet. So steht beispielsweise Anfang der fünfziger Jahre in der Zeitschrift *Ogoniok* folgende Lüge (zitiert nach Kotek/Rigoulot):

»Nur der patriotischen Begeisterung und der Opferbereitschaft angesichts von Lenins Ideal gehorchend, errichteten sie mit ihren Händen am äußersten Ende des Landes in vollendeter Schönheit ein Kulturzentrum. Möge ihre Arbeit allen Komsomol unseres sowjetischen Vaterlandes als Beispiel dienen. Möge sich dank ihnen und ihrer Arbeit der siegreiche Marsch des Kommunismus unter der genialen Führung des Genossen Stalin vollziehen!«[10]

Außer der OGPU unterhielten von 1930 bis 1934 auch das NKWD und das Volkskommissariat für Justiz Besserungsarbeitslager. Beide Organe waren mit repressiven Maßnahmen, der Umerziehung, aber auch mit der Erfüllung staatlicher Pläne betraut, also mit dem Aufbau »von sich selbst finanzierenden Einrichtungen, die noch einen Gewinn zugunsten des Staatshaushaltes der Republik erwirtschafteten«.[11]

Die Zusammenlegung aller dieser Lager und ihre Unterstellung unter die Kontrolle des NKWD erfolgte erst 1934. Im Juli dieses Jahres wurde dabei die GPU mit einer Verordnung »über die Bildung eines Volkskommissariats für Inneres (NKWD) der gesamten Sowjetunion« in eine Abteilung des NKWD verwandelt. Diese Verordnung begründete die Hauptverwaltung der Lager GULAG. Dem GULAG oblag von nun an die Verwaltung aller zuvor der GPU unterstehenden Lager sowie der Lager und Besserungsarbeitskolonien des Volkskommissariats für Justiz. Der zuvor schon von vielen Gefangenen gebrauchte Ausdruck GULAG wurde jetzt vom Volkskommissar des Innern Genrich G. Jagoda mit einem offiziellen Stempel versehen.

Anfang 1934 waren die Lager mit rund 500 000 Gefangenen belegt, von denen 220 000 in den drei wichtigsten KZ-Komplexen gefangen gehalten wurden: Dem DMITI für den Bau des Moskwa-Wolga-Kanals zwischen 1932 und 1937, dem BELBALTLAG für den Weißmeer-Ostsee-Kanal und dem BAMLAG für den Bau der Baikal-Amur-Magistrale und der zweiten Spur der Transsibirischen Bahn.

Im November 1934 wurde die GUITU, die Hauptverwaltung der Besserungsarbeitseinrichtungen, aufgelöst. Von da an unterstanden sämtliche einschlägigen Einrichtungen dem NKWD. In dieser Phase saßen etwa 725 000 Menschen in Lagern, viele Tausende befanden sich auf dem Transport dorthin, und weitere 290 000 Gefangene waren interniert. Zu dieser Zeit gab es in der Sowjetunion über eine Million Gefangene in Konzentrationslagern.

Über die eigentlichen Gefangenen in den Lagern hinaus verfügte die sowjetische Staatsmacht über eine Million Siedler und Sonderkontingente. Die Zahl der »Sonderumsiedler« sollte mit dem Krieg und am Ende der vierziger Jahre zurückgehen: Anfang 1949 waren es noch 120 000 und Anfang 1953 »nach einem natürlichen Aussterben« nur noch

25 000.[12] Ihren Platz nahmen die verschleppten Völker wie Tschetschenen, Kalmücken und Tataren ein. Auch unter diesen Verschleppten, denen Kollaboration mit den Nazis vorgeworfen wurde, herrschte eine hohe Sterblichkeit. Von den Ende 1944 verschleppten 580 000 Bewohnern des Nordkaukasus – überwiegend Tschetschenen – kamen bis zum Ende des Jahres 1948 25 Prozent um. Auch die übrigen deportierten Völker starben in ähnlich hoher Zahl.

Durch den Krieg verschlechterten sich die Lebensbedingungen in den Konzentrationslagern zusätzlich. Im Herbst 1941 stieg die Sterblichkeit enorm an. 1942 kamen von etwa 1,1 Millionen Gefangenen 250 000 um. Insgesamt starben in den Lagern und Kolonien 25 Prozent der Häftlinge und Siedler, in absoluten Zahlen über 350 000 Menschen. Ungefähr gleich viele Häftlinge waren im Jahr 1937 erschossen worden. Die schlechte Versorgungslage und die Gefangenentransporte nach Osten unter mörderischen Bedingungen trugen zu diesem Masstensterben bei. *Memorial* gibt für die Zeit des Kriegsausbruchs 1939 eine Zahl von 2 350 000 Gefangenen an. Drei Jahre später waren es nur noch halb so viele.

Neben der erhöhten Sterblichkeit war dafür die Verschickung von fast einer Million Häftlingen an die Front die Ursache – vorwiegend von Kriminellen, da politische Häftlinge insgesamt abgesondert wurden. Daraus erklärt sich auch ihr erhöhter Anteil an der Gesamtbelegung der Lager in den Jahren 1944 und 1945. Für diese »gefährlichen« Häftlinge gab es keinerlei Gnade. Im April 1943 wurden durch ein Dekret neue Strafen eingeführt, so die bisher unbekannte Hinrichtung durch den Strang.

Im Jahr 1947 folgte eine kleine Welle von Freilassungen.

Von ihr war ein Teil der Gefangenen von 1937 betroffen. Ein Jahr später wurde die Einrichtung von weiteren Sonderlagern beschlossen, bestimmt zur Inhaftierung von allen wegen Spionage oder Terrorismus zu Freiheitsstrafen Verurteilten sowie von Trotzkisten, Menschewiken, Anarchisten, Nationalisten, »weißen« Emigranten, Mitgliedern der antibolschewistischen Organisationen und Personengruppen, die wegen ihrer antisowjetischen Beziehungen angeblich eine Gefahr darstellten.

Diese Entwicklung und der damit verbundene Zuwachs an Gefangenen setzte sich bis zum Frühjahr und Sommer 1950 fort. In dieser Zeit stiegen die Zahlen auf ein Maximum von 2,6 Millionen Gefangenen in Lagern und Kolonien, wobei etwa 180 000 Häftlinge in den Gefängnissen in dieser Zahl nicht enthalten sind. Danach pendelte sich die Belegung der Lager bei ungefähr 2,5 Millionen Gefangenen ein. Der Mangel an Arbeitskräften hatte für das sowjetische Wirtschaftssystem insgesamt katastrophale Folgen. Kein bedeutendes Unternehmen unter der Leitung des Innenministeriums – MWD – erfüllte in den Jahren 1951/1952 den Plan. Das System der Konzentrationslager war in eine Krise geraten – nicht nur in wirtschaftlicher Hinsicht. Das war der Hauptgrund für die grundlegende Neuorganisation nach Stalins Tod im Jahr 1953.

Die letzte Phase der sowjetischen Lager in der poststalinistischen Ära von 1953 bis zu Gorbatschows Perestroika

Die von Berija im März 1953 erlassene Gefangenen-Amnestie markiert eine wesentliche Etappe in der Geschichte des GULAG. Allerdings blieb diese Amnestie insofern beschränkt, als von ihr nur »Kriminelle« mit Strafen bis zu fünf Jahren und »Politische«, die mehrheitlich zu Strafen von mindestens zehn Jahren verurteilt worden waren, mit Strafen bis zu drei Jahren profitierten.

Einen Monat später im April 1953 wurden der GULAG, die Abteilung der Kinderkolonien und einige regionale Organismen dem Justizministerium angegliedert. »Auf diese Art«, so kommentiert *Memorial* die Entwicklung, »kehrte das Lagersystem in der UdSSR zu den ersten Jahren seiner Existenz zurück.«

Vom Zeitpunkt der Amnestie im März bis Dezember 1953 sank die Anzahl der Lagerkomplexe von 177 auf 81 und die der Gefangenen von 2,5 Millionen auf eine Million. Gleichzeitig begannen die in den Lagern verbliebenen Gefangenen zu meutern. Streiks brachen aus, vor allem in Workuta, Norilsk, Kingir, Taischet, Ekibastus und in Dscheskasgan. Die Streiks endeten mit einer Serie von Amnestien.

Im April 1954 wurden alle Gefangenen auf freien Fuß gesetzt, die vor dem 18. Lebensjahr wegen eines Verbrechens verurteilt worden waren. Im September 1955 erfolgte die Freilassung der Sowjetbürger, die mit den Nazis angeblich kollaboriert hatten, zumindest von denjenigen mit Strafen bis zu zehn Jahren. Die Strafen der übrigen Häftlinge wurden auf die Hälfte reduziert. Im gleichen Monat wurde – nach der Adenauer-Visite in Moskau – den deutschen Kriegsgefangenen, die wegen »Kriegsverbrechen« verurteilt worden waren, die Rückkehr in die Heimat gestattet. Nach einer unveröffentlichten Verordnung vom September 1956 erhielten außerdem die ehemaligen sowjetischen Kriegsgefangenen in Deutschland die Freiheit zurück. Im Dezember 1956 wurden schließlich auch sämtliche japanischen Kriegsgefangenen entlassen.

Ab 1956 verschwand der Begriff »Konzentrationslager« aus den offiziellen sowjetischen Verlautbarungen und wurde durch »Kolonie« und später durch »Anstalt« ersetzt. In der Bevölkerung allerdings blieb der Begriff den tatsächlichen Verhältnissen entsprechend in Gebrauch. Bereits 1953 – nach Berijas Sturz – war das OSO, ein Sonderkollegium des NKWD, das mit der Verhängung von Strafen durch einfachen Verwaltungsakt betraut gewesen war, aufgelöst worden.[13]

Ende 1956 waren noch 37 von der Zentrale abhängige Lagerkomplexe und KZ-Einheiten übrig. Die berüchtigten Konzentrationslager von Norilsk und des Nordostens gehörten zu den 1957 aufgelösten Einrichtungen. Im Januar 1960 wurde außerdem die Hauptverwaltung der Kolonien zur Umerziehung durch Arbeit abgeschafft. »Das System der zentralen Leitung der Haftverbüßungsorte auf nationaler Ebene hörte damit vorübergehend zu existieren auf.«[14]

Drei Jahre später entstanden »Kolonien zur Besserung durch Arbeit und zur Besiedelung« für Gefangene, die mindestens die Hälfte ihrer Strafe verbüßt und von der Lagerleitung gute Führung bescheinigt bekommen hatten. Wie der Historiker Rossi unter Hinweis auf die Gesetzgebung zur Besserung durch Arbeit von 1970 erläutert, konnten sich die Insassen »dieser Kolonien [...] von Sonnenaufgang bis zur Ausgangssperre auf dem Gebiet der Kolonie frei bewegen, mit ihren Familien leben, Zivilkleidung tragen usw.«[15]

Warum diese »Abmilderung« der Haftbedingungen im Lager?

Die Politikeliminierung wurde deshalb aufgegeben, weil die umgekommenen Gefangenen jetzt nicht mehr so schnell durch neue ersetzt werden konnten: »In Ermangelung von Neuzugängen, die die Todesfälle ausglichen, drohte dem Lager die vollständige Entvölkerung.« Deshalb versuchte man die Sterblichkeit unter Kontrolle zu bekommen. Ein von Parton zitierter Zeitzeuge merkte dazu bissig an: »Man durfte nicht einmal mehr sterben!«[16] Abgesehen von diesen Maßnahmen funktionierten die Lager auch unter Leonid Breschnjew. Sie erfüllten nicht mehr die »zweifache zusammenhängende und organische Aufgabe des ursprünglichen GULAG: als System der allgemeinen politischen Gewaltanwendung und der Zwangsarbeit der Massen. Sie hatten jetzt im Wesentlichen strafende Funktion, begleitet von einer repressiven politischen Rolle, die nicht mehr auf die Masse der Bevölkerung zielte, sondern auf eine beschränkte Schicht von Dissidenten und ›Nationalismus‹-Verdächtigen!«[17]

In den Aufzeichnungen des Gefangenen Anatolij Martschenko am Ende der Chruschtschow-Ära und zu Beginn der Ära Breschnjew ist der schrittweise Substanzverlust der politischen Gewaltanwendung zu spüren. Vor dem Hintergrund des Lagers in der nachtotalitären Phase schildert Martschenko Erlebnisse, die jedoch noch immer stark durch

Gewalt und Grausamkeiten geprägt sind – mit der Ermordung von Gefangenen beim Fluchtversuch, mit quälendem Hunger und Durst. Martschenko selbst starb in der Gefangenschaft.[18]

Im Jahr 1970 wurde eine neue Verordnung zur »Besserungsarbeit« erlassen. Unterschieden wurde in diesem Dekret in Lager unter allgemeiner, verschärfter, strenger oder besonderer Kontrolle.

Politische Gefangene gab es noch bis zu Gorbatschows Perestroika, als die letzten Regimekritiker entlassen wurden. Heute existieren nur noch wenige Lager für Straffällige und Kriminelle.

Zusammenfassung

In den sowjetischen Lagern kamen viele Häftlinge um, und wie der Historiker Paul Barton betont, wurden noch mehr umgebracht. Auch wenn meistens indirekt getötet wurde – in der UdSSR »gibt es keine Gaskammern, die Häftlinge sterben an den Produktionsorten« –, so konnten die Lager dennoch zu Stätten von Massenexekutionen werden.[19]

Mindestens zwei Massenexekutionen fanden in den Jahren 1937 und 1938 statt, als die »große Säuberung« mit Massenverhaftungen über das Land hereinbrach. Spezialabteilungen des NKWD wurden in die Lager entsandt oder vor Ort zusammengestellt, um groß angelegte Erschießungen durchzuführen. Ein Exgefangener und Zeitzeuge, der am Bau der Eisenbahnlinie Baikal-Amur beteiligt war, bezeugt dies so: »1937 hatte man in die Stadt Swobodny, wo die

Hauptverwaltung des NKWD untergebracht war, eine Sonderbrigade aus Moskau entsandt, an deren Spitze Major Gradschy stand [...]. Diese Brigade erschoss nicht nur die Gefangenen, sondern auch die zivilen, freien Arbeiter, die in den Lagern beschäftigt waren. Ich persönlich weiß, dass die Brigade 150 Zivilisten erschossen hat. Die genaue Anzahl der erschossenen Häftlinge kenne ich nicht, aber sie geht sicher in die Tausende.«[20]

Oberst Andrejew sagte zu Lagern in Karaganda aus: »Diese Erschießungen waren während der Zeit der Verschwörung Tuchatschewskis, die sich auch auf die Lager auswirkte [...]. Ich wurde aus dem Gefängnis entlassen und kam nach Karaganda, wo ich zum Chef der Lagerleitung ernannt wurde. Ungefähr zwei Monate später bestellte mich der Chef der Verwaltung zu sich und gab mir den Befehl, in den Divisionen 20 der besten Soldaten auszuwählen, disziplinierte, energische Mitglieder des Komsomol oder der Partei ohne Familie, und sie der operativen Abteilung der Tscheka zu unterstellen [...]. Zwei Wochen später tauchte ein junger Kommunist bei mir in der Leitung auf [...]. Er berichtete mir ganz aufgeregt, er habe zwei Wochen lang in den Steppen von Karaganda gewaltige Gruben ausheben müssen. Und jetzt war er schon drei Tage damit beschäftigt, Menschen zu erschießen und sie in diesen Gruben zu verscharren. [...] Ungefähr zwei Monate später wurde dieses Kommando aus dem Lager abgezogen, wohin sie gegangen sind, wie ihr Schicksal aussah und was aus ihnen geworden ist, weiß ich nicht.« An anderer Stelle berichtete der Zeuge, am Anfang »wurden fünf Tagesbefehle mit den Listen der Erschossenen publik gemacht. Später wurde die Veröffentlichung dieser

Tagesbefehle verboten. Es gab 250 mit 300 Namen. […] Das Lager Karaganda war ein kleines Lager.«[21]

Abschließend muss noch auf einen grundlegenden Unterschied zwischen den Konzentrationslagern der Sowjets und denen des NS-Staates (siehe Seite 93 ff.) hingewiesen werden. Absolut zuverlässige Zeugen oder Analytiker wie Paul Barton oder Aleksandr Solschenizyn sprechen von einer enorm hohen Sterblichkeit. Sie beschreiben die schleichende Vernichtung der Gefangenen durch eine Arbeit, die der Umerziehung oder der sowjetischen Wirtschaft dienen sollte. Sie beziffern die Todesopfer beim Bau des Weißmeer-Ostsee-Kanals auf 60 000 Menschen. Aber all dies ändert nichts daran, dass der GULAG und Holocaust sich auf ideologischer Ebene diametral entgegenstanden.

Im NS-Staat war die Ausrottung ethnischer Gruppen ein erklärtes Ziel (siehe Seite 162 ff). Bei den Sowjets war dies nicht der Fall. So wie man ihre Ideologie, nach der die Verschleppten des GULAG angeblich wieder zu humanen Menschen gemacht werden sollten, nicht wörtlich nehmen kann, so wenig darf man aus den feststellbaren Auswirkungen der Lebensbedingungen in ihren Konzentrationslagern, also aus dem massenhaften Sterben unschuldiger Menschen, einen beabsichtigten Zweck ableiten. Die Sterblichkeit war zwar in den Konzentrationslagern beider totalitärer Systeme erschreckend hoch, aber in den Lagern der Sowjets war der Tod nicht das automatische und vorprogrammierte Schicksal der Gefangenen. Dennoch waren menschliche Tragödien, der Freiheitsentzug, die Unterwerfung unter eine stupide Lagerordnung, der Hunger, die Schikanen, die Schläge, die Krankheiten und die katastrophalen hygienischen Verhältnisse nicht zu leugnende Tatsachen. Im Jahr 1941 starben von über zwei Millionen Gefangenen im GULAG etwa 100 000 und im Jahr 1942 250 000 Menschen.

Jewgenija S. Ginsburg sieht den Unterschied zwischen den Lagern beider Systeme so: »Unsere Hölle von Elgen besaß diese Besonderheit, dass über dem Tor nicht die Inschrift prangte ›Lasset alle Hoffnung fahren‹. Hoffnung hatten wir. Man schickte uns nicht in die Gaskammer oder zum Galgen. Neben Arbeiten, die praktisch einem Todesurteil gleichkamen, gab es andere, die das Überleben ermöglichten.«[22]

In den Konzentrationslagern der UdSSR ging es um Isolation, Strafe und Produktion, wobei Verluste an Menschenleben billigend in Kauf genommen wurden. Im Gegensatz dazu ging es bei den deportierten Juden des NS-Staates um eine systematische Vernichtung, auch wenn wie in der Sowjetunion die Arbeitskraft vieler vor dem Gang in die Gaskammer noch ausgebeutet wurde. Diese systematische Vernichtung ist Gegenstand der Dokumentation in dem ausführlichen Kapitel »Die Konzentrationslager der NS-Zeit 1933 bis 1945«.

Konzentrationslager in Italien, Spanien und Frankreich 1926 bis 1944

Konzentrationslager unter faschistischer Herrschaft in Italien

Im Gegensatz zur Sowjetunion und zu Nazi-Deutschland existierten in Italien zur Zeit des autoritären Regimes Mussolinis vor 1939 noch keine Konzentrationslager. Dieses Regime entledigte sich seiner Gegner und missliebiger Personen zunächst durch Verbannung, wobei es sich nicht wie in der Sowjetunion und in Hitler-Deutschland um die Konzentration von Gruppen zum Zweck der Ausbeutung durch Arbeit oder zum Zweck der Vernichtung, sondern um die Zuweisung von Einzelpersonen zum Zwangsaufenthalt – *il confino* – handelte.

Doch bei Kriegsbeginn 1939 änderte sich die Lage allmählich und mit dem italienischen Kriegseintritt 1940 sogar schlagartig. Erste Pläne zur Errichtung von Konzentrationslagern datieren vom September 1939. Diese Pläne sahen vor, nahezu 1500 Ausländer und 500 Italiener in Konzentrationslagern zu internieren.

Ende des Jahres 1940 gab es in Italien bereits über 10 000 »Internierte«, darunter etwa 4000 KZ-Häftlinge.[1] Das größte dieser Lager, das Lager Ferramonti in der kalabrischen Provinz, war ausschließlich für Juden reserviert. Ein

»Kommissar für die öffentliche Sicherheit« leitete das Lager, das mit Stacheldrahtzäunen und Wachtürmen gesichert war. Die Lebensbedingungen dort waren zwar schwierig, aber nicht menschenunwürdig wie in den Konzentrationslagern der Sowjets und der Nazis. So hatten zum Beispiel Hilfswerke wie eine Kinderkantine ungehinderten Zutritt, ebenso hatte eine Synagoge einen festen Platz im Lagerleben. Die meisten Häftlinge kamen mit der Absetzung Mussolinis im Juli 1943 frei – nicht jedoch die Juden, die Kommunisten und die als »Anarchisten« bezeichneten Häftlinge.

Vor allem für die Juden spitzte sich nach der Gründung der »Sozialen Italienischen Republik«, die im September 1943 erfolgt war, schon kurze Zeit danach dramatisch zu. Der staatlich verordnete Antisemitismus wurde im Spätherbst 1943 zum Programmpunkt des zweiten faschistischen Staates erhoben. Gemäß einem 18 Punkte umfassenden Manifest, das die Faschisten Mitte November 1943 auf ihrem Parteitag in Verona verabschiedet hatten, wurden die Juden mit einer »feindlichen Nationalität« gleichgesetzt.[2] Die Verfechter eines extremen Antisemitismus gaben jetzt den Ton an – die Jagd auf die Juden war damit eröffnet.

Im November 1943 wurde die Beschlagnahmung ihres Vermögens und ihre Internierung in Sammellagern angeordnet. Bereits Mitte Oktober 1943 hatte Rom die erste Großrazzia erlebt. Von den über 1000 Verschleppten sollten nur 17 überleben.

Mit der Errichtung des Konzentrationslagers Fossoli in der Provinz Modena wurde eine neue Phase in der judenfeindlichen Politik eingeleitet. Die Lebensbedingungen in den 21 Lagern, über die Italien nunmehr verfügte, verschlechterten sich beträchtlich. Die Verschleppungen in die Konzentrationslager und Vernichtungslager in Deutschland und Polen (Auschwitz) führten meistens über zwei Durchgangslager, die direkt den Nazis unterstanden. Das eine Lager war in der Nähe von Bozen errichtet worden, das zweite in San Sabba bei Triest. Vor allem dieses in San Sabba errichtete Konzentrationslager glich einem deutschen KZ. Es verfügte nicht nur über ein Krematorium, sondern auch über eine Gaskammer, in der nahezu 2000 Menschen vergast worden sein sollen.[3]

Die Lager Francos und der Republikaner in Spanien

Konzentrationslager entstanden in Spanien im Bürgerkrieg und nach dem Sieg Francos. Unmittelbar nach dem Sieg Francos kam es zu Auswüchsen, die im Zusammenhang mit dem gerade überstandenen Bürgerkrieg zu sehen sind. Der Internierte war der Feind, der »Verräter«, der »Rote«, der nach Auffassung der Franco-Anhänger sie bedrohte.

Miranda de Ebro in der altkastilischen Provinz Burgos war das größte Konzentrationslager des Franco-Regimes und beherbergte während des Kriegs eine große Zahl ausländischer Gefangener. So saßen Ende 1942 in dem Lager Franzosen, Polen, Belgier und Deutsche ein, außerdem Tschechen, Briten und Jugoslawen. Mitte 1943 bildeten die Franzosen die größte Gruppe.

Miranda de Ebro war ein klassisches Konzentrationslager mit Mauer, Stacheldraht und Wachtürmen, das die Doppelfunktion hatte, Häftlinge zu verwahren und »Arbeiterbataillone« aufzustellen.[4] Über dem Tor prangte die Devise *Todo por la patria* (Alles für das Vaterland). In den schäbigen, auf gestampfter Erde errichteten Baracken – 20 auf 4,5 Meter mit einem 75 Zentimeter breiten Mittelgang – hausten 120 bis 130 Personen. Die beiden Längswände säumten Verschläge, die 2,5 Meter breit, 1,85 Meter tief und 1,80 Meter hoch waren und jeweils 5 bis 6 Personen als Schlafplatz dienten. In einigen Baracken waren sie sogar zweistöckig, was die Kapazität verdoppelte und zur Unterbringung von über 300 Häftlingen pro Baracke führte.

Jede Baracke hatte einen Aufseher. Der unterstand dem Chef-Aufseher, der jeweils drei Baracken unter sich hatte, und dieser wiederum dem Gruppenchef, von denen jeder eine Nationalität vertrat und über eine eigene Dienststube verfügte.

Es gab noch weitere Lager des Franco-Regimes: Laheras, wo Strafbataillone zusammengefasst worden waren, Sanatorio Portacoeli in der Nähe von Valencia, Albatera an der Ostküste und Avilés in Asturien. Dieses Lager in Asturien wurde von den Häftlingen »die Glastür« genannt. Die Verhältnisse waren äußert spartanisch. Die Gefangenen wurden gezwungen, auf nacktem Beton ohne Strohsack zu schlafen. Viele Häftlinge starben.

Außerdem existierten noch die Konzentrationslager El Corbán bei Santander, El Cortijo de Cáceres an der portugiesischen Grenze, San Marcos in der Provinz León, San Juan de Mozarrifar bei Saragossa, San Lucas la Mayor in Andalusien, Aranda de Duero, Reus in Katalonien, Orihuela bei Alicante und Puente de Vallecas in Madrid.

Das bekannteste Lager in der Umgebung der Hauptstadt

war Cuelgamuros, dessen Gefangene auf der Baustelle im berühmten »Tal der Gefallenen« zum Einsatz kamen. Diese von Franco in Auftrag gegebene Gedenkstätte zu Ehren der Bürgerkriegsopfer wurde von Häftlingen errichtet.

Die meisten Orte für diese Lager wurden in großer Eile ausgesucht, als die Republik zusammenbrach. Auch ehemalige Klöster, Sportstadien, ja sogar alte Schiffe wurden für die Unterbringung von Häftlingen benutzt. Nach dem Krieg wurden zusätzlich zu den Lagern, die noch aus dem Bürgerkrieg stammten, Lager für »Asoziale« und für Prostituierte errichtet.

Auch in den von den Republikanern gehaltenen Zonen existierten Konzentrationslager. Sie waren für politische Gefangene errichtet worden und dienten als Sammellager für Deserteure und Kriegsgefangene, ab 1937 jedoch auch für Anarchisten, Trotzkisten, Geistliche, »Asoziale« und Homosexuelle. In allen diesen Lagern mussten die Häftlinge Zwangsarbeit leisten.

Errichtet worden waren diese Lager qua Verordnung Ende Dezember 1936. Jeder Häftling musste hier beweisen, dass aus ihm ein »nützliches Element« werden konnte, und deshalb hießen diese Konzentrationslager auch »Bewährungsarbeitslager«. Manche Lager der Republikaner wurden später von den Franquisten übernommen.

Das oben erwähnte Albatera zum Beispiel, das García Oliver 1936 für die Internierung von Franco-Anhängern errichten ließ, beherbergte kaum mehr als 1500 Häftlinge. Später sollte es 25 000 Republikaner aus der Region Alicante aufnehmen.

Das erste Lager der Republikaner war Totana in Murcia,

über dessen Eingangstor das Motto »Arbeite und verzage nicht« prangte. In Valmuel bei Alcañiz gab es auch ein Frauenlager. In diesen Lagern, den Torres del Obispo, waren die Häftlinge vorwiegend Geistliche, Homosexuelle und Linksextreme. In einem dieser Lager waren die Häftlinge jeweils zu Fünfergruppen zusammengefasst worden. Floh einer der fünf, wurde die restliche Gruppe erschossen. Allein in Katalonien gab es fünf Lager »des Volkes« – *campos del pueblo.* Die Berichte der Häftlinge über die Arbeitsbedingungen in diesen Konzentrationslagern variieren. Im Allgemeinen mussten die Häftlinge einen Bewässerungskanal graben oder eine Bahnlinie bauen wie in der Region Tarancón, östlich von Madrid, Wasserleitungen verlegen wie in der Region Alicante oder Flugplätze planieren wie in Totana.

Die Lager Frankreichs 1938 bis 1944

Die Errichtung von Konzentrationslagern in Frankreich erfolgte erstmals aufgrund eines gewaltigen Flüchtlingsstroms zwischen den beiden Weltkriegen. Dieser Flüchtlingsstrom nach Frankreich begann 1917 mit der Flucht von Weißrussen vor den Bolschewiken und setzte sich fort mit Flüchtlingen aus allen übrigen europäischen Ländern, wo sich Menschen vom Faschismus und Antisemitismus bedroht sahen. Besonders groß war der Flüchtlingsstrom spanischer Flüchtlinge vor Francos Regime Ende 1938/Anfang 1939. Ein Zeitzeuge sieht es so:

»Über die Pässe Ares, Prégon und Sizern oberhalb von Prats-de-Mollo, über den Pass Perthus und über Cerbère, über Las Illas-Maureillas, Saint-Laurent-de-Cerdans, Bourg-Madame oder Port d' Envalira strömten die Flüchtlinge zu Tausenden herbei, auf Maultier und Schmucklerpfaden, die manchmal verschneit waren, mit wenigen Habseligkeiten bepackt, die sie am Rande der Erschöpfung häufig auch noch zurücklassen mussten. Die behördlich festgesetzte Obergrenze von 2000 Einreisen pro Tag wurde bald überschritten. Bereits am 5. Februar 1939 wurde die Zahl der Flüchtlinge auf 130 000 geschätzt, und zur gleichen Zeit trafen die ersten Einheiten der spanischen republikanischen Streitkräfte ein.«[5]

Die eintreffenden Flüchtlinge wurden notdürftig in »Auffanglagern« – so die offizielle Sprachregelung – untergebracht. Die Situation war ebenso chaotisch wie dramatisch und erinnert an den Krieg vor einigen Jahren im Kosovo, als in Mazedonien und Albanien Hunderttausende von Flüchtlingen in Lagern zusammengepfercht wurden.

Wie überall auf der Welt stand auch die französische Öffentlichkeit diesen gewaltigen Flüchtlingsströmen ablehnend gegenüber. Deshalb beschlossen die Zivil- und Militärbehörden, die Flüchtlinge in verschiedenen Lagern im Süden des Landes festzusetzen. Denis Peschanskis Bemerkung, »Internierung war die improvisierte und häufig dramatische Antwort auf einen Ausnahmezustand«[6], charakterisiert zutreffend diese Situation, als die spanische Flüchtlingswelle über die Grenze rollte. Frankreich richtete in dieser Zeit Konzentrationslager ein. Der Gebrauch dieses Wortes erschien unproblematisch, anlässlich der Eröffnung des Lagers Rieucros im Januar 1939 wurde dieses Wort sogar im französischen Amtsblatt verwendet. Und nicht nur dort, noch war die

Bezeichnung »Konzentrationslager« so wenig negativ besetzt, dass es selbst an den Toren der Lager prangte, so zum Beispiel in Saint-Cyprien, wo das Tor die Inschrift »Konzentrationslager Saint-Cyprien« trug. Erst ab 1941 sprach man in Frankreich offiziell von so genannten Beherbungszentren. Wie sah nun die Realität dieser Konzentrationslager aus, in denen zum Beispiel die spanischen Flüchtlinge »konzentriert« wurden? Zwei französische Historiker[7] sehen es so:

»Gewiss, sie (gemeint diese Lager) machten dem Mutterland der Menschenrechte keine Ehre, aber sie waren auch in keiner Weise Konzentrationslager im heutigen Sinn des Wortes. Die französischen Lager waren zunächst weder Konzentrationslager noch Arbeitslager, sondern Auffanglager. Ihre ziemlich hohen Sterblichkeitsraten sind darauf zurückzuführen, dass sie wegen der unzureichenden Finanzmittel ihren Aufgaben nicht nachkommen konnten. Außerdem stand man vor einer Ausnahmesituation. [...]

Immerhin waren Schikanen nicht der Alltag, sondern allenfalls eine Form der Bestrafung. So wurden aufsässige Insassen, die gegen die Lagerordnung verstoßen hatten, in ein mit Stacheldraht umzäuntes Areal gesperrt, das zehn auf zehn Meter maß. Da sie dort im Laufschritt rennen mussten, wurde der Ort ›Rennbahn‹ genannt. Gleichwohl war man weit von den Haftbedingungen in den NS-Lagern entfernt. Was Louis Noguères allerdings davon abhielt, die Zustände in den französischen Konzentrationslagern bereits am 17. Februar 1939 (und mit Recht) anzuprangern: ›Käme Hitler hierher, würde er feststellen, dass er in der Kunst, Menschenmassen Gesetze aufzuzwingen, die, eine Schande im 20. Jahrhundert, über Leben und Tod entscheiden, nicht mehr vollbracht hat!‹[8] Das ist natürlich übertrieben, aber Menschenrechte bleiben Menschenrechte.

Die Wirklichkeit hatte natürlich viele Gesichter. So boten die französischen Lager der ersten Generation auch Möglichkeiten der sportlichen und kulturellen Betätigung. [...]

Dies änderte aber nichts daran, dass die französischen Lager in puncto Hygiene und Haftbedingungen (Stacheldraht und Gendarmen) typische Lager waren. Das Misstrauen der Franzosen gegen eine Bevölkerung und namentlich eine Armee, die bekanntermaßen mit dem Kommunismus sympathisierte, bildete in der Tat die eigentliche Gemeinsamkeit zwischen ihnen und dem repressiven Lager: Man wollte die Insassen isolieren, unter Kontrolle halten. Viele ehemalige Internierte erinnerten sich an die Demütigung, die sie empfanden, wenn man ihnen von einem Lastwagen aus Brotlaibe zuwarf. Ein Zeitzeuge berichtet von ›diesem entwürdigendem Kampf ums Brot: Plötzlich stürzte sich eine Gruppe von Internierten auf die Brote, die ein Franzose von einem Lastwagen herunterwarf. Das in jedem Menschen schlummernde Tier erwachte. Menschenknäuel stritten sich, ihren primitivsten Instinkten folgend, um die Beute. Der Kerl, der das Brot warf, genoss das klägliche Schauspiel sichtlich. Das sind Tiere, und entsprechend behandeln wir sie. Zum Glück schritt kurz nach der Verteilung die Lagerleitung ein. Von da an gab es im Lager Argelès immer reichlich Brot.‹ Erniedrigend waren auch Krankheiten und andere Gesundheitsprobleme. Verunreinigtes oder nicht zum Trinken geeignetes Wasser verursachte Durchfall. Juan Carrasco, ehemaliger Lagerinsasse in Argelès, berichtete: ›Wenn es uns überkam, mussten wir zum Strand laufen. Wir schrien, und jeder wusste, worum es ging. Manchmal war der Durchfall so heftig, dass die Leute sich buchstäblich in die Hosen schissen wie Kinder. Die Abortgrube war ein großes viereckiges Loch direkt am Wasser. Wir hockten so dicht gedrängt drum herum, dass wir uns gegenseitig berührten, alle durcheinander, Männer, Frauen und Kinder, Hunderte gleichzeitig. Ein Flugzeug der Fox Movietone hat uns sogar mehrmals aus der Luft in dieser Situation gefilmt.‹« Die Situation der Lager beziehungsweise der Lagersysteme während des Zweiten Weltkriegs beschreiben die beiden französischen Historiker so:

»Am 10. Mai 1940 rückten Hitlers Truppen in Belgien und den Niederlanden ein. Am 13. Mai wurden Männer und Frauen deutscher Herkunft durch öffentliche Bekanntmachungen und Zeitungsaufrufe aufgefordert, sich in Sammelstellen einzufinden. Die Lage unterschied sich also grundlegend von der im Jahr 1914, als vor Ausbruch der Kampfhandlungen keine Internierungen vorgenommen worden waren. Zudem waren der Kriegserklärung vom September 1939 und der daraus resultierenden Internierung von Bürgern der Krieg führenden Länder eine ganze Reihe von Maßnahmen gegen ausländische Flüchtlinge vorausgegangen. Bereits im September 1939 wurden deutsche und österreichische Staatsbürger, ab Juni 1940 auch Italiener als ›Verdächtige aus nationaler Sicht‹ festgenommen. Sogar Weißrussen kamen nach dem Abbruch der diplomatischen Beziehungen zwischen Vichy und Moskau im Juni 1941 in staatlichen Gewahrsam. [...]

Eine große Zahl deutscher Juden und Antifaschisten wurde in Les Milles interniert – und damit außerhalb der Zone –, die den republikanischen Flüchtlingen aus Spanien offenstand. Eine alte Ziegelei war auf zwei Seiten von einer Mauer, auf den beiden anderen von einer schanzenartigen Böschung umschlossen und zudem ausgiebig mit Stacheldraht und mit Wachsoldaten gesichert. Hier wurden 1000 politische Flüchtlinge interniert (Deutsche, Österreicher, Tschechoslowaken). Ihre Zahl sollte auf 3000 steigen. Etwas Stroh und eine Decke bildeten ihr ganzes Bettzeug. Tische und Stühle gab es nicht. Das Wecksignal ertönte um 5.30 Uhr. Zwanzig Minuten nach dem Aufstehen musste jede Häftlingsgruppe im Speisesaal ihren Eimer Kaffee und ihre tägliche Ration Brot abholen, und so rannte man zu den Latrinen und Waschräumen. In Les Milles, so bemerkte Lion Feuchtwanger, musste man immer Schlange stehen – im Krankenrevier oder bei der Essensausgabe, wenn man einen kleinen Betrag von dem Geld abholen durfte, das einem bei der Einlieferung abgenommen worden war, oder wenn man eine Eingabe machen wollte. Anfangs verfügte das Lager über vier, später über sieben Latrinen. Nicht selten standen dort 100 Personen an. ›Noch jetzt, wenn ich daran denke, wie ich in dieser Schlange stand und wartete, überkommt mich ein Gefühl des Ekels, der Trauer, der Empörung, der äußersten Erniedrigung.‹[9] [...]

Aus finanziellen Gründen war die französischen Verwaltung stets darum bemüht, die Auswanderung der Internierten in Drittländer zu fördern. Wer eine Bürgschaft oder ein Einreisevisum für die Vereinigten Staaten oder ein anderes Land vorweisen konnte, kam in das Durchgangslager Les Milles bei Marseille und musste dort warten, bis das nächste Schiff auslief.

Im Herbst 1941 gab es in der Südzone zehn Hauptlager. […] Wenn man einer statistischen Erhebung der Lagergeistlichen glauben darf, saßen Mitte März 1941 in den südfranzösischen Hauptlagern 35 200 Ausländer ein. In Gurs und in Les Milles betrug der Anteil der Juden 90 beziehungsweise 80 Prozent, in Rivisaltes und Le Vernet hingegen nur 40 beziehungsweise 20 Prozent. Es lässt sich unmöglich sagen, worunter die Internierten mehr gelitten haben, unter der Kälte, dem Hunger oder der Angst vor der Deportation.

Lager gab es nicht nur in der Südzone, also in der so genannten ›freien‹ oder nicht besetzten Zone, sondern auch nördlich der Demarkationslinie. Abgesehen von Compiègne (Siebungslager und letzte Station vor den Konzentrationslagern), Drancy – ab 1943 unter unmittelbarer deutscher Zuständigkeit – sowie Struthof (siehe auch Seite 127) im mittlerweile deutschen Elsass, unterstanden alle Lager in der nördlichen Zone der Vichy-Regierung, was, wie Denis Peschanski unterstreicht, ›einem der Ziele Vichys entspricht, das trotz der Demarkationslinie seine Souveränität im gesamten Staatsgebiet unter Beweis stellen möchte, auch wenn es zu diesem Zweck die unerfreulichsten Aufgaben übernehmen muss‹.[10] Die beiden bekanntesten Lager sind Pithiviers und Beaune-la-Rolande.

Das ehemalige Kriegsgefangenenlager Pithiviers 80 Kilometer südlich von Paris nahm am 15. Mai 1941 die ersten Juden auf. Es handelte sich um 1570 mehrheitlich polnische Männer, die bei den ersten antijüdischen Razzien in Paris verhaftet worden waren. Da das Lager nur von 75 Gendarmen bewacht wurde, suchte man per Kleinanzeigen 20 Mann Verstärkung, hatte aber große Mühe, die angestrebte

Personalstärke zu erreichen. Das Lager war mit einem doppelten Stacheldrahtzaun gesichert. An jeder Ecke und am Eingangstor stand ein Wachturm mit Scharfschützen und Scheinwerfern.

Beaune-la-Rolande, ein großes Dorf mit 1700 Einwohnern und rund 20 Kilometer von Pithiviers entfernt, verfügte über einige 1938 errichtete Baracken, in denen 1939 evakuierte Pariser und 1940 Flüchtlinge untergebracht worden waren. Danach diente Beaune-la-Rolande, ebenso wie Pithiviers, als Lager für französische Kriegsgefangene. Ihre Zahl betrug, wie in Pithiviers, 20 000. Ende Dezember 1940 leerte sich das Lager, da fast alle französischen Kriegsgefangenen nach Deutschland gebracht wurden. Ab Mai 1941 nahm auch Beaune-la-Rolande ausländische Juden auf, die in Paris verhaftet worden waren, am 15. Mai allein 2140 Personen. Das Lager unterstand mittlerweile den Besatzungsbehörden, wurde aber von der Präfektur Orléans verwaltet. Es umfasste drei Hektar (zwei weniger als Pithiviers) und bestand aus 14 Baracken, die für 1600 Personen ausgelegt waren.«[11]

Welche Schlussfolgerungen sind nun daraus zu ziehen? Vor allem die, dass die französischen Lager in keiner Weise mit den Konzentrationslagern der Nazis und der Sowjets vergleichbar sind. Arthur Koestler bringt es auf den Punkt, wenn er schreibt: »In den Wertbegriffen der Freiheit gemessen«, stand Le Vernet ganz unten, am Nullpunkt der Skala von Niedertracht und Verbrechen; legte man aber Dachau als Maßstab an, dann stand Vernet noch immer weit oben. In Vernet gehörten Prügel zur täglichen Routine, in Dachau wurden die Gefangenen zu Tode geprügelt. In Vernet starben die Menschen, weil ihnen ärztliche Hilfe fehlte, in Dachau wurden sie vorsätzlich umgebracht. In Vernet musste die Hälfte der Häftlinge bei 20 Grad minus ohne Wolldecken schlafen, in Dachau wurden sie in Ketten gelegt und nackt der Winterkälte ausgesetzt.«[12]

Die Konzentrationslager der NS-Zeit 1933 bis 1945

Der Schriftsteller Ernst Niekisch, der wegen seiner antifaschistischen Widerstandstätigkeit im Januar 1939 von den Nazis zu lebenslanger Zuchthaushaft verurteilt worden war, beurteilte in seinem Buch »Das Reich der niederen Dämonen« die Einrichtung von Konzentrationslagern so:

»Die Einrichtung der Konzentrationslager war das Eingeständnis, dass man Bürgerkrieg führte; im Konzentrationslager kühlte man sein Mütchen an den Bürgerkriegsgefangenen. Nicht auf dem Kampfplatz, sondern in ihren Häusern und Betten wurden diese Gefangenen ergriffen; es gehörte kein Mut, sondern nur ein Haftbefehl der Geheimen Staatspolizei dazu, ihrer habhaft zu werden. Es wurde demonstriert, dass es deutsche Menschen gebe, die außerhalb des Gesetzes standen und vogelfrei waren. Aufgrund blanker Willkür wurden Tausende ihrer Freiheit beraubt; ohne Schuldnachweis, ohne Gerichtsurteil wurden sie ihren Familien und ihrem Beruf entrissen. Gegen die Verfügung der Geheimen Staatspolizei gab es kein Rechtsmittel; wen die Polizei aufs Korn nahm, für den gab es keine Rettung mehr.«[1]

In Sachen Bürgerkrieg, wie ihn Ernst Niekisch kennzeichnete, hatten die NSDAP und ihre Vorläuferorganisationen Erfahrung. Terroristische Übergriffe waren in der Weimarer

Republik ein bevorzugtes Kampfmittel der äußersten Reaktion. In den Morden an den KPD-Führern Rosa Luxemburg und Karl Liebknecht, an dem Außenminister Walther Rathenau und an dem ehemaligen Finanzminister Matthias Erzberger fanden sie ihre spektakulärsten Höhepunkte. Daneben gab es viele Terrorakte, die – kamen sie überhaupt vor Gericht – von den Richtern der Weimarer Zeit meist sehr zurückhaltend abgeurteilt wurden.

Die phasenweise Entwicklung der Konzentrationslager

Nach Ulrich Herbert, Karin Orth und Christoph Dieckmann[2] lässt sich die Entwicklung der Konzentrationslager während der NS-Diktatur in vier Phasen gliedern:

Erste Phase

In der ersten Phase der NS-Diktatur nach Hitlers Machtübernahme am 30. 1. 1933 entstanden zunächst bis zum Frühsommer 1934 überall in Deutschland kleinere und größere Lager oder andere gefängnisähnliche Einrichtungen, um die politischen Gegner der Nationalsozialisten zu inhaftieren. Sie wurden jedoch von unterschiedlichen Institutionen organisiert und errichtet: von der SA, von den neuen nationalsozialistischen Polizeichefs in den Ländern und Städten oder von der SS. Im Sommer 1933 wurden mehr als 26 000 Menschen in diesen Haftstätten gefangen gehalten.

Sie waren den schnell zusammengestellten, meist aus SA-, SS- oder Hilfspolizeiverbänden gebildeten Wachmannschaften weitgehend hilflos ausgeliefert.

Die Orgie der Gewalt, die die Unterdrückung der Gegner des Nationalsozialismus in dieser Phase begleitete, traf die deutsche, aber auch die internationale Öffentlichkeit wie ein Schock, weil ein so exzessives und brutales Vorgehen in einem zivilisierten Land wie Deutschland davor nicht für möglich gehalten worden war. Diese Beurteilung kannte noch die Relationen eines demokratischen Landes, obwohl auch in der Weimarer Zeit (siehe oben) das öffentliche Leben durch ein vergleichsweise hohes Maß an Gewalttätigkeit geprägt war. Verglichen mit der Entwicklung der Konzentrationslager seit Kriegsbeginn und vor allem seit 1941/1942 wirken die Ereignisse von 1933/1934 im Rückblick doch anders: Sie markieren in den beiden ersten Jahren seit Hitlers Machtübernahme die Gewalttätigkeit eines sich etablierenden diktatorischen Systems, vergleichbar der Entwicklung in anderen Diktaturen des 20. Jahrhunderts.

Die Ernennung Heinrich Himmlers zum Leiter des preußischen Geheimen Staatspolizeiamts als Nachfolger von Rudolf Diels im April 1934 und die Ermordung der SA-Führung zwei Monate später offenbarten den Sieg der bayerischen Gruppe der SS-Führung um Himmler und Reinhard Heydrich im Kampf um die Politische Polizei und die Konzentrationslager über die rivalisierende SA um Ernst Röhm und die neuen Länder- und Gauadministrationen. Der einheitlichen Ausrichtung der verschiedenen Konzentrationslager nach dem Modell des von Theodor Eicke geleiteten Konzentrationslagers Dachau entsprach in dieser Zeit die

Vereinheitlichung der Politischen Polizei im gesamten Reichsgebiet unter Himmler als »Reichsführer SS und Chef der Deutschen Polizei«.

Die Phase zwischen 1934 und 1936 ist daher gekennzeichnet durch die Reorganisation der Konzentrationslager durch Eicke mithilfe einer neu eingerichteten Zentralinstanz, der »Inspektion der Konzentrationslager« (IKL), und den Versuch, die Lager dem Einfluss anderer Behörden vollständig zu entziehen. Mit der Ernennung Himmlers zum Chef der Deutschen Polizei, dem dritten Gestapo-Gesetz und der Zusammenführung von Politischer Polizei und Kriminalpolizei unter dem Dach der »Sicherheitspolizei« war diese erste Phase im Frühsommer 1936 abgeschlossen. Die Gruppe um Himmler hatte sich erneut durchgesetzt, vor allem gegen die Regierungspräsidenten, das Reichsministerium des Innern und das Justizministerium. Die traditionellen Behörden hatten nun innerhalb der Konzentrationslager keinerlei Befugnisse mehr. Die Zahl der KZ-Häftlinge war in dieser Phase auf den niedrigsten Stand gefallen: Im Sommer 1935 lag die Zahl der Häftlinge in allen Lagern des Reichsgebiets unter 4000 – Ausdruck der Tatsache, dass sich der Nationalsozialismus in Deutschland vollständig etabliert und seine Gegner politisch isoliert, inhaftiert oder umgebracht hatte.

Zweite Phase

Seit 1936 setzte eine neue Entwicklung ein. Zunächst wurden neue Lager gegründet. Damit verbunden waren der Anstieg der Häftlingszahlen und ein signifikanter Wandel in der Zusammensetzung der Lagerhäftlinge. Nachdem es das NS-Regime in relativ kurzer Zeit erreicht hatte, seine politischen Gegner nahezu vollständig auszuschalten, erweiterte sich jetzt die Perspektive. Nun waren die Bedingungen gegeben, um diejenigen »Elemente« innerhalb des deutschen Volkes zu bekämpfen, die, in der Sprache der Diktatur, die »gesunde Substanz« dieses Volkes schädigten. Ausgangspunkt dieser Überlegung war es, dass die als Abweichung vom Gesunden und Normalen verstandenen Verhaltensweisen – von Kriminalität über »Asozialität« bis hin zu Trunksucht oder Arbeitsscheu – entweder als erworben anzusehen waren, dann mussten sie durch Erziehung, Strafe und Disziplin korrigiert werden. Oder aber sie waren als Ausdruck des Erbguts, der Veranlagung des Einzelnen anzusehen, dann musste dieser durch Isolierung und »Ausmerze« vom »gesunden Teil des deutschen Volkskörpers« abgetrennt werden. Ziel dieses Vorhabens war es, auf der Grundlage eines gesellschaftsbiologischen Programms den rassischen Wert des deutschen Volkes durch scharfe Auslese insgesamt zu erhöhen beziehungsweise wieder herzustellen.

Organisatorischer Ausdruck dieses Konzepts war die Zusammenführung von Kriminalpolizei und Gestapo zur Sicherheitspolizei unter Heydrich auf der einen, die Errichtung neuer, von der »Inspektion der Konzentrationslager« – der IKL – organisierter Lager auf der anderen Seite. Nachdem zuvor eine Reihe kleinerer Konzentrationslager geschlossen worden war, wiesen nun bereits die Größenordnung der neu errichteten Lager Sachsenhausen und Buchenwald auf die Dimension der avisierten Häftlingszahlen und auf den bevorstehenden Krieg hin.

Im Sommer 1936 wurde mit der Errichtung des Lagers Sachsenhausen bei Berlin begonnen, das seit Mitte 1938 auch zur Zentrale des KZ-Sytems insgesamt wurde, weil Eicke dort im August 1938 den Sitz der IKL und den Ausbildungsort der Wachmannschaften einrichten ließ. Am Beispiel des Konzentrationslagers Sachsenhausen und seines Außenlagers Neuengamme bei Hamburg, das 1940 selbständiges Konzentrationslager wurde, wird auch die gewandelte Bedeutung der Häftlingsarbeit offenbar. In beiden Lagern wurden SS-eigene Klinkerwerke zur Ziegeleiproduktion errichtet und die Häftlinge unter schrecklichen Bedingungen zur Arbeit in den Tongruben und Klinkerwerken herangezogen. Die Produktion diente vor allem den zu dieser Zeit vorgesehenen gigantischen städtebaulichen Projekten der NS-Führung und war nicht unmittelbar rüstungsbezogen.

Die denkbar schlechten Arbeitsbedingungen, die bald steigende Todesraten nach sich zogen, und die geringe Produktivität der Werke in beiden Konzentrationslagern zeigen jedoch, dass die Behandlung der KZ-Häftlinge nach wie vor in erster Linie von Rentabilitätsgesichtspunkten gekennzeichnet war. Das Prinzip der Unterdrückung, Erniedrigung und gegenüber bestimmten verfolgten Gruppen auch des Vernichtungswillens blieb vorrangig.

Seit 1937/1938 veränderte sich die Häftlingsstruktur. Der Anteil der nicht wegen politischer Gegnerschaft zum Nationalsozialismus, sondern aus »gesellschaftsbiologischen« Gründen Inhaftierten wurde nun größer: Nach verschiedenen Razzien und »Aktionen« von Gestapo und Kriminalpolizei wurden in diesen Jahren vor allem so genannte »Arbeitsscheue«, »Asoziale« und »Berufsverbrecher« in die Lager eingeliefert, allerdings auf die verschiedenen Konzentrationslager in unterschiedlichem Maß verteilt.

Im Konzentrationslager Buchenwald waren am 1. Juli 1938 von 7723 KZ-Häftlingen nur 21 Prozent als politische Häftlinge registriert. 59,3 Prozent gehörten zu der Gruppe »Arbeitsscheu Reich«, 13,8 Prozent galten als »Berufsverbrecher« und 5,1 Prozent als »Bibelforscher«.

Im Konzentrationslager Sachsenhausen waren die Prozentsätze ähnlich. Ende 1938 registrierte die SS lediglich 1668 Gefangene als »Schutzhäftlinge«, 1345 hingegen als »Juden«, 441 als »Kriminelle« und 4753 als »Asoziale«.

Im Konzentrationslager Dachau hingegen wurden im Juli 1938 5502 Menschen gefangen gehalten, von denen lediglich 469 als »Vorbeugehäftlinge« galten, 4155 waren aus politischen Gründen – im engeren Sinn – inhaftiert. Der Grund für die Erhöhung der Zahl der politischen »Schutzhäftlinge« in Dachau – die Zahl stieg von 1785 im Januar auf 4155 im Juli 1938 – ist im »Anschluss« Österreichs zu sehen und in der dortigen Verfolgung der politischen Gegner des Nationalsozialismus. Die Regimegegner wurden vorwiegend in das Konzentrationslager Dachau verschleppt, die Opfer der »asozialen Aktionen« vorwiegend in die Konzentrationslager Buchenwald und Sachsenhausen sowie seit seiner Errichtung im August 1938 in das Konzentrationslager Flossenbürg.

Mit dem Pogrom der »Reichskristallnacht« im November 1938 erfolgte ein weiterer eskalierender Schritt. Bis dahin waren die Gestapo und die Konzentrationslager an der antijüdischen Politik des Regimes nicht führend beteiligt gewesen. Nachdem die Ausschreitungen während des Pogroms gegen die Juden in der deutschen Öffentlichkeit auf scharfe Kritik gestoßen waren, wurde die Federführung bei den weiteren Maßnahmen gegen die Juden der Sicherheitspolizei und ihrem Chef Heydrich übertragen. Um die »Ausreisewilligkeit« der Juden zu erhöhen, ließ Heydrich mehr als 25 000 jüdische Männer festnehmen und in die Konzentrationslager, vor allem nach Sachsenhausen, Buchenwald und Dachau, verschleppen. Am Ende des Jahres 1938 befanden sich beinahe 60 000 Häftlinge in den Konzentrationslagern, die meisten von ihnen – vor allem die nach dem Pogrom inhaftierten Juden – allerdings nur für kurze Zeit. Angesichts der Überfüllung der Lager war die Errichtung weiterer Konzentrationslager nun eine offenkundige Notwendigkeit. Am Vorabend des Kriegsausbruchs betrug die Zahl der KZ-Häftlinge mehr als 21 000, wobei der Anteil der »Politischen« unter ihnen bei etwa einem Drittel lag. In diesem Zusammenhang ist auch die Verlegung des Frauenkonzentrationslagers Lichtenburg im Mai 1939 in das erheblich größere Lager Ravensbrück zu sehen, das bis 1942 der einzige Haftort für weibliche KZ-Insassen auf dem Gebiet des Deutschen Reiches blieb.

Dritte Phase

Die Entwicklung zwischen 1939 und 1941/1942 ist durch vier dominierende Faktoren gekennzeichnet:

- Die Häftlingszahlen schnellten nach Kriegsbeginn in die Höhe und verdoppelten sich innerhalb kürzester Zeit. Zugleich wurden die Konzentrationslager in drei Kategorien geteilt, die die Härte der Behandlung und die Lebensbedingungen der Häftlinge anzeigten.

- Dies rührte zum einen von der Inhaftierungswelle in Deutschland nach Kriegsbeginn her. Es wurden vor allem potenzielle politische Gegner inhaftiert. Der bei weitem überwiegende Teil der Konzentrationslagerhäftlinge setzte sich seither aber aus Einwohnern der von Deutschland besetzten Länder zusammen, vor allem Polen, Franzosen, Tschechen, Jugoslawen, Holländer, Belgier; darunter auch viele Juden und so genannte Zigeuner. Seit dem Frühsommer 1940 waren die deutschen Häftlinge in den Lagern in der Minderheit. Zugleich nahm die Zahl der in den besetzten Gebieten von den Organen der deutschen Sicherheitspolizei errichteten Lager und Haftstätten erheblich zu, und bald waren mehr Menschen in diesen Lagern inhaftiert als in den Konzentrationslagern des Reichsgebiets.
- Die Bedeutung der Häftlingsarbeit nahm weiter zu; die Konzentrationslager blieben jedoch in erster Linie Produktionsstätten der SS, die zur Herstellung von Baugrundstoffen – insbesondere von Ziegeln – für den geplanten nationalsozialistischen Städtebau genutzt wurden. Eine rüstungsbezogene Produktion fand in den Konzentrationslagern in dieser Phase nach wie vor nicht statt. Zudem blieb die Produktivität äußerst gering. Rüstungswirtschaftlich blieb die Arbeit der KZ-Häftlinge, allen entgegengesetzten Beteuerungen der SS-Führung zum Trotz, unbedeutend.
- Die Todeszahlen stiegen in dieser Phase in enorme Höhen: im Konzentrationslager Dachau von vier Prozent im

Jahr 1938 auf 36 Prozent 1942, in Buchenwald von zehn Prozent 1938 auf 19 Prozent 1941. Im Konzentrationslager Sachsenhausen starben im Jahr 1938 229 Menschen (von 8309 KZ-Häftlingen am Jahresende), 1941 bereits 1816 (von 11 111 KZ-Häftlingen am Jahresende). In Mauthausen, dem schlimmsten aller im Reichsgebiet gelegenen Lager und dem einzigen der Kategorie III, stieg die Sterblichkeitsrate von 24 Prozent im Jahr 1939 auf 76 Prozent 1940.

Vierte Phase

Der Übergang zur letzten Phase war durch drei Ereignisse Mitte 1941 und im Frühjahr 1942 gekennzeichnet: den Beginn des Krieges gegen die Sowjetunion im Juni 1941, den Beginn der systematischen Deportation und Ermordung der europäischen Juden durch die Einsatzgruppen in der Sowjetunion und die Errichtung der Vernichtungslager auf polnischem Gebiet sowie die Errichtung des Wirtschaftsverwaltungs-Hauptamtes (WVHA) als der neuen zentralen Befehlsstelle der Konzentrationslager.

Die Zahl der KZ-Häftlinge stieg in dieser Phase von 203 000 im April 1943 auf 524 000 im August 1944; am Ende des Krieges waren mehr als 700 000 Menschen in den Konzentrationslagern inhaftiert.

Der Anteil der Nichtdeutschen stieg in dieser Zeit auf über 90 Prozent, die deutschen Häftlinge waren seither eine sehr kleine, innerhalb der Lager aber einflussreiche Minderheit. Die Zahl der KZ-Häftlinge bezeichnet außerdem Ist-

Stände an Stichtagen. Durch die hohen Todesraten ist die Gesamtzahl der für kürzere oder längere Zeit in den Konzentrationslagern Inhaftierten bisher nur schwer genau zu bestimmen.

Die Errichtung der Vernichtungslager auf dem Gebiet des zerstückelten Polen markierte den Beginn des systematischen Völkermords an den Juden sowie der massenhaften Ermordung vor allem von Polen, Russen und so genannten Zigeunern.

Nur ein sehr geringer Teil der deportierten Juden erreichte die Konzentrationslager. Diejenigen, die in den Konzentrationslagern überhaupt als Häftlinge registriert wurden, hatten die Selektionen bereits überstanden. In den Konzentrationslagern waren von nun an Hunger, Auszehrung in Folge der Zwangsarbeit und Seuchen die häufigsten Todesursachen.

Parallel zum Amtsantritt Albert Speers als neuem Cheflenker der deutschen Rüstungswirtschaft und Fritz Sauckels als Organisator des Zwangsarbeitereinsatzes entstand mit dem WVHA unter Oswald Pohl im Frühjahr 1942 die neue Organisationszentrale der SS zur Umstellung des Häftlingseinsatzes auf die Bedürfnisse der Rüstungsindustrie, die nun mit großem Aufwand betrieben wurde. Es gelang der SS jedoch nicht, innerhalb der Rüstungswirtschaft mit ihren KZ-eigenen Produktionsstätten über eine unbedeutende Randstellung hinauszugelangen. Die Produktivität der Konzentrationslager-Arbeit lag bei unter 15 Prozent im Vergleich zur privaten Industrie.

Erst durch den Übergang von der Produktion in KZ-eigenen Betrieben zur Errichtung von KZ-Außenlagern in der

Nähe bestehender Privatunternehmen begann sich dies zu ändern, insbesondere seit Mitte 1943. Die Zahl dieser Außenlager stieg – vor allem seit Beginn des Jahres 1944 – auf mehrere hundert, die Liste der daran beteiligten Firmen umfasst beinahe alle renommierten deutschen Industrieunternehmen. Zwangsarbeit wurde zum bestimmenden Faktor im Leben und Leiden der KZ-Häftlinge. Aus der Perspektive der Rüstungswirtschaft aber blieb die Zwangsarbeit der KZ-Häftlinge – etwa im Vergleich zum »Arbeitseinsatz« der im Sommer 1944 7,8 Millionen ausländischen Zivilarbeiter und Kriegsgefangenen in Deutschland – eine unbedeutende Nebenentwicklung.

In der letzten Kriegsphase wurden KZ-Häftlinge zu einem erheblichen Prozentsatz zur Verlagerung von Fabriken in unterirdische Produktionsstätten verwendet. Hier sank die durchschnittliche Überlebenszeit der Häftlinge auf einige Wochen und Monate. Vor allem in dieser letzten Phase kam es zu einer überaus engen und im Sinne des Regimes auch durchaus erfolgreichen Kooperation zwischen SS und privater Industrie. Um die Kriegsproduktion in den vor Bombenangriffen sicheren Stollen und Höhlen, zugleich aber auch die teuren Produktionsanlagen für die Zeit nach dem Krieg sicherzustellen, wurden Zehntausende von Häftlingen eingesetzt, die aufgrund der Arbeitsbedingungen häufig nur wenige Wochen überlebten. Insgesamt ist die Zahl der Häftlinge, die für kurze oder längere Zeit in einem der dem WVHA beziehungsweise der IKL unterstehenden Konzentrationslager inhaftiert waren, auf mehr als drei Millionen zu schätzen. Von diesen sind in denjenigen Konzentrationslagern, die im Reichsgebiet lagen, etwa 450 000

Menschen umgekommen, davon mehr als ein Drittel in der letzten Kriegsphase. Die Gesamtzahl der allein in den Konzentrationslagern des WVHA umgekommenen Menschen liegt bei etwa zwei Millionen.[3]

Die Behandlung der Häftlinge in den nationalsozialistischen Konzentrationslagern folgte durchweg politischen, ideologischen und später auch wirtschaftlichen Aspekten. Sie entsprach den Zielen und Vorstellungen der Machthaber in Staat, Partei und Reichssicherheitshauptamt (RSHA) und war – sieht man von den letzten Tagen und Wochen des Krieges ab – nicht das Ergebnis schlechter Organisation oder unzureichender Ressourcen. Bei aller Dysfunktionalität im Einzelnen waren die nationalsozialistischen Konzentrationslager unübersehbar auf klar zu benennende politische Ziele gerichtet und auf eine politische Konzeption bezogen. Die war zwar in differenzierter Form nicht von vornherein festgelegt und formuliert, jedoch in den politischen Zielsetzungen und weltanschaulichen Überzeugungen der Regimeführung und vor allem der Führung des nationalsozialistischen Sicherheitsapparates angelegt.

So weit die historische Übersicht als Einführung und Basis für die folgende Dokumentation des KZ-Systems und seiner Phasen in der NS-Diktatur.

Die Situation nach der Machtübernahme und die Verordnung des Reichspräsidenten vom 28.2.1933

Unmittelbar nach der Machtübernahme Hitlers am 30. Januar 1933 inszenierte die SA eine Jagd auf den politischen Gegner. Ihre brutalen Ausschreitungen waren noch keine Maßnahmen zur Festigung und Sicherung des nationalsozialistischen Systems, sondern beruhten vielmehr darauf, Rache zu nehmen für zugefügte Schlappen im Rahmen von Auseinandersetzungen während der so genannten Kampfzeit.

Die SA hatte nicht vergessen, welche Niederlagen sie vor allem durch die Kommunisten bei Straßenkämpfen, Überfällen und auf »Sturmlokale«[4] oder auf einzelne ihrer Angehörigen hatte hinnehmen müssen, und übte nunmehr Vergeltung. Dabei war es für die SA unerheblich, ob die kommunistischen Ausschreitungen nur eine Folge von entsprechenden Maßnahmen ihrerseits gewesen oder unabhängig davon durchgeführt worden sind. Es war vielmehr eine Abrechnung mit dem politischen Gegner in der Endphase einer erfolgreich verlaufenen Revolution.

Kommunisten wurden auf der Straße überfallen, in »Sturmlokale« der SA verschleppt, tagelang festgehalten und verprügelt, teilweise sogar ermordet. Die Ausschreitungen nahmen vor allem in den Großstädten derartig überhand, dass es der Polizei häufig nicht gelang, ihrer Herr zu werden. Vor der Machtübernahme Hitlers waren die Kolonnen der SA mit dem Lied »Einst kommt der Tag der Rache« singend

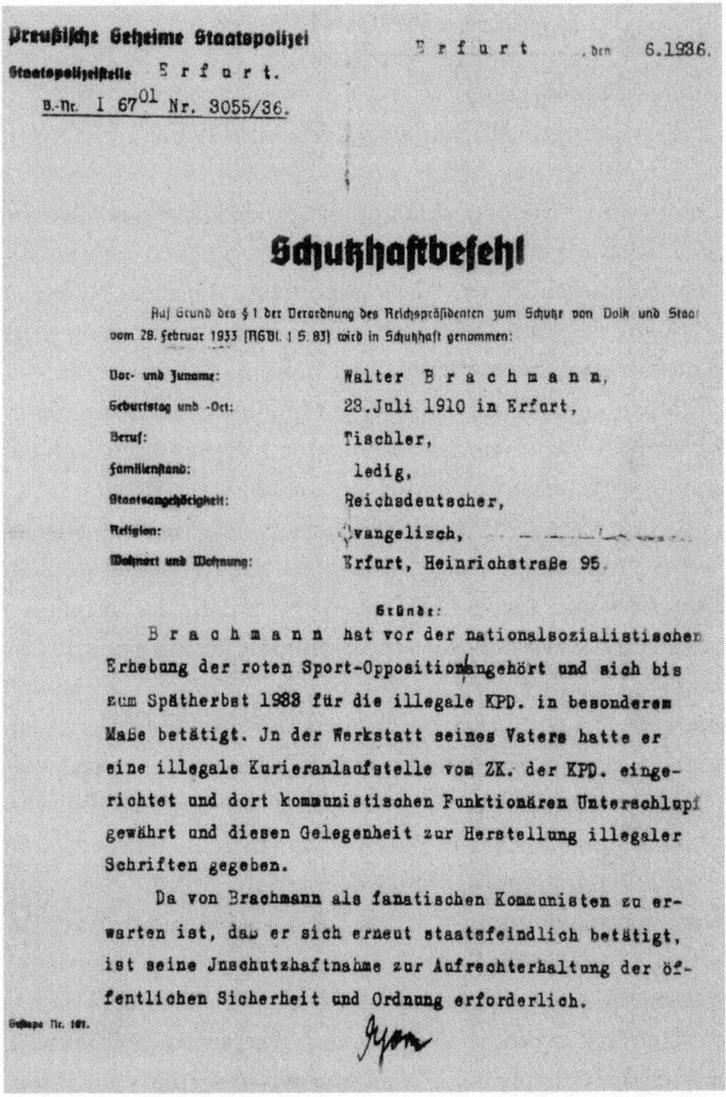

Preußische Geheime Staatspolizei
Staatspolizeistelle Erfurt.
B.-Nr. I 67^01 Nr. 3055/36.

Erfurt, den 6.1936.

Schutzhaftbefehl

Auf Grund des § 1 der Verordnung des Reichspräsidenten zum Schutz von Volk und Staat vom 28. Februar 1933 (RGBl. I S. 83) wird in Schutzhaft genommen:

Vor- und Zuname:	Walter Brachmann,
Geburtstag und -Ort:	23.Juli 1910 in Erfurt,
Beruf:	Tischler,
Familienstand:	ledig,
Staatsangehörigkeit:	Reichsdeutscher,
Religion:	evangelisch,
Wohnort und Wohnung:	Erfurt, Heinrichstraße 95.

Gründe:

Brachmann hat vor der nationalsozialistischen Erhebung der roten Sport-Opposition angehört und sich bis zum Spätherbst 1933 für die illegale KPD. in besonderem Maße betätigt. Jn der Werkstatt seines Vaters hatte er eine illegale Kurieranlaufstelle vom ZK. der KPD. eingerichtet und dort kommunistischen Funktionären Unterschlupf gewährt und diesen Gelegenheit zur Herstellung illegaler Schriften gegeben.

Da von Brachmann als fanatischen Kommunisten zu erwarten ist, daß er sich erneut staatsfeindlich betätigt, ist seine Jnschutzhaftnahme zur Aufrechterhaltung der öffentlichen Sicherheit und Ordnung erforderlich.

Gestapo Nr. 101.

Mit Schutzhaftbefehlen wie diesem wurden politische Gegner in die Konzentrationslager eingeliefert.

durch die Straßen marschiert. Dieser Tag war nun gekommen, und Rache wurde mit blindwütigem Hass an dem politischen Gegner geübt.

Eine weitere willkommene Gelegenheit zum Zuschlagen war der Reichstagsbrand am 27. Februar 1933, wobei hier dahingestellt bleiben mag, wer die Brandstifter gewesen waren. Noch am Brandort sagte Hitler zu Vizekanzler von Papen: »Das ist ein von Gott gegebenes Zeichen. Niemand wird uns daran hindern, jetzt die Kommunisten mit eiserner Faust zu vernichten.«[5]

Bereits am Morgen des folgenden Tages legte Reichsinnenminister Frick dem Kabinett den Entwurf einer Verordnung für die Verfolgung des politischen Gegners vor, die so genannte Reichstagsbrandverordnung, die noch an demselben Tag vom Reichspräsidenten unterzeichnet und als »Verordnung zum Schutz von Volk und Staat« verkündet wurde. Sie setzte zur Abwehr kommunistischer, staatsgefährdender Gewaltakte sieben Artikel der Weimarer Verfassung bis auf weiteres außer Kraft mit der Folge, dass Beschränkungen der persönlichen Freiheit, der freien Meinungsäußerung einschließlich der Pressefreiheit, des Vereins- und Versammlungsrechts, Eingriffe in die Post-, Telegrafen- und Fernsprechgeheimnisse zulässig waren. Anordnungen von Hausdurchsuchungen sowie von Beschlagnahme und Beschränkung des Eigentums waren ab sofort und kraft dieser Verordnung ebenfalls zulässig.

Nach Erlass dieser so genannten Notverordnung wurden zunächst Tausende von Kommunisten aufgrund von Listen verhaftet, die schon vor dem Reichstagsbrand aufgestellt worden waren. Daneben nahm man auch anderen politischen Gegnern die Freiheit, vor allem Sozialdemokraten und gewerkschaftlich Organisierten.

Täglich meldete die Presse die Verhaftung von Kommunisten und sonstigen politischen Gegnern der Nationalsozialisten. Der NS-Kurier zum Beispiel, nationalsozialistisches Presseorgan in Stuttgart, fasste am 27. 3. 1933 die Verhaftungsaktionen in Württemberg und Baden unter der Überschrift »Marxistentreffen auf dem Heuberg«, dem im März 1933 dort errichteten Konzentrationslager, zusammen und erklärte sarkastisch: »Die Kursteilnehmer zur Umerziehung mehren sich von Tag zu Tag.«

Vorwiegend verfolgte man mit dem Freiheitsentzug eine abschreckende Wirkung. Diese abschreckende Wirkung wurde intensiviert durch unmenschliche Haftbedingungen, Schikanen und Misshandlungen.

Die Festnahme erfolgte aufgrund eines so genannten Schutzhaftbefehls, der beinhaltete, dass der zu Inhaftierende nach »§ 1 der Verordnung des Reichspräsidenten zum Schutz von Volk und Staat vom 28. Februar 1933 (der so genannten Reichstagsbrandverordnung) zur Aufrechterhaltung der öffentlichen Sicherheit und Ordnung bis auf weiteres in polizeiliche Haft (spätere Bezeichnung Schutzhaft) genommen wird.«[6]

Es kam zu Massenverhaftungen im Reich, und diese führten nach kurzer Zeit dazu, dass die Gefängnisse überbelegt waren. Zur Abhilfe sind von staatlicher Seite Lager errichtet worden, in die Schutzhäftlinge verlegt und unmittelbar eingewiesen wurden. Diese Lager wurden zunächst als »Schutzhaftlager« und kurze Zeit später als »Konzentrationslager« bezeichnet.

Die »wilden Konzentrationslager« der SA

Neben den aufgrund staatlicher Anordnung errichteten Lagern entstanden andere, die namentlich auf Eigeninitiative der SA errichtet worden sind. Diese heute als »wilde Konzentrationslager« bezeichneten Verwahranstalten von Schutzhäftlingen schossen wie Pilze aus dem Boden. Jede größere SA- oder auch SS-Einheit errichtete eigene Lager.

Oft waren die Inhaftierungen ohne oder mit ungültigem Schutzhaftbefehl erfolgt, zumal die SA oder SS zum Erlass solcher Befehle nicht befugt waren. Während die Bewachung und Betreuung der in die Gefängnisse eingelieferten Schutzhäftlinge durchweg von Beamten der Strafvollzugsämter der Länder durchgeführt wurde und im Allgemeinen verhältnismäßig korrekt verliefen, erfolgten sie in Polizeigefängnissen in allen Ländern des Reiches häufig von zu Hilfspolizei ernannten SA-Männern und in den »wilden Konzentrationslagern« entsprechend von der SA oder – in geringem Umfang – von der SS, begleitet von Terrormaßnahmen jeglicher Art.

Nicht selten versuchten daher die Gefangenen, sich der barbarischen Behandlung durch Flucht zu entziehen, was überwiegend durch »Erschießen auf der Flucht« verhindert wurde. In vielen Fällen verübten die Gefangenen Selbstmord, um den Schikanen und ständigen Misshandlungen zu entgehen. Gegen die Verhältnisse vorwiegend in den »wilden Konzentrationslagern« wandten sich schließlich führende Nationalsozialisten, im Wesentlichen wohl im Hinblick auf das Ansehen des NS-Regimes und der Partei. In der Presse wurde unter Berufung auf NS-Machthaber darüber hinaus von Zeit zu Zeit darauf hingewiesen, dass »jede eigenmächtige Anmaßung von Polizeibefugnissen ohne Rücksicht auf Person oder Parteizugehörigkeit« verfolgt werde, und der kommissarische Oberpräsident für die Polizei in Sachsen, von Detten, betonte in einem Aufruf vom 7. 4. 1933: »So rücksichtslos jeder Verbrecher und Feind des nationalsozialistischen Staates verfolgt wird, so rücksichtslos wird die Autorität des Staates gegen Übergriffe Unverantwortlicher geahndet.«

Dies entpuppte sich einmal mehr als Propagandalüge, denn trotz angeblicher Ermahnungen und der Androhung sowie angeblicher Durchführung von Strafverfahren nahmen die Misshandlungen und Schikanen in den Lagern durch die SA nicht ab. Die NS-Machthaber versuchten, die Ausschreitungen schließlich damit zu verdecken, dass sie Vertreter der nationalen und internationalen Presse zur Besichtigung von ausgewählten Lagern und zum Gespräch mit Schutzhaftgefangenen einluden[7] sowie zur Entlassung anstehende Gefangene veranlassten, Erklärungen abzugeben, die die Behandlung während der Haft als gut bezeichneten. Um einen Widerruf zu verhindern, hatten diese in der Regel noch folgende Erklärung zu unterzeichnen: »[...] ich bin mir bewusst, dass jeglicher Verstoß gegen diese Verpflichtungserklärung meine erneute Verwahrung zur Folge haben kann.«

Den meisten der auf Eigeninitiative der SA errichteten »wilden Lager« wurde schließlich die finanzielle staatliche Unterstützung entzogen, sodass sie aufgelöst werden mussten. Der Rest der Lager wurde vom Staat übernommen, wobei für die Leitung, die Verwaltung und die Bewachung die SS eingesetzt wurde. Modell für alle Konzentrationslager sollte das Konzentrationslager Dachau werden, dessen Kommandant, Theodor Eicke, Himmler zum Inspekteur der Konzentrationslager ernannt hatte. An der Behandlung der Gefangenen änderte sich jedoch nichts.

Frühe Konzentrationslager 1933/1934

Die Häftlinge unterlagen ständig verschiedenen harten Lagerordnungen. Die schärfste Ordnung gab sich das KZ Dachau im Mai 1933 und baute sie fünf Monate noch aus.

Die Lagerordnung sah für das Tun oder Lassen der Gefangenen aus geringfügigem, nichtigem, gesuchtem oder ganz ohne Anlass Arrest im Bunker in unterschiedlicher Schwere und Dauer bis zu mehreren Wochen und sogar die Todesstrafe vor. Das Motto war: »Toleranz bedeutet Schwäche. Aus dieser Erkenntnis heraus wird rücksichtslos zugegriffen werden, wo es im Interesse des Vaterlandes notwendig erscheint.« Die Lagerordnungen öffneten somit der Willkür Tür und Tor, da sie den Häftlingen in aller Regel nicht vorlagen und zudem missbräuchlich angewandt wurden.

Unter der Überschrift »Pflicht zur Arbeit« hieß es zum Beispiel in einem Artikel der Dachauer Lagerordnung: »Die Gefangenen sind ausnahmslos zur körperlichen Arbeit verpflichtet. Stand, Beruf und Herkommen bleiben außer Betracht. Wer die Arbeit verweigert, sich vor ihr drückt oder zum Zwecke des Nichtstuns körperliche Gebrechen oder Krankheiten vorschützt, gilt als unverbesserlich und wird zur Verantwortung gezogen.« Das Strafmaß umfasste dafür acht Tage strengen Arrest und mehrwöchige Strafarbeit. Die

Die ersten Häftlinge im Konzentrationslager Buchenwald.

Dauer der Arbeit bestimmte »ausschließlich der Kommandant«. Dem schloss sich – noch weiter dehnbar – der Satz an: »Über die festgesetzte Arbeitszeit hinaus und an Sonn- und Feiertagen kann mit Genehmigung des Kommandanten jederzeit gearbeitet werden, wenn es die Bedürfnisse des Lagers erfordern.«

Die Errichtung der ersten Konzentrationslager ging einher mit ihrem Ausbau und ihrer Erweiterung. Dies geschah in Handarbeit, gekennzeichnet von Schwerstarbeit durch die Häftlinge, die Loren, große Wagen und Straßenwalzen ziehen mussten, und die die Antreiber der Gefangenen zynisch als »singende Pferde« bezeichneten. Besonders berüchtigt waren Arbeiten in Kiesgruben und Steinbrüchen mit primitivsten Werkzeugen, der Torfstich und die Moorkultivierung mit Handspaten sowie das Sandtragen in einfachen Kästen, manchmal sogar nur in Jacken, teilweise nur von einer Stelle zur anderen und zurück – ebenso menschenverachtend wie kräftezehrend.

Für den Lageraufbau und ihren Ausbau wurden Schlossereien, Tischlereien und Zimmereien sowie Schustereien und Schneidereien eingerichtet. In diesen Werkstätten mussten die Gefangenen auch private Anforderungen für die Lagerbesatzung erledigen. Mancher Wachmann kam so zum Nulltarif an neue Möbel, andere Schergen wiederum ließen unter anderem ihre Waffen von Häftlingen reparieren oder pflegen. Einige Werkstätten fertigten nicht nur für Lagerbedürfnisse, sondern erfüllten auch Aufträge von draußen, so unter anderem die Fertigung von Uniformen oder von Gegenständen für Kaserneneinrichtungen, ebenso von Kinderkleidung, Anzügen, Büro- und Wohnmöbeln. Sogar Verwandte des Lageraufsichtspersonals bedienten sich ihrer für eigene Zwecke, oft zu lächerlichen Preisen oder gar kostenlos.

Ähnlich verhielt es sich mit Außenarbeiten durch Häftlinge. Neben Exerzier-, Schieß- und Sportplätzen für das Wachpersonal mussten die Gefangenen Straßenreparaturen, Wasserregulierungen, Kanalisations-, Erd-, land- und forstwirtschaftliche Arbeiten und Ähnliches leisten – überwiegend manuell.

Derartige Zwangsarbeiten für öffentliche Aufgaben und Firmen waren verbunden mit »niedriger, schlecht bezahlter Arbeit [...], welche dem ehrenhaften Staatsbürger nicht zuzumuten ist«, hob zum Beispiel der für das Konzentrationslager Oranienburg zuständige Lagerkommandant in einem

Schreiben an den Staatssekretär im preußischen Innenministerium hervor. Er verwies dabei auf vorliegende Aufträge für rund 300 000 Arbeitsstunden. Die in Oranienburg und auch ansonsten in den frühen Konzentrationslagern geübte Praxis bekräftigte der Reichsinnenminister zuvor in einer Weisung: Politische Schutzhäftlinge sollen, hieß es darin zynisch, »mit solchen Arbeiten beschäftigt werden, die dem Wesen ihrer Gefangenschaft entsprechen – Arbeiten in Steinbrüchen usw.«[8]

Außerdem hielten sich die KZ-Kommandanturen und -Wachmannschaften an den Häftlingen in anderer Weise schadlos. Sie pressten ihnen »Bußgelder« und »Kautionen« ab, raubten ihnen Geld und Wertsachen, erschwindelten Portogebühren und verlangten überhöhte Preise in den Lagerkantinen. Im Konzentrationslager Oranienburg musste zum Beispiel Lagergeld im Nennwert von 70 Pfennigen gegen eine Reichsmark zwangsgetauscht werden.

In den Alltag der frühen Lager brachten Besuche von Familienangehörigen den Gefangenen zwar Freude, aber auch Schikanen. Diese Begegnungen konnten in festgelegten, häufig aber durch Verbote unterbrochenen Zeitabständen stattfinden. In einigen Lagern durften Ortsgeistliche sonntags Gottesdienste abhalten.

Den Tagesablauf unterbrachen auch Besichtigungen der Lager, denen penibles Saubermachen vorausging. Danach weideten sich Naziführer am Anblick der Häftlinge, heizten oft die Stimmung gegen sie an und lobten die Lagerverwaltung. Stellen der Gestapo beziehungsweise der Politischen Polizei sowie des Auswärtigen Amtes stimmten darüber hinaus für ausgewählte Lager Visiten deutscher und ausländischer Journalisten zu. Die einheimischen Presseleute nahmen beschönigende und verniedlichende Erklärungen wie herabsetzendes Vorstellen von Häftlingen durch Lagerkommandanten meist wörtlich. So stand unter anderem in Zeitungsberichten über die frühen Lager zu lesen, dass Häftlinge hier »nur zu ehrlicher Arbeit erzogen« würden. Diese Sprachregelung hatte der Reichsinnenminister schon am 8.3.1933, drei Tage nach der Reichstagswahl, ausgegeben: Beim Zusammentreten des Parlaments würden »die Kommunisten durch dringendere und nützlichere Arbeiten verhindert sein, an der Sitzung teilzunehmen. Dazu werden wir ihnen in den Konzentrationslagern Gelegenheit geben.«

So kam es auch, dass sich unter den ersten Lagern etwa ein Zehntel so genannter Arbeitshäuser befanden. Von den Machthabern zynisch gemeint, trafen solche Bemerkungen, die die Funktion der Verfolgung und Unterdrückung der Menschen verdeckten und auf eine angebliche Erziehungsaufgabe der Konzentrationslager verwiesen, häufig auf offene Ohren der Journalisten, die die Lager besichtigten, und auch bei einem Großteil der deutschen Bevölkerung.

In den Haftverhältnissen und dem Tagesablauf, gekennzeichnet von Schikanen, Willkür, Zwangsarbeit und Morden, zeigten sich schon in den frühen Lagern Merkmale, die ausgefeilter und ausgedehnter in den Konzentrationslagern der folgenden Zeit vorherrschen sollten.

Gerhart Seger, SPD-Reichstagsabgeordneter und im Dezember 1933 aus dem Konzentrationslager Oranienburg geflohen, fasste seine Erfahrung im frühen KZ-System in dem in Prag erscheinendem »Neuen Vorwärts« am 4.2.1934 so zusammen: »Welch ein Meer von Tränen, welch ein Gebirge von Hass haben die Nationalsozialisten mit der Einrichtung der Konzentrationslager erzeugt! Welch eine schreckliche Reihe von Todesopfern, von Menschen, die bei lebendigem Leibe buchstäblich zerschlagen worden sind; welch eine furchtbare Reihe von Opfern, die zeitlebens an Körper und Seele die Spuren der Misshandlungen mit sich tragen werden – es ist unsagbar grauenhaft, und es ist fast zum Verzweifeln, dass das mitten im Herzen Europas geschieht.«

Parallel zur ersten Phase der Lager des NS-Regimes, gekennzeichnet durch seine Etablierung, durch laufendes Verhängen der so genannten Schutzhaft, Errichten und Betreiben des KZ-Systems setzten sich im Frühjahr 1934 zwei Hauptlinien der Unterdrückungspolitik durch:

- Zum einen die gerichtliche, zusätzlich manifestiert in dem am 24.4.1934 geschaffenen so genannten Volksgerichtshof,
- zum anderen die außergerichtliche, gekennzeichnet durch die Übergabe der preußischen Gestapo an den Reichsführer SS und Politischen Polizeikommandeur der Länder am 20.4.1934.

Kurz davor, am 12.4.1934, hatte der Reichsinnenminister die erste landesweit geltende Richtlinie über die Schutzhaft erlassen, die bisherige Länderregelungen vereinheitlichend zusammenfasste und die Rechtlosigkeit der Betroffenen festschrieb. Im Zuge der Zentralisierung beauftragte Himmler im Mai 1934 den Dachauer Kommandanten Eicke, bestehende Konzentrationslager zu übernehmen, umzuorganisieren und zu vereinheitlichen. Als Modell dafür diente – wie bereits oben erwähnt – Dachau, das erste Lager unter SS-Gewalt.

Eicke unterstellte sich noch im selben Monat das Konzentrationslager Lichtenburg, in dem ebenfalls die SS herrschte, worauf Himmler dem Merseburger Regierungspräsidenten die Aufsicht über dieses Lager entzog.

Heydrich, faktisch Chef aller politischen Polizeien, verfügte Ende Mai, dass allein sie Schutzhaft verhängen dürfe, und erließ dazu weitere Verordnungen.

Eicke, designierter Inspekteur der Konzentrationslager, ließ am 30. 6. und 2. 7. 1934 die Konzentrationslager Hohenstein und Oranienburg durch SS-Einheiten besetzen und

Konzentrationslager Dachau, Eingangstor.

kurz danach die Lager Colditz, Osthofen und Roßlau schließen. Ein Teil ihrer Häftlinge wurde entlassen, ein anderer Teil in Lager verbracht, die bestehen blieben. Zur selben Zeit übernahmen andere SS-Verbände die Konzentrationslager Esterwegen und Sachsenburg. In den neuen SS-Lagern galt nunmehr die Lagerordnung, und es herrschten die Gewaltmethoden von Dachau.

Außer den fünf SS-Konzentrationslagern existierten unter regionaler Leitung weiter die Konzentrationslager Bad Sulzach, Hamburg-Fuhlsbüttel, Oberer Kuhberg und Morungen für Frauen.

Damit begann Mitte 1934 die zweite Phase in der Entwicklung der NS-Konzentrationslager, gleichlaufend mit der Festigung des Naziregimes. In dieser Phase begann die Inspektion der Konzentrationslager, die ihr unterstehenden Lager zentral zu leiten. Sie baute die SS-Wachgruppe aus, systematisierte und perfektionierte das Lagerregime. All dies basierte auf Erfahrungen und Praktiken in frühen Lagern des Jahres 1933, dem Beginn des KZ-Systems der NS-Herrschaft.

Konzentrationslager 1934 bis 1936

Die Zäsur des Juni/Juli 1934 wird im Allgemeinen auf die Röhm-Affäre[9] bezogen. Hinzufügen aber muss man die daraus folgende Erhebung der SS zu einer selbständigen Organisation der NSDAP am 20. 7. 1934. Doch auch am KZ-System zeigte sich – wie ansonsten auch bei historischen Entwicklungen –, dass sich manches vor einer geschichtlichen Zäsur anbahnte, was dann den folgenden Zeitraum bestimmte. Im Rückblick erscheinen die Jahre 1934 bis 1936 als eine Zwischenphase in der KZ-Geschichte. Die Zahl der Lager blieb – gemessen an der bisherigen Anzahl – klein, ebenso die Häftlinge. Den Zeitabschnitt markieren aber grundsätzliche Entscheidungen zur künftigen SS- und KZ-Ausdehnung.

Eicke wurde am 20. 6. 1934 dem Stab des Reichsführers SS angegliedert und förmlich zum Inspekteur der Konzentrationslager ernannt sowie am 11. 7. zum SS-Gruppenführer befördert, stand also nun im Generalsrang. Die Inspektion der Konzentrationslager (IKL) befand sich ab November 1934 in den Räumen des Geheimen Staatspolizeiamtes in der Berliner Prinz-Albrecht-Straße 8. Sie blieb Himmler unmittelbar unterstellt, arbeitete dabei eng mit dem Schutzhaftreferat im selben Haus zusammen und bezog von ihm den Leiter ihrer Verwaltungsabteilung. Der Stab Eickes umfasste zunächst nur wenige SS-Führer seines Schlages.

Umso mehr Bedeutung kam den SS-Wachverbänden zu. Wie andere kasernierte SS-Einheiten, die so genannte Verfügungstruppe, sollten sie laut einer Verfügung des Reichsverteidigungsministers vom 24. 9. 1934 »innenpolitische Aufgaben« übernehmen, um die Armee davon frei zu halten und im Kriegsfall mit den regulären Streitkräften eingesetzt zu werden.

Ab 1935 nahm Preußen die SS-Wachverbände und die Lagerkosten in den Gestapo-Haushalt auf. Der Etat umfasste auch die Gehälter der Angehörigen der IKL. Dafür setzte das Land in den Budgets 1934/1935 jeweils 3,2 Millionen an. Bayern steuerte 1935 rund 900 000 Reichsmark zu den Gesamtkosten Dachaus in Höhe von 4,15 Millionen zu. Bayern verlangte zusätzlich vom Reichsinnenministerium einen einmaligen Zuschuss für die 400 bis 500 zum KZ-Dienst auszubildenden SS-Leute, die über die normale Stärke hinausgingen. Dies alles erfolgte bei Zugehörigkeit der SS, also auch ihrer bewaffneten Einheiten, zur NSDAP. Nicht zuletzt erscheint ihre Finanzierung aus staatlichen Haushalten als ein besonders deutliches Zeichen für die rascher und intensiver werdende Verschmelzung im sicherheitspolizeilichen Bereich. Rudolf Höß[10], der spätere Kommandant von Auschwitz, zur damaligen Zeit Blockführer in Dachau, wusste zudem von »Spenden von Seiten der Wirtschaft, Zuschüssen von der Polizei und der SS, Bankkrediten und Kantinenüberschüssen«, die dem Betrieb der Lager zugute kamen. Entsprechend wuchs die Stärke der SS-Wachverbände rasch an. Sie gliederten sich in »Oberbayern« für Dachau, »Elbe« für die Lichtenburg, »Sachsen« für Sachsenburg, »Ostfriesland« für Esterwegen und »Brandenburg« für das Columbia-Haus und mit SS-Leuten für das »Reservelager für Berlin« Oranienburg.

Eicke veranlasste, dass die SS-Wachverbände sich aus Mitgliedern der Hitlerjugend im Alter von 17 bis 19 Jahren rekrutierten. Eicke ließ sie nicht nur militärisch drillen, sondern hetzte sie gegen die Häftlinge auf. Höß hielt Eickes Aufwiegelungen im Rückblick folgendermaßen fest: »Eicke meinte, Weichlinge hätten in seinen Reihen keinen Platz und würden gut daran tun, sich so schnell wie möglich in ein Kloster zu verziehen. Er könne nur harte, entschlossene Männer gebrauchen, die jedem Befehl rücksichtslos gehorchten. Nicht umsonst trügen sie den Totenkopf und die stets scharf geladene Waffe! Sie stünden als einzige Soldaten auch in Friedenszeiten Tag und Nacht am Feind, am Feind hinter dem Draht!« Höß erläuterte damit die Folgen solcher Abrichtung: »Eicke hatte den Begriff ›Gefährliche Staatsfeinde‹ so eindringlich und überzeugend in seine SS-Männer hineingetrommelt und predigte ihn auch noch Jahre hindurch weiter, sodass jeder, der es nicht besser wusste, fest davon durchdrungen war. [...] Eickes Absicht war, seine SS-Männer durch seine dauernden Belehrungen und entsprechenden Befehle über die verbrecherische Gefährlichkeit der Häftlinge von Grund auf gegen die Häftlinge einzustellen, sie auf die Häftlinge ›scharf zu machen‹, jegliche Mitleidsregung von vornherein zu unterdrücken. Er erzeugte damit, durch seine Dauereinwirkung in dieser Richtung, gerade bei primitiveren Naturen einen Hass, eine Antipathie gegen die Häftlinge, die für Außenstehende unvorstellbar ist. Diese Einstellung hat sich in allen Konzentrationslagern auf alle dort Dienst tuenden SS-Männer und -Führer weiter verbreitet, weiter vererbt.«

Zudem versetzte Eicke »Dachauer Führer und Männer [...] laufend in andere Lager [...], um dort den Dachauer Geist hineinzubringen«, fügte Höß hinzu. Doch erwiesen sich auch andere SS-Führer und -Leute, die nicht die Dachauer Schule der Gewalt durchliefen, ihnen als ebenbürtig und übertrafen – wann immer sich eine Gelegenheit dazu bot – ihresgleichen noch an Skrupellosigkeit und Brutalität. Dieser »Geist« erwies sich als charakteristisch für die SS-Mentalität gegenüber den politischen Gegnern und anderen Missliebigen innerhalb und außerhalb der Lager. Und sie wiederum entsprach der späteren Aggressivität des Regimes nach außen.

Die Zahl der KZ-Insassen wuchs bis 1936 langsam, aber stetig an. Zugleich warf das Regime nach dem September 1935 Deutsche jüdischer Herkunft oder mosaischen Glaubens unter der Beschuldigung der »Rassenschande« in Konzentrationslager, ebenso in größerer Zahl Zeugen Jehovas sowie Homosexuelle, deren Zahl Mitte 1935 allein im KZ Lichtenburg 325 betrug.

Die inneren Verhältnisse in den Lagern änderten sich kaum, während die Misshandlungen zunahmen, die Arreste sich entsprechend der Lagerordnung in den neuen SS-Lagern ausdehnten und die Prügelstrafen sich ausweiteten. Ebenso stieg die Zahl der Toten in Relation zur Lagerbelegung an.

Beim Häftlingseinsatz dominierte weiterhin der Einsatz in Kiesgruben und Steinbrüchen, die Moorkultivierung und der Torfstich – wie bisher in Handarbeit. Weiter gehörten dazu der Lagerbetrieb und -ausbau und die Lagerwerkstätten, in ihnen verstärkt militärische Fertigungen für die SS. Die Arbeitszeit für die Lager und in den Werkstätten blieb über Gebühr ausgeweitet.

Besuchsmöglichkeiten für Angehörige der Gefangenen und die Seelsorge wurden – von Ausnahmen abgesehen – nunmehr unterbunden. Berichte über die Lager erschienen nach einer Anweisung Heydrichs vom Juli 1934 – sie bedurften seiner Genehmigung – in der deutschen Presse weniger und gezielt. Auch Ausländer durften die Lager nicht mehr besichtigen, ausgenommen Teilnehmer des Internationalen Strafrechtskongresses im August 1935 und ein Delegierter des Internationalen Komitees vom Roten Kreuz im Oktober dieses Jahres, der ebenfalls die besuchten Konzentrationslager Dachau, Esterwegen und Lichtenburg auf der »Höhe neuzeitlicher Anforderungen« befand. Allerdings ließ er sich in seinen Memoiren 1962 darüber anders aus, speziell in der viel zitierten Passage über sein Treffen mit Carl von Ossietzky.[11]

Von den nicht der SS unterstellten Lagern wurde der obere Kuhberg im Juli 1935 geschlossen. Er sollte wie Oranienburg in Reserve bleiben. Die letzten Häftlinge aus der Festungsanlage mussten nach Dachau. Der Kuhberger Kommandant übernahm das Amtsgerichtsgefängnis Welzheim, das in seinem Wesen einem Konzentrationslager entsprach.

Nicht alle Pläne der SS zur Errichtung weiterer Konzentrationslager konnten realisiert werden, weil das Reichsfinanzministerium es ablehnte, dafür weitere Mittel bereitzustellen. Das motivierte den Reichsführer SS Himmler zusätzlich, bei Hitler grundsätzliche Entscheidungen über die Konzentrationslager herbeizuführen.

Schon im Februar 1935 hatte Hitler auf eine Vorlage des Reichsführers SS hin geäußert, die Zahl der Schutzhäftlinge werde nicht reduziert, das heißt, er bekräftigte die Weiterexistenz der Lager. Im Juni stimmte er Himmler zu, dass die SS-Lagermannschaften das Gerippe für Polizeiverstärkungen im A-Fall, dem Krieg, bilden sollten und ihre Kosten wie die der Lager ab April 1936 auf den Reichsetat zu übernehmen seien. Die ausdrückliche Anweisung Hitlers erging dann nach einer weiteren Unterredung mit Himmler im Oktober, die entsprechende Mitteilung des Reichsinnenministers an die Länder im März des Folgejahres. Und schließlich lag Hitler Anfang 1936 eine Denkschrift Eickes vor, die in-

Konzentrationslager Sachsenhausen, Seziertische in der ehemaligen Pathologie.

zwischen als verschollen gilt und unter anderem wahrscheinlich die Errichtung neuer, größerer Konzentrationslager beinhaltete, wie sich aus deren Beginn im Sommer 1936 schließen lässt.

Nur ein paar Monate nach seiner Denkschrift betonte Eicke am 3.6.1936 den sicherheitspolizeilichen Gesichtspunkt, als er nach Weimar schrieb, »dass ein K-Lager in Thüringen nicht nur im A-Falle, sondern aus Gründen der Staatssicherheit unumgänglich ist, da das Land Thüringen als Herz Deutschlands im Falle eines Krieges von staatsfeindlichen Elementen besonders heimgesucht werden wird« (siehe dazu auch Seite 131 f.)

Die zweite Generation der Konzentrationslager (siehe dazu Näheres Seite 127) beschrieb Eicke in einem durch

Himmler unterzeichneten Brief an den Reichsfinanzminister vom 8.2.1937 als »ein vollkommen neues, jederzeit erweiterungsfähiges, modernes und neuzeitliches Konzentrationslager [...], das allen Anforderungen und Erfordernissen nach jeder Richtung hin gewachsen ist und sowohl in Friedenszeiten sowie für den Mob(ilisierungs)-Fall die Sicherung des Reiches gegen Staatsfeinde und Staatsschädlinge in vollem Umfang jederzeit Gewähr leistet«. Gewichtend setzte er hinzu, dass »die Wehrmacht wiederholt ein starkes Interesse an der Errichtung eines großen Lagers in der nächsten Umgebung von Groß-Berlin mit umfassenden Erweiterungsmöglichkeiten für den Mob.-Fall zum Ausdruck gebracht hat«.[11]

Ebenso war 1935 ein anderer Mechanismus ausgelöst worden, der sowohl Weichen für Gestapo wie für SS und Konzentrationslager in der späteren dritten Phase des NS-Regimes stellte: Für Verhaftungen in Spannungszeiten hatte Heydrich im Dezember 1935 befohlen, Listen für in Schutzhaft zu nehmende »linksradikale staatsfeindliche Elemente«, speziell Kommunisten, anzulegen. Er präzisierte diese Anordnung im Februar 1936 für den Kriegsfall. Die entsprechende A-Kartei solle alle Personen umfassen, »von denen ohne weiteres zu vermuten steht, dass sie sich gemäß ihrer früheren politischen Einstellung und Tätigkeit oder aufgrund ihrer jetzigen Einstellung als Hetzer oder Aufwiegler, als Saboteure oder Nachrichtenagenten oder in ähnlicher, die öffentliche Sicherheit und Ordnung gefährdender Weise betätigen«. Das seien vor allem Mitglieder der Arbeiterparteien und ihrer Organisationen, Funktionäre oppositioneller Bewegungen, bekannte Bibelforscher usw. Sie sollten auf dreifach ausgefertigten Karteikarten verzeichnet werden. Der Vollzug sei bis 1.5.1936 zu melden.

Die Errichtung neuer Konzentrationslager seit 1936

Die seit 1936 verstärkt einsetzenden Kriegsvorbereitungen führten zur Errichtung neuer Konzentrationslager und damit zu einer gezielten Ausweitung des KZ-Systems in der NS-Diktatur.

Zur Rekapitulation: Im Juni 1936 übernahm Himmler das neu geschaffene Amt eines Chefs der Deutschen Polizei. In dieser Funktion setzte Himmler die verstärkte Einlieferung »nichtpolitischer Häftlinge« durch, vor allem von mehrfach Vorbestraften, von Menschen ohne festes Arbeitsverhältnis und ohne festen Wohnsitz – Landstreichern, Bettlern, so genannten Zigeunern – sowie von Homosexuellen und straffälligen Prostituierten.

Die Lager der ersten Phase wurden mit Ausnahme von Dachau aufgelöst beziehungsweise anderen Bestimmungen übergeben und nun in der zweiten und dritten Phase durch neue, größere Konzentrationslager ersetzt (Näheres siehe folgende Seiten): 1936 Sachsenhausen, 1937 Buchenwald, 1938 Mauthausen, Flossenbürg, 1939 das Frauenkonzentrationslager Ravensbrück, 1940 Auschwitz, 1941 Natzweiler-Struthof. Im Juni 1940 wurde das bisherige Außenlager von Sachsenhausen, Neuengamme, selbständiges Lager, ebenso im Mai 1941 Groß-Rosen. Konzentrationslager wurde im Februar 1942 auch das Lager Stutthof, das bisher dem Höheren SS- und Polizeiführer in Danzig unterstand.

Die ersten Opfer für Rüstung und Krieg

Mit den Lagergründungen in der zweiten und dritten Phase von 1936 bis 1941/1942 waren im Wesentlichen folgende Ziele verbunden:

- Sie sollten den Konzentrationsprozess aus der Zeit 1933/1934 zu Ende bringen. Alle Lager aus der ersten Phase mit Ausnahme des Ursprungs-SS-Lagers Dachau wurden deshalb mit Beginn der zweiten Phase aufgelöst.
- Die neuen Lager wurden bereits im Hinblick auf verschärfte sicherheitspolizeiliche Maßnahmen geplant, die für den Kriegsfall zu erwarten waren und größere Unterbringungskapazitäten erforderlich machen würden.
- Sie sollten unter anderem dem Häftlingseinsatz in neu gegründeten SS-Wirtschaftsunternehmungen dienen, mit denen Himmler einen Beitrag zur Vierjahresplanproduktion zu leisten beabsichtigte.

Die Erklärung der neuen ökonomischen Funktionen, die die Lager im Rahmen der Kriegsvorbereitung hatten, erfordert es, über den engeren Bereich der Sicherheitskräfte hinaus etwas auszugreifen.

Die im Vierjahresplan niedergelegten Produktionsziele lasteten die wirtschaftlichen Möglichkeiten des Reiches derartig aus, dass eine Reihe von Zwangseingriffen in den Arbeitsmarkt erforderlich erschienen, die nicht nur bereits Beschäftigte erheblich einschränkten, sondern auch Verpflichtungsmaßnahmen für noch nicht in der Produktion Tätige vorsahen. Auf dem Bausektor zum Beispiel war bereits zur Jahreswende 1937/1938 abzusehen, dass das Reservoir an freien Kräften in nächster Zeit vollkommen ausgeschöpft sein würde, ohne dass der Bedarf gedeckt werden konnte.

In dieser Situation gelang es Himmler, die Arbeitskraft der Konzentrationslagerhäftlinge in großem Maßstab nutzbar zu machen. Die wirtschaftlichen Vorhaben, bei denen vor allem neu eingelieferte Häftlinge – die so genannten »Asozialen«, »Arbeitsscheuen« und »Kriminellen« – eingesetzt werden sollten, standen zwar noch in keinem unmittelbaren Zusammenhang zur Kriegsrüstung. Dennoch setzte die SS ihre Produktionstätigkeit bei Vorhaben ein, die mit der ideologischen Selbstdarstellung des nationalsozialistischen Systems im Zusammenhang standen, nämlich in den Bauvorhaben, die Hitler mit Speer zur Ausgestaltung politisch repräsentativer Städte des Dritten Reiches geplant hatte. Die SS bot sich somit an, diese nicht unwichtige wirtschaftliche Klemme in der Baustoffgewinnung und -verarbeitung mit einer eigenen Produktion und mit eigenen Arbeitskräften zu überbrücken: »Die idealste Verwirklichung des produktiven Einsatzes der Arbeitskraft inhaftierter Verbrecher und politischer Häftlinge hat der Verwaltungschef der SS bei den Konzentrationslagern geschaffen. Hier entstehen oder sind bereits entstanden Produktionsstätten für hochwertige Rohstoffe, an denen es für die großen Bauvorhaben des Führers mangelt.«[12]

Das erste der neuen Lager entstand in Sachsenhausen, nördlich von Berlin. Seine Gründung hing mit der Auflösung des Emslandlagers Esterwegen zusammen, das die SS aus rüstungswirtschaftlichen und militärpolitischen Gründen aufgeben wollte.

Da der 1936 eingeschlagene Kurs eine Ausweitung und

Intensivierung der landwirtschaftlichen Produktion unumgänglich gemacht hatte[13], erhielt das Kultivierungsprojekt im Emsland, das 1933 vor allem zur Beschäftigung der Gefangenen begonnen worden war, neue Aufmerksamkeit. Das Reichsernährungsministerium übte an den beteiligten Stellen Kritik, sie würden die Arbeiten nicht mit der vereinbarten Kraft vorantreiben und die Besiedlung verzögern. Insbesondere »infolge der geringen Belegung des Konzentrationslagers Esterwegen seien keine Konzentrationsgefangenen eingesetzt« worden. Die SS, vom Reichsernährungsministerium vor die Entscheidung gestellt, sich mit dem Justizministerium und dem Reichsarbeitsdienst verstärkt an dem Projekt zu beteiligen, zog es vor, sich ganz aus dem Emsland zurückzuziehen, wie sie es offenbar schon seit längerer Zeit geplant hatte.

In der Begründung dieses Schrittes, die der Reichsführer SS dem Reichsjustizministerium in einem Schreiben vom 8.2.1937 mitteilte, spielten militärische Überlegungen zur Vorbereitung des Krieges eine wesentliche Rolle: »Nachdem die Wehrmacht wiederholt ein starkes Interesse an der Errichtung eines großen Lagers in der nächsten Umgebung von Groß-Berlin mit umfassenden Erweiterungsmöglichkeiten für den Mob.-Fall zum Ausdruck gebracht hatte, habe ich die Weisung erteilt, sofort den Neubau zu beginnen.« Himmler nannte Sachsenhausen ein »anstelle des s. Zt. in der ersten Revolutionszeit gebauten einfachen Lagers [...] ein vollkommen neues, jederzeit erweiterungsfähiges, modernes und neuzeitliches Konzentrationslager, das [...] sowohl in Friedenszeiten sowie für den Mob.-Fall die Sicherung des Reiches gegen Staatsfeinde [...] gewährleistet.«[14]

Aus politischen Gründen habe er »die Räumung des an der deutsch-holländischen Grenze innerhalb des militärischen Aufmarschgebietes gelegenen Konzentrationslagers Esterwegen angeordnet«.

Der erste Transport mit 50 Häftlingen aus Esterwegen traf im Juli 1936 in Sachsenhausen ein, um den Lageraufbau zu beginnen. Bis zum Jahresende hatte das Lager bereits die bisher übliche Stärke von etwa 2000 Häftlingen erreicht. Der Lagerausbau blieb dabei aber nicht stehen, sondern wurde das ganze nächste Jahr hindurch bis zu einem Fassungsvermögen für etwa 7500 Häftlinge weitergeführt. Nach Dachauer Muster wurde Sachsenhausen mit vielen Werkstätten ausgerüstet, die bis in die ersten Kriegsjahre ausgebaut und erweitert wurden. Im Frühjahr 1938 begannen die Häftlinge, ein Ziegelwerk in der Nähe des Lagers am Oder-Havel-Kanal zu errichten. Das Werk erhielt ein eigenes Hafenbecken, das ebenfalls von den Häftlingen angelegt wurde. Ähnliche Möglichkeiten des Häftlingseinsatzes in Rohstoff- und Fertigungsanlagen der Bauindustrie wurden für die weiteren Lagergründungen von Sachsenhausen der entscheidende Aspekt für deren Anlage und Ortsauswahl.

Ebenfalls im Sommer 1936 waren Verhandlungen zwischen der Inspektion der Konzentrationslager (IKL) und dem Land Thüringen über den Bau eines »modernen K-Lagers in Thüringen« aufgenommen worden, das die alten Lager Lichtenburg und Sachsenburg ersetzen sollte. Wegen der zentralen Lage und der traditionell starken sozialistischen Kräfte schien Eicke (siehe dazu auch Seite 125) »ein K-Lager Thüringen nicht nur im A-Falle, sondern aus Gründen der Staatssicherheit unumgänglich« notwendig, »da das

Land Thüringen als Herz Deutschlands im Fall eines Krieges von staatsfeindlichen Elementen besonders heimgesucht wird«.[15]

Nachdem die thüringische Regierung nach anfänglichem Hinhalten der Errichtung eines großen Lagers zugestimmt hatte, schlug die SS ein Gelände vor, in dessen Nähe Ton oder Lehm abgebaut werden konnten, da die Häftlinge »im Rahmen des Vierjahresplanes mit der Herstellung von Ziegeln beschäftigt« werden sollten. Das neue Lager Buchenwald wurde schließlich in der Nähe von Weimar auf dem Ettersberg errichtet. In der Nähe des Lagers wurde eine Ziegelei gebaut, in der die Häftlinge aber erst später eingesetzt wurden. Anfangs arbeiteten sie hauptsächlich im lagereigenen Steinbruch. Die Einlieferungsbereiche wurden zwischen den drei Lagern Dachau, Sachsenhausen und Buchenwald aufgeteilt. Sachsenhausen sollte vorwiegend der Aufnahme von Häftlingen aus den nördlichen und östlichen, Buchenwald aus den westlichen und Dachau aus den südlichen Gebieten Deutschlands dienen.

Da es völlig ausreichend ist, die Darstellung an dieser Stelle auf die so genannten Leitlager zu beschränken, seien in diesem Zusammenhang von den weiteren Lagergründungen nur noch Mauthausen, das als Straflager besondere Bedingungen hatte, und das Frauenkonzentrationslager Ravensbrück erwähnt.[16] Unmittelbar nach der Besetzung Österreichs 1938 hatten Himmler und sein Wirtschaftsbeauftragter Oswald Pohl die sehr ergiebigen und wertvollen Steinbrüche in Mauthausen bei Linz besichtigt, die sich bisher im Besitz der Stadt Wien befanden. Die SS pachtete einen Teil der Steinbrüche und begann in ihrer unmittelbaren

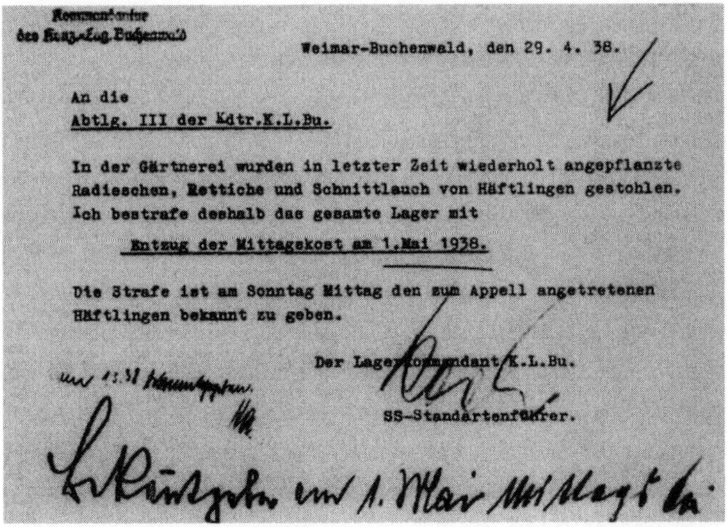

Kommandantur
des Konz.-Lag. Buchenwald

Weimar-Buchenwald, den 29. 4. 38.

An die
Abtlg. III der Kdtr.K.L.Bu.

In der Gärtnerei wurden in letzter Zeit wiederholt angepflanzte Radieschen, Rettiche und Schnittlauch von Häftlingen gestohlen. Ich bestrafe deshalb das gesamte Lager mit

Entzug der Mittagskost am 1.Mai 1938.

Die Strafe ist am Sonntag Mittag den zum Appell angetretenen Häftlingen bekannt zu geben.

Der Lagerkommandant K.L.Bu.

SS-Standartenführer.

Dokument einer Strafmeldung.

Nähe mit der Errichtung eines Konzentrationslagers, zu dessen Aufbau die ersten Häftlinge im August 1938 eintrafen. Es waren überwiegend Österreicher, die aus Dachau rücküberstellt wurden.

Ende November 1938 begann ein Kommando männlicher Häftlinge aus Sachsenhausen in Ravensbrück in Mecklenburg mit dem Bau eines Frauenkonzentrationslagers, das in der Anlage den »modernen« Konzentrationslagern für Männer entsprach. Diesem Lager wurde kein Werk zur Baustoffgewinnung oder -verarbeitung angegliedert. Das Ravensbrücker Frauenlager wurde vielmehr an dem Arbeitseinsatz in den Werkstätten – einer Schneiderei, Stickerei, Näherei und Strohmattenflechterei – und in der Landwirtschaft ausgerichtet. In diesen Betrieben wurde für den Bedarf der

Häftlinge und der SS, später auch für den der Wehrmacht produziert. Der Verwaltungs- und Bewachungsaufbau entsprach grundsätzlich dem der anderen Konzentrationslager. Eine Abweichung ergab sich nur für den inneren Lagerdienst, den zum größten Teil Frauen – die »Aufseherinnen« – wahrnahmen. Diese Frauen hatten bis zu ihrem Dienstantritt nicht der SS angehört und keine entsprechende Ausbildung erhalten oder Stellungen versehen. Sie wurden zum Teil durch Zeitungsinserate geworben. Ein während des Krieges verfasstes Merkblatt »Bewerbung als Aufseherin«, das den Bewerberinnen zugeschickt wurde, um sie mit ihrer Aufgabe bekannt zu machen, schilderte die Anforderungen als »leicht und unkompliziert«[17].

Betrachtet man die Lagergründungen bis zum Krieg, so liegt im Jahr 1938 ein deutlicher Schwerpunkt. Die Kapazitäten wurden erheblich erweitert – Mauthausen, Flossenbürg und Ravensbrück gegründet, Buchenwald ausgebaut. Die wirtschaftliche Tätigkeit wurde nicht nur zum Kriterium der Standortauswahl wie bei Buchenwald, sondern darüber hinaus für den Bau des Lagers selbst entscheidend. In Sachsenhausen wurde jetzt mit der Errichtung eines Groß-Klinkerwerks begonnen, für das es in der ursprünglichen Planung keine Hinweise gibt.

Die SS schien noch 1936/1937 davon auszugehen, dass mit den Lagern Sachsenhausen, Buchenwald und Dachau der »Mobilisierungsstand« erreicht war. Im Haushaltsvoranschlag für das Jahr 1938 richtete sie sich im Wesentlichen am Häftlings-Istbestand des Vorjahres aus.[18] Dieser Stand wurde durch Verhaftungsaktionen im Juni 1938 jedoch vollkommen überholt, nach denen in den Lagern etwa 24 000

Gefangene eingesperrt waren und damit die Lager überbelegt waren. Diese Zahl änderte sich bis zur »Reichskristallnacht« nicht wesentlich. Die weiteren Ausbaupläne, die seit 1938 von der wirtschaftlichen Tätigkeit wesentlich mitbestimmt wurden, hatte die SS so lange nicht offen gelegt, bis die tatsächliche Häftlingszahl unter Hinweis auf die neuen Produktionsaufgaben den weiteren Ausbau zwingend erforderlich erscheinen ließ. Göring, der den wirtschaftlichen Machtzuwachs der SS verhindern wollte, bemühte sich vergeblich, Himmler die Mittel für den weiteren Ausbau der Lager zu sperren.[19] Gerade weil Himmlers Pläne die Vierjahresplanproduktion forcieren sollten – und im Übrigen mit den Bauvorhaben auf ein Lieblingsprojekt Hitlers gerichtet waren –, setzte sich Himmler gegenüber Göring bei Hitler durch.

Damit waren bis zum Krieg Funktion und Anzahl der Konzentrationslager hinreichend eingegrenzt. Mit Kriegsbeginn wurden im Bereich der Sicherheitspolizei neue Lager eingerichtet, die ausschließlich der verschärften Gegnerbekämpfung dienten, zum Teil aber die Bezeichnung »Konzentrationslager« führten. Vor allem die Höheren SS- und Polizeiführer (HSSPF) und die Befehlshaber der Sicherheitspolizei unterhielten in den besetzten Gebieten Arbeitslager, in denen politisch verdächtige Personen untergebracht waren. Im Reich bestanden Arbeitserziehungslager, in die ausländische Zivilarbeiter eingewiesen wurden, die angeblich gegen die strengen Unterbringungs- und Arbeitsbestimmungen verstoßen hatten.

Himmler ging gegen die Vermischung der Lagerarten vor und wies darauf hin, dass Konzentrationslager nur mit seiner Genehmigung errichtet werden könnten, damit der Charakter der Lager als Dauerhaftstätten mit von der Gestapo oder anderen Einlieferungsstellen unabhängiger Verwaltung aufrechterhalten bliebe. Zur Beurteilung der Frage, ob einzelne jener Haftstätten als Konzentrationslager anerkannt werden könnten, spielte der Arbeitseinsatz der Häftlinge eine wesentliche Rolle.

Zur Wahrnehmung wirtschaftlicher Aufgaben gründete die SS eigene wirtschaftliche Unternehmungen, die Konzentrationslagerhäftlinge anmieteten.[20] Als erste dieser Unternehmungen wurde im April 1938 die »Deutsche Erd- und Steinwerke GmbH« (DEST) mit Sitz in Berlin gegründet. Die DEST betrieb als private Gesellschaft die Ziegelwerke und Steinbrüche in Sachsenhausen, Neuengamme und Buchenwald. Sie war aber nur der Form nach eine private Gesellschaft. Ihre Leiter waren SS-Leute, die mit einem anfangs verhältnismäßig geringen Kapitaleinsatz treuhänderisch für den Reichsführer SS in die Gesellschaft eintraten. »SS-mäßig« ressortierten die Wirtschaftsunternehmungen im Amt III des Verwaltungs- und Wirtschafts-Hauptamtes des Reichsführers SS, für das auch die Abkürzung W = Wirtschaft benutzt wurde. Die Unternehmensleiter waren hier zugleich Amts- beziehungsweise Abteilungsleiter. Die Aufgabenstellung der DEST war wirtschaftspolitisch definiert. Ihr Zweck war die »Beschäftigung der Insassen der Konzentrationslager«: »Damit soll der Gedanke des Führers und Reichskanzlers, die teilweise dort noch brachliegenden Arbeitskräfte im Rahmen des Vierjahresplanes nutzbar zu machen, in die Tat umgesetzt werden.«[21]

Da die SS-Verwaltung nur unzureichend mit wirtschaftlichen Fachvertretern ausgestattet war, war sie der Führung von Wirtschaftsbetrieben zunächst nicht gewachsen. Die Verwirklichung kam der Planung nicht nach. Besonders die Ziegeleien in Neuengamme und Sachsenhausen waren in einer Größenordnung und für den Einsatz neuer Produktionsmethoden geplant, die weder den technischen und verwaltungsmäßigen Voraussetzungen noch der Leistungsfähigkeit der eingesetzten Arbeitskräfte entsprachen. Überzogene Leistungsforderungen gehörten zum Arbeitsstil der SS. So wie Eicke gegenüber der thüringischen Landesregierung betont hatte, dass er das »moderne Konzentrationslager« innerhalb von drei Monaten zu erstellen hätte, obwohl noch nicht einmal die Frage geklärt war, wo es gebaut werden sollte, war dem verantwortlichen Leiter der DEST »zur Pflicht gemacht« worden, »alle Werke gewissermaßen aus dem Boden zu stampfen«. Die Folgen dieses Einsatzes hatten die Häftlinge zu tragen.

In die im Mai 1939 gegründeten »Deutsche Ausrüstungswerke GmbH« (DAW) wurden die Handwerksbetriebe der Konzentrationslager eingebracht. Als Aufgabe des Unternehmens nannte der Gesellschaftsvertrag »[...] die Beschäftigung brachliegender, in der freien Wirtschaft aus den verschiedensten Gründen nicht zu verwendender Arbeitskräfte mit Arbeiten für die Öffentliche Hand«.[22]

Die SS-Wirtschaftsbetriebe mussten für die Beschäftigung von Häftlingen über die Konzentrationslagerverwaltung pro Tag und Häftling 0,30 Reichsmark an die Reichskasse abführen, die dieses Geld als Ausgleich für die Investitionen bei den Lageraufbauten benutzten sollte. Dasselbe galt später für SS-fremde Unternehmen, die Häftlinge beschäftigten.

Von diesem Satz konnte je nach örtlichen Produktionsbedingungen abgewichen werden. Betriebe mit überdurchschnittlich hoher Arbeitsproduktivität bezahlten höhere Entgelte. Bezeichnenderweise verlangten diese Betriebe auch eine höhere Qualifikation der Arbeitskräfte. Ein Beispiel dafür sind die Arbeitsplätze der Texled in Ravensbrück, wo die Arbeit den Qualitätsansprüchen der Waffen-SS genügen musste. Man ging dort davon aus, dass die Produktivität einer angelernten Häftlingsarbeiterin nur etwa 40 Prozent der einer freien Arbeiterin betrug. Die geringste Produktivität herrschte bei den schwersten Arbeitsplätzen in den Steinbrüchen. So betrug nach einer Betriebsrechnung im Jahr 1942 in den Mauthausener Steinbrüchen die Arbeitsleistung nur etwa fünf Prozent von derjenigen eines freien Arbeiters.[23] Unterschiede innerhalb der Arbeitsproduktivität blieben über die gesamte Geschichte der Lager erhalten, auch wenn sie sich zur dritten Phase hin abschwächten.

Die Textilbetriebe in Ravensbrück waren maschinell besser ausgestattet als die anderen Konzentrationslagerbetriebe. Die eingesetzten Anlagen mussten fachgerecht behandelt werden und kontinuierlich in Betrieb sein, um ihren Produktionkostenanteil bei den ohnehin geringen »Löhnen« erträglich zu halten. Die eingearbeiteten Frauen an Näh- und Strickmaschinen waren nicht ohne weiteres ersetzbar. Um einen gewissen Qualifikationsgrad der Arbeitskräfte zu erreichen und zu erhalten, mussten ausreichende Reproduktionsbedingungen gewährt werden, sodass Ravensbrück stets eine der geringsten Todesraten unter allen Konzentrationslagern aufwies.

Dagegen wurde in den Steinbrüchen der Raubbau an der

physischen Kraft der Häftlinge dadurch ermöglicht, dass die Arbeitskraft des einzelnen Häftlings beliebig ersetzbar war, und solange sie dies war, änderte sich an den Lebensbedingungen der Häftlinge dort nichts. Zudem war die Arbeit selbst so schwer und gefährlich, dass sie den Häftling bei unzureichender Ernährung innerhalb kurzer Zeit vollständig erschöpfte. Die Reproduktion der Arbeitskraft gewährleisteten die Schergen durch ständige Neueinlieferungen für die Betriebe. Das lässt sich anhand des folgenden Beispiels veranschaulichen: Im Januar 1941 waren im Lager Mauthausen 8000 Häftlinge eingesperrt. Bis zum Jahresende waren etwa ebenso viele Gefangene gestorben. Der Lagerbestand betrug aber zu diesem Zeitpunkt 15 900 Häftlinge.

Mitte 1940 war mindestens ein Drittel aller Konzentrationslagerhäftlinge bei SS-Wirtschaftsbetrieben beschäftigt, der größte Teil davon bei der DEST. Im Jahr darauf sank der Anteil trotz absoluter Zunahme der bei den Betrieben eingesetzten Häftlinge, da die Lager schneller als die Betriebe wuchsen.

Schwerpunkt der Verfolgung und die Entwicklung der Todesrate

In der zweiten Phase wurden bis zum Kriegsbeginn systematisch außer den alten politischen Gegnern solche Gruppen in die Konzentrationslager eingeliefert, gegen die bisher in weniger bedeutendem Maß KZ-Haft verhängt worden war. Hierzu zählten

- Gewohnheits- und Schwerverbrecher
- Landstreicher, sonstige Personen ohne festen Wohnsitz

und festes Arbeitsverhältnis, Prostituierte und so genannte Zigeuner
- Zeugen Jehovas und
- Juden.

Diese Gruppen hatten seit 1937 einen weitaus größeren Anteil an den Neuzugängen als die früheren »politischen« Häftlinge. Erst mit Kriegsbeginn wurden wieder in starkem Maß Häftlinge wegen politischer Gegnerschaft in die Lager verschleppt. Die deutsche Besatzungspolitik schlug sich in einer zunehmenden Anzahl ausländischer, vor allem polnischer Häftlinge nieder. Dagegen nahm die zahlenmäßige Bedeutung der oben genannten Gruppen ab. Es lässt sich schon nach dieser Aufzählung vermuten, dass die zweite Phase nach Einlieferungsgründen, Lagerfunktion und Häftlingszusammensetzung eine kompliziertere Struktur als die erste aufwies.

Die Verfolgungsinstitutionen wurden zu Beginn der zweiten Phase gestrafft. Himmler wurde (siehe auch Seite 96) im Juni 1936 »zur einheitlichen Zusammenfassung der polizeilichen Aufgaben im Reich« die Stellung eines »Chefs der deutschen Polizei« übertragen. Ähnlich wie aus der politischen Abteilung des Berliner Polizeipräsidiums das nun für das ganze Reich zuständige Geheime Staatspolizeiamt hervorgegangen war, wurde das Preußische Landeskriminalamt mit der fachlichen Leitung der Kriminalpolizei der deutschen Länder beauftragt.

Im Juli 1937 wurde es dementsprechend in Reichskriminalpolizeiamt (RKPA) umbenannt. Zusammen mit der Gestapo bildete es unter Reinhard Heydrich das Hauptamt

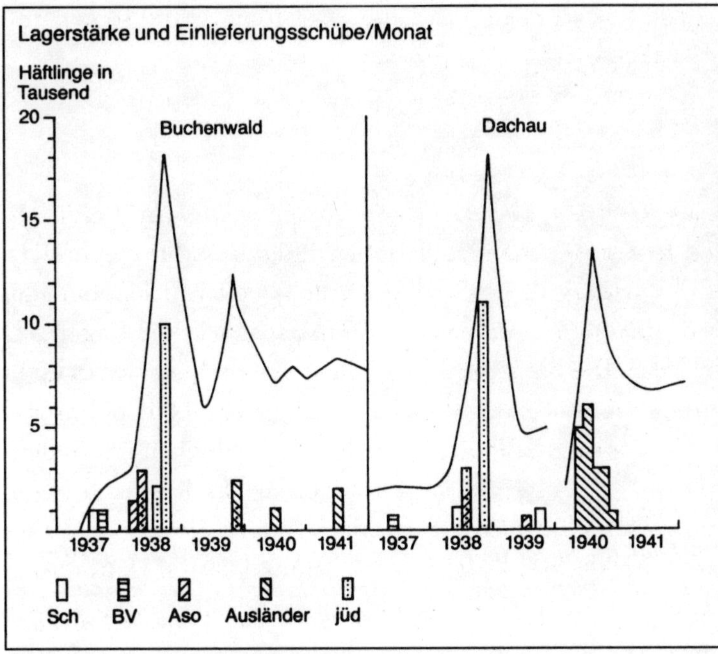

Erläuterung der Abkürzungen

Sch = Schutzhäftlinge (politische Häftlinge)
BV = Berufsverbrecher
Aso = Asoziale
jüd = jüdischer Abstammung

Die Abkürzungen der Häftlingskategorien entsprechen dem Nazi-Jargon.

Sicherheitspolizei des Reichsführers SS und Chef der Deutschen Polizei.

Unmittelbar nach Kriegsbeginn 1939 wurde diesem Amt auch der Sicherheitsdienst des Reichsführers SS angegliedert, der bisher schon in enger Zusammenarbeit mit der Sicherheitspolizei seine nachrichtendienstliche Tätigkeit

Die häufigste Strafe im KZ-Lageralltag war die Prügelstrafe. Die SS hatte dazu einen »Prügelbock« erstellen lassen, auf dem die Beine, die Arme und der Oberkörper des Häftlings festgehalten wurden und gleichzeitig die Haut des Gesäßes unter Spannung stand. Je nach »Schwere des Vergehens«, aber je nach Laune der SS wurden fünf bis 25 Schläge mit einem Ochsenziemer auf das nackte Gesäß verabreicht. Die Aufnahme links zeigt einen Prügelbock mit Puppe.
Rechts: »Baumhängen« mit einer Puppe nachgestellt. Das »Baumhängen« war eine besonders sadistische Methode der SS, angeblich mangelnde Arbeitsleistung zu bestrafen. Dabei wurden den Häftlingen die Arme auf dem Rücken zusammengebunden und die Häftlinge an den Handgelenken an einem Baum aufgehängt, bis sie ohnmächtig wurden.

geleistet hatte und dem nun in den besetzten Gebieten stark erweiterte Aufgaben zukamen. Das so ergänzte Amt erhielt die neue Bezeichnung Reichssicherheitshauptamt (RSHA). Es blieb bis zum Kriegsende die zentrale Einlieferungsbehörde für die Konzentrationslagerhäftlinge. Die Leitung der Lager und die Bewachung der Gefangenen lagen weiter in der Hand des Inspekteurs der Konzentrationslager, der faktisch Himmler unmittelbar unterstellt war. Nachdem Theodor Eicke im November 1939 eine SS-Kampfdivision übernommen hatte, wurde der bisherige Chef seiner Zentralkanzlei, Richard Glücks, Eickes Nachfolger als Inspekteur.[24]

Aufgrund schlechter Unterbringungs- und Ernährungsbedingungen stiegen Krankheitsfälle und Sterblichkeit stufenartig an. Während im »traditionellen« Lager Dachau der Gesundheitszustand mancher Häftlinge 1938 noch als »gut« bezeichnet wird, trat im Winter 1938/1939 in Buchenwald bereits die erste Typhusepidemie in den überfüllten Blocks auf, in denen die Juden aus der November-Aktion (»Reichskristallnacht«) untergebracht waren. Seit Kriegsbeginn verbreiteten sich in allen Lagern Ruhr und Typhus epidemisch. Viele Häftlinge bekamen schon nach kurzer Zeit bei schwerem Arbeitseinsatz Hungerödeme.

Der differenzierten Vernichtungsstrategie folgend, schloss die SS bestimmte Häftlingsgruppen wie die Juden oder Polen zeitweilig von der Behandlung im Krankenrevier aus. Sie weigerte sich, Häftlinge, die als Ärzte ausgebildet waren, im Krankenrevier tätig werden zu lassen. Stattdessen wurden medizinisch ungeschulte Häftlinge zur Unterstützung der SS-Sanitäter und SS-Ärzte herangezogen.

Unterernährung war seit dem Winter 1939/1940 die häufigste, wenn auch nicht direkte Todesursache. Sie hatte die Anfälligkeit für Infektionen zur Folge, und wer – durch Hunger geschwächt – den Arbeitsanforderungen nicht mehr genügen konnte, wurde schikaniert, geschlagen, war in erhöhtem Maß unfallgefährdet und geriet in einen von ihm selbst kaum noch zu durchbrechenden Kreislauf von Benachteiligungen und Strafen. Im Gegensatz zur ersten Phase, in der eine etwa gleich bleibende Höhe der Sterblichkeit festzustellen war, stieg diese seit 1937 von Jahr zu Jahr an (siehe Tabelle).[25]

		Buchenwald		
	Tote	Beleg-stärke	Todesrate pro Jahr	Todesrate pro Monat
1937	48	2200	0,36 %	
1938	771	7420	10,00 %	0,83 %
1939	1235	8390	14,00 %	1,17 %
1940	1772	8290	21,00 %	1,75 %
1941	1522	7730	19,00 %	1,58 %
		Dachau		
	Tote	Beleg-stärke	Todesrate pro Jahr	Todesrate pro Monat
1937	69	2200	3,00 %	0,25 %
1938	370	8025	4,00 %	0,33 %
1939	300	6667		0,50 %
1940				
1941	2700	7500	36,00 %	3,00 %

Die zweite Phase ist deutlich zur ersten abgegrenzt. In Dachau versiebenfachten sich die Todeszahlen von 1936 auf 1937, obwohl die Häftlingszahlen nur vorübergehend um das Eineinhalbfache gestiegen waren. Mit dem Eintreffen immer neuer Häftlingsgruppen seit 1937 steigerte sich die Vernichtungstendenz, indem vor allem diesen zunehmend größer werdenden Gruppen so schlechte Lebensbedingungen diktiert wurden, dass die Häftlinge schneller starben. Der Unterschied zwischen Vorkriegs- und Kriegszeit liegt darin, dass bis zum Krieg von der lebensbedrohlichen Verschlechterung in hohem Maß die neuen Gruppen betroffen waren und die »alten« politischen Häftlinge im Allgemeinen noch hinreichende Lebensbedingungen vorfanden, während mit dem Krieg eine allgemeine Verschlechterung eintrat, die bestimmte Gruppen – vor allem Juden sowie russische und polnische Häftlinge – besonders hart traf. Hieraus lässt sich die katastrophale Höhe der Todesrate seit Kriegsbeginn ableiten. Dies wird durch ein weiteres Merkmal der Sterblichkeitsentwicklung gestützt. Korrelierte vor dem Krieg das Ansteigen der Todesrate stark mit den Einlieferungsschüben, so waren seit Kriegsbeginn Maximum und Minimum der Sterblichkeit im Allgemeinen stark von den Jahreszeiten abhängig, wenngleich die Einlieferungsschübe ein Einflussfaktor blieben. Im Sommer lag in der Regel das Minimum, im Winter das Maximum der Sterblichkeit. Das erklärt einmal mehr, dass sich die unzureichende Versorgung im Winter stärker als im Sommer bemerkbar machen musste.

Im Lauf des Jahres 1940 wurde die bisherige Einteilung der Häftlinge in drei Stufen auf die Lager übertragen. Die Lagereinteilung sollte »der Persönlichkeit des Häftlings und dem Grad der Gefährdung für den Staat Rechnung tragen«. Zur Stufe I »für alle wenig belasteten und unbedingt besserungsfähigen Schutzhäftlinge« zählten die Lager Dachau

Konzentrationslager Mauthausen, Außenmauer des Lagers.

und Sachsenhausen. Sie waren die beiden ältesten Lager und dienten als »Besichtigungslager« (siehe Seite 111). »Für Schwerbelastete, jedoch noch erziehungs- und besserungsfähige« Häftlinge waren als Stufe II die Lager Auschwitz, Buchenwald, Flossenbürg, Natzweiler, Neuengamme und Groß-Rosen vorgesehen. Das einzige Lager der Stufe III war Mauthausen, in das »schwerbelastete, insbesondere auch gleichzeitig kriminell-vorbestrafte und asoziale, das heißt kaum noch erziehbare Schutzhäftlinge« eingewiesen werden sollten.[26]

Die Einstufung hatte nur eine begrenzte Bedeutung, wie die je nach Häftlingsgruppen sehr unterschiedlichen Lagerbedingungen innerhalb desselben Lagers belegen. Trotz der »erzieherischen Funktion«, der die Stufen dienen sollten, bemühte sich die SS nicht, die neue Einstufung auf die bereits in den Lagern inhaftierten Häftlinge anzuwenden, deren Einstufung ja nur zufällig der neuen Lagereinstufung entsprechen konnte. Wegen der Schwierigkeiten, die eine entsprechende Umverlegung der »alten« Häftlinge vor allem für den Arbeitseinsatz gebracht hätte, unterließ man sie. Die Entscheidung, in welche Lagerstufe ein Häftling eingeliefert werden sollte, traf das Reichssicherheitshauptamt auf Vorschlag der örtlichen Einlieferungsbehörde.

Die Einteilung entsprach ungefähr den tatsächlichen Lebensverhältnissen in den Lagern vor dem Krieg, nahm die Entwicklung seit dem Winter 1939/1940 aber nicht mehr auf. Allein für Mauthausen trifft die Zuordnung zur Stufe III voll die Lagerrealität. Nach Mauthausen waren 1940 vorwiegend Polen eingeliefert worden, etwas mehr als 8000 Häftlinge. Mauthausen hatte schon vor der Einlieferung dieser Häftlingsgruppe, die zu den allgemein stark Verfolgten gezählt werden muss, eine außergewöhnlich hohe Sterblichkeit (siehe Tabelle).[27]

	Tote	Belegstärke	Todesrate/	
			Jahr	u. Monat
1938	37	730	1,0 %	
1939	445	1835	24,0 %	2,0 %
1940	2322	3070	76,0 %	6,3 %

Dass die Haft in Mauthausen als Straf-, genauer hier als Vernichtungsmaßnahme eingesetzt wurde, lässt sich am Schicksal der polnischen Häftlinge noch deutlicher belegen. Nach ihrem Eintreffen wurden die reichsdeutschen Häftlinge in den Totenmeldungen des Lagers von den polnischen gleich-

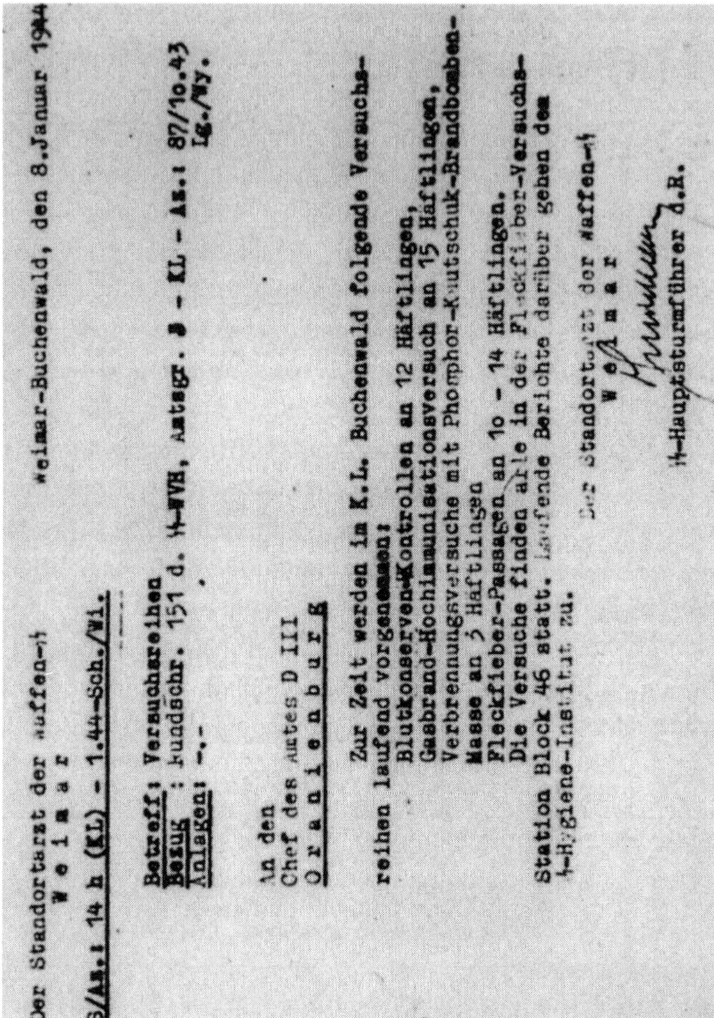

Der Standortarzt der Waffen-SS
W e i m a r

Weimar-Buchenwald, den 8. Januar 1944

S/Az.: 14 h (KL) - 1.44-Sch./Wi.

Betreff: Versuchsreihen
Bezug : Rundschr. 151 d. SS-WVH, Amtsgr. D - KL - Az.: 87/10.43 Lg./Wy.
Anlagen: -.-

An den
Chef des Amtes D III
O r a n i e n b u r g

Zur Zeit werden im K.L. Buchenwald folgende Versuchsreihen laufend vorgenommen:

Blutkonserven-Kontrollen an 12 Häftlingen,
Gasbrand-Hochimmunisationsversuch an 15 Häftlingen,
Verbrennungsversuche mit Phosphor-Kautschuk-Brandbomben-Masse an 5 Häftlingen
Fleckfieber-Passagen an 10 - 14 Häftlingen.

Die Versuche finden alle in der Fleckfieber-Versuchs-Station Block 46 statt. Laufende Berichte darüber gehen dem SS-Hygiene-Institut zu.

Der Standortarzt der Waffen-SS
Weimar

SS-Hauptsturmführer d.R.

Mitteilung nach Oranienburg über laufende Versuche mit KZ-Häftlingen. Dabei wurden ihnen Brandwunden mit Phosphor beigebracht.

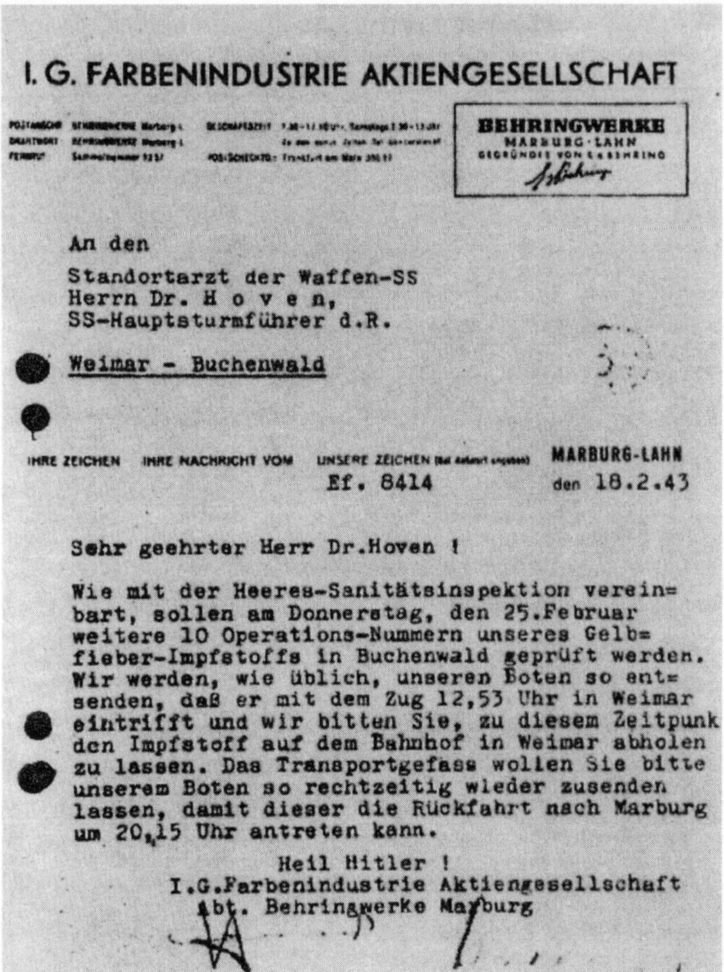
I. G. FARBENINDUSTRIE AKTIENGESELLSCHAFT

BEHRINGWERKE
MARBURG·LAHN
GEGRÜNDET VON E. v. BEHRING

An den

Standortarzt der Waffen-SS
Herrn Dr. H o v e n,
SS-Hauptsturmführer d.R.

Weimar - Buchenwald

IHRE ZEICHEN	IHRE NACHRICHT VOM	UNSERE ZEICHEN	MARBURG-LAHN
		Ef. 8414	den 18.2.43

Sehr geehrter Herr Dr.Hoven !

Wie mit der Heeres-Sanitätsinspektion verein= bart, sollen am Donnerstag, den 25.Februar weitere 10 Operations-Nummern unseres Gelb= fieber-Impfstoffs in Buchenwald geprüft werden. Wir werden, wie üblich, unseren Boten so ent= senden, daß er mit dem Zug 12,53 Uhr in Weimar eintrifft und wir bitten Sie, zu diesem Zeitpunk den Impfstoff auf dem Bahnhof in Weimar abholen zu lassen. Das Transportgefass wollen Sie bitte unserem Boten so rechtzeitig wieder zusenden lassen, damit dieser die Rückfahrt nach Marburg um 20,15 Uhr antreten kann.

Heil Hitler !
I.G.Farbenindustrie Aktiengesellschaft
Abt. Behringwerke Marburg

Lieferung von Fleckfieberimpfstoff der IG Farben zur Erprobung an Häftlingen.

sam »abgelöst«. Eine von den Lagerbedingungen bereits stark vorgegebene Todesrate verschob sich durch die Veränderung der Häftlingszusammensetzung auf eine neue Gruppe, die unter besonderem Vernichtungsdruck stand.

1940 war in Mauthausen das Nebenlager Gusen in Betrieb genommen worden, wo die Häftlinge ausschließlich bei Steinbrucharbeiten eingesetzt wurden. Als Nebenlager verfügte es über weniger Verwaltungsarbeitsplätze und Funktionsstellen als das Hauptlager. Seine Unterkünfte waren im Durchschnitt schlechter, auch die allgemeine Ausstattung und die Versorgungseinrichtung blieben hinter der des Hauptlagers zurück. Ins Nebenlager Gusen wurden fast ausschließlich polnische Häftlinge eingeliefert. Gusen war von Anfang an als Vernichtungslager in Aussicht genommen worden, wie aus Äußerungen von SS-Leuten den Häftlingen gegenüber geschlossen werden kann. Von Juni bis Dezember 1949 verzeichneten die Totenbücher von Gusen 1400 Todesfälle; im Stammlager Mauthausen, wo im Durchschnitt mehr Menschen eingesperrt waren als in Gusen, starben im gleichen Zeitraum 575 Häftlinge, wobei im Dezember Gusen mit 4000 Häftlingen etwa die Größe des Stammlagers erreicht hatte. Die Verschiebung der Sterblichkeit von einer Gruppe auf eine andere zeigte sich dabei deutlich an der Verlagerung der Sterblichkeitsziffern vom Stamm- auf das Nebenlager (siehe Tabelle).[28]

Im Jahr 1941, als in Gusen etwa die Hälfte der Häftlinge des Gesamtlagers untergebracht war, hatte das Nebenlager mehr als dreimal so viele Tote wie das Stammlager. Außer den Polen waren nach Gusen noch Spanienkämpfer und sowjetische Kriegsgefangene eingeliefert worden, deren To-

	Jan	Feb	Mär	Apr	Mai	Jun
Mauthausen	450	513	350	302	122	116
Gusen						50
	Jul	Aug	Sep	Okt	Nov	Dez
Mauthausen	98	58	65	83	97	58
Gusen	56	185	278	309	278	244

desrate überdurchschnittlich hoch war. Allein im Stammlager Mauthausen ist von den etwa 12000 Häftlingen, die während der dritten Phase eingeliefert wurden, innerhalb des gleichen Zeitraums ungefähr die Hälfte verstorben.

Das Lager Dachau war vom Oktober 1939 bis zum Februar 1940 geschlossen worden, da es in dieser Zeit der Waffen-SS als Ausbildungsstätte diente. Als es wieder eröffnet wurde, kamen etwa 2800 Häftlinge aus anderen Lagern nach Dachau, die überwiegend hierher rücküberstellt wurden und in etwa der Vorkriegszusammensetzung der Häftlinge entsprachen. Den Rücküberstellungen folgten Polentransporte, die dem Lager eine neue Struktur gaben. Es war nun nicht mehr in erster Linie das »Vorzugslager« mit der Werkstättenproduktion, sondern hatte eine Auffang- und Verteilerfunktion für solche Häftlinge, die andernorts noch nicht zur Arbeit eingesetzt werden konnten. Sie arbeiteten in Dachau zum großen Teil in den landwirtschaftlichen Kommandos. Das »Plantagenkommando« galt nun als Dachaus größtes Arbeitskommando.

Ein beträchtlicher Teil der neuen Häftlinge konnte aber auch in Dachau nicht mehr zur Arbeit eingesetzt werden. Er wurde bei herabgesetzter Verpflegung im so genannten Invalidenblock zusammengefasst, wo die Häftlinge darben mussten. Mit der Lagereinstufung wurde diese Art der Vernichtung systematisiert, indem ausschließlich für Dachau zusätzlich zur Stufe I die Stufe Ia eingeführt wurde, die »für alle alten und bedingt arbeitsfähigen Schutzhäftlinge, die noch im Heilkräutergarten beschäftigt werden können«, vorgesehen war. Praktisch hatte diese Einstufung zur Folge, dass ab Herbst 1940 andere Lager einen Teil ihrer entkräfteten Häftlinge »zur Schonung ins Erholungslager Dachau« – wie die SS dies ausdrückte – schickten, wo sie bei knapper Kost entweder aus eigener Anstrengung tatsächlich wieder zu Kräften kamen oder nach und nach starben. Einen Teil der ohnehin schon hohen Sterberate der anderen Lager nahm also nun Dachau ab. Der »Invalidenblock« wuchs in dieser Zeit bis auf 2000 Häftlinge an. Das entsprach etwa einem Viertel der Gesamtbelegzahl des Lagers.

Diese Vernichtung außerhalb des Arbeitseinsatzes wurde in den Jahren 1941/1942 forciert. Die Arbeitsbedingungen für diejenigen, die in den Steinbrüchen und Ziegeleieinrichtungen arbeiteten, und die »Lebensbedingungen« für die, die gar nicht erst oder nicht mehr zum Arbeitseinsatz kamen, führten also dazu, dass ein größerer Teil der Häftlinge seit dem Winter 1939/1940 buchstäblich zum Verhungern in den Lagern eingesperrt worden war. Um die Anzahl dieser Häftlinge zu vermindern, wurden nicht etwa die »Lebensbedingungen« verbessert, sondern es wurde die Vernichtungskapazität erhöht, indem gegen Ende der dritten Phase (1939 bis 1941/1942) Häftlinge in den Vergasungsanstalten getötet wurden, in denen bis zum Sommer 1941 Menschen aus Heil- und Pflegeanstalten umgebracht worden waren. Seit dem Herbst 1941 wurden in alle Konzentrationslager Ärztekommissionen gesandt, deren Aufgabe es war, »arbeitsunfähige KZ-Häftlinge zur Verlegung zwecks Euthanasie zu erfassen und sie [...] zur Vergasung in eine entsprechende Anstalt zu verlegen«[29].

Diese Aktion wurde von vornherein nicht darauf beschränkt, arbeitsunfähige Häftlinge zu töten, sondern umfasste auch die Beseitigung von Juden und politisch unliebsamen Häftlingen. Obwohl diese Aktion einerseits stark von der inneren Ökonomie der Lager bestimmt war, wurde sie andererseits auf die ideologische und politische Gegnerbekämpfung ausgeweitet. Sie nahm nicht zufällig in der zweiten Jahreshälfte 1941 ihren Anfang, in der die Vernichtung der sowjetischen Kriegsgefangenen durchgeführt und die »Endlösung der Judenfrage« in den Vernichtungslagern des Ostens einschließlich des Lagers Auschwitz vorbereitet wurde (siehe dazu Seite 186 ff.).

Zusammenfassend betrachtet ergibt sich eine relativ klare Differenzierung der einzelnen Lager je nach Umfang der Einlieferungsbewegungen und der Art der Häftlingskategorien, obwohl grundsätzlich alle Lager dieselbe Entwicklungstendenz aufweisen. Vor Kriegsbeginn herrschten in Dachau und Sachsenhausen die – relativ gesehen – günstigsten Bedingungen. Die Masseneinweisungen polnischer Häftlinge im Jahr 1940 führten zu Umschichtungen: In den Hauptaufnahmelagern Dachau und Sachsenhausen stieg nun die Todesrate überdurchschnittlich an, auch das Verhältnis von »kriminellen« und »politischen Häftlingen« verschlechterte sich in Sachsenhausen gegenüber Buchenwald. Die höchste Todesrate wies durchgehend Mauthausen auf,

Konzentrationslager Buchenwald, Eisenbahn-Rampe.

dessen Häftlingszusammensetzung sich sehr stark von der in den Lagern mit niedrigerer Todesrate unterschied. Die Ersten – etwa 1100 Häftlinge –, die 1938 nach Mauthausen eingeliefert wurden, gehörten ausschließlich der Kategorie der »Kriminellen« an. Erst im Mai 1939 kamen die ersten »politischen Häftlinge« ins Lager.

Vom 1. Mai 1939 bis zum 31. Mai 1949 wurden 881 Schutzhäftlinge – darunter 651 Tschechen – eingewiesen, 293 von ihnen in andere Lager überstellt. Innerhalb der 13 Monate starben von den verbleibenden 588 Häftlingen 324. Von 1189 »Kriminellen« starben im gleichen Zeitraum 372, von 2228 »Asozialen« 1032, von 547 Polen aber starben in den drei Monaten März/April/Mai 1949 197. Die »Hierarchie« der Häftlingskategorie ist nicht zu übersehen.

Systematischer Einsatz in der Rüstungsindustrie

Es war der Krieg gegen die Sowjetunion, der Umstellungen in KZ-System nach sich zog und mit denen die vierte Phase (1942 bis 1944/1945) einsetzte. Der Krieg gegen die Sowjetunion mit dem Ziel der »Ostraumeroberung« und Vernichtung der Kommunisten als politisch-ideologischen Gegnern, der nicht in der geplanten Zeit als »Blitzkrieg« beendet werden konnte, erforderte eine weitergehende Mobilisierung von Arbeitskräften für die Rüstungsindustrie, als sie bisher praktiziert wurde.

Diese Arbeitskräfte wurden weitgehend als Zwangsarbeiter aus den besetzten Gebieten rekrutiert. Bisher war die Arbeit in den Konzentrationslagern eine Strafmaßnahme gewesen, die die Gefangenen demütigen und durch Überarbeitung zum Tod führen sollte.

Nun vereinbarte die SS mit Rüstungsminister Speer, dass staatlichen und privaten Firmen, die Arbeitskräfte für bestimmte Rüstungsaufträge benötigten, Konzentrationslagerhäftlinge gestellt wurden. Dazu ließ das SS-Wirtschafts-Hauptverwaltungsamt (WVHA) vor allem in den Jahren 1943 und 1944 in der Nähe der entsprechenden Industriebetriebe viele Nebenlager anlegen, die den alten Hauptlagern unterstellt wurden.

Die Neuordnung der Rüstungswirtschaft unter Speer führte auch zu einer Umorganisation der SS-Ämter. Die bisherigen Hauptämter Finanzen und Bauten sowie Verwaltung und Wirtschaft wurden im Februar 1942 zum Wirtschafts-Verwaltungshauptamt zusammengelegt, dessen Leitung Oswald Pohl (siehe auch Seite 159) übernahm. Die Inspektion der Konzentrationslager (IKL) wurde diesem neuen Amt als Amtsgruppe D eingegliedert. An ihrer Spitze stand Richard Glücks. Die Amtsgruppe D blieb eine vom Hauptamt relativ unabhängige, auch räumlich getrennt untergebrachte Institution in Oranienburg in der Nähe des Konzentrationslagers Sachsenhausen.

Ein neues Hauptlager gründete die SS in der vierten Phase nicht mehr, doch wurden zeitweise eine Reihe bereits bestehender Lager, die bisher nicht der IKL unterstanden hatten, als Konzentrationslager geführt, so zum Beispiel das kleine Lager Niederhagen, dessen Häftlinge beim Ausbau der SS-Ordensburg Wewelsburg eingesetzt wurden, das niederländische Polizeihaftlager Vught – Konzentrationslager Herzogenbusch –, das jüdische Arbeitslager Krakau-Plaszow, das Lager Kaiserwald, das bisherige SS-Kriegsgefangenenlager Lublin – Konzentrationslager Majdanek – sowie das »Aufenthaltslager« für jüdische Gefangene, Bergen-Belsen. Im Oktober 1944 wurde das bisherige Außenlager Dora von Buchenwald unabhängiges Konzentrationslager (Konzentrationslager Dora-Mittelbau). Hier stellten Häftlinge unter anderem »Vergeltungs-Waffen« her. Die großen Zwangsarbeitslager für Juden in Estland wurden ebenfalls als Konzentrationslager übernommen. Die Vorgehensweise Himmlers im Einzelnen:

Innerhalb des Rüstungsministeriums hatte Himmler Staatsrat Schieber zu seinem Beauftragten für den Rüstungseinsatz ernannt, der ankündigte, zunächst »zwei Beispiele« in den Lagern Buchenwald und Neuengamme »durchzuexerzieren«[30].

In Buchenwald schien sich die Karabinerproduktion in kurzer Zeit zur Zufriedenheit der SS zu entwickeln. Schon am 17. 7. 1942 ließ Himmler den thüringischen Gauleiter wissen, er, Himmler, »habe mit Freuden davon Kenntnis genommen, dass das Werk in Weimar-Buchenwald am 13. 7. 1942 angelaufen ist«. Allerdings deuteten sich die kommenden Schwierigkeiten bereits an. Denn im selben Brief hielt es Himmler für unumgänglich, Sauckel zu versichern: »Es ist selbstverständlich, dass dieses Werk im Frieden in gar keinem Fall etwa ein Konkurrenzunternehmen zu den Gustloff-Werken darstellt. Ich denke nicht daran, mich im Frieden auf diesem Gebiet zu betätigen, da es völlig abseits von meinen Aufgaben und Interessen liegt.«[31]

Himmlers Bestreben war, eine Fabrikation von Anfang bis Ende unter eigener Regie durchzuführen – nur unter »Patenschaft«, das heißt der technischen Anleitung erfahrener Unternehmen wie in Buchenwald der Gustloff-Werke –, stellte sich das Unternehmen entgegen, in dem es die erforderliche Hilfe verweigerte. Schon die geplante Ausweitung der Produktion von 10 000 auf über 50 000 Gewehre pro Monat ließ sich nicht mehr nach Himmlers Vorstellungen realisieren.

Es kam zu einer grundsätzlichen neuen Vereinbarung über die Rüstungstätigkeit der SS zwischen Speer und Himmler, da offenbar selbst der Vertrauensmann der SS in seinem Ministerium, Schieber, die Ausbaupläne der SS nicht unterstützte. Da Speer einerseits auf die Häftlinge nicht verzichten konnte, andererseits den Einfluss der SS auf die Rüstungsproduktion durch den Ausbau ihrer Eigenproduktion nicht stärken wollte, rückte man – um die »Übernahme von geschlossenen Rüstungsaufgaben größten Ausmaßes durch die KL« zu gewährleisten – von dem bisherigen Verfahren ab, die Werke in die Lager zu verlegen. Nicht die Industrieunternehmen sollten ihre Fachkräfte an die Betriebe in den Konzentrationslagern abstellen, sondern die Lager stellten die Häftlinge ab, indem in unmittelbarer Nähe der Fabriken Außenlager der großen Hauptlager eingerichtet wurden.

Aufgrund dieser Vereinbarung setzte der Aufbau vieler Außen-/Nebenlager ein, wo immer die SS den Einsatz von Häftlingen erreichen konnte oder wo er von staatlichen und privaten Firmen angefordert wurde. Es bildete sich ein Netz von Nebenlagern um die Hauptlager herum, das das gesamte Reichsgebiet überzog. Das Modell zu diesem Vorgehen entwickelte die SS in der Zusammenarbeit mit den IG Far-

Häftlinge im Konzentrationslager Buchenwald 1945.

ben in Auschwitz, und es dürfte kein Zufall sein, dass die Vereinbarung vom 15. 9. 1942 zwischen Speer und Pohl auch den Ausbau von Auschwitz und den verstärkten Einsatz von jüdischen Häftlingen vorsah, die dadurch von der Vergasung ausgenommen wurden. »Aus der Ostwanderung abschöpfen« nannte es Pohl.[32]

Zu einem besonderen Schwerpunkt des Häftlingseinsatzes bildete sich die Luftfahrtindustrie heraus. Im Verlauf des Krieges wurde die Rüstungsproduktion auf wenige, dafür aber stark aufwändige Projekte konzentriert, die unter anderem hohen technischen Einsatz, besondere Geheimhaltungsmaßnahmen und erfolgreichen Schutz vor Luftangriffen erforderten. Ausgerechnet die Konzentrationslagerhäftlinge wurden ausgewählt, um die Durchführung dieser Projekte zu gewährleisten.

Sie stellten ein schnell verfügbares, billiges und keinerlei Rücksichten unterlegenes Arbeitskräftepotenzial dar, das durch die Art der Unterbringung zugleich die nötigen Geheimhaltungsbedingungen erfüllte. Die Zusammenarbeit der SS mit der Luftfahrtindustrie, im Frühjahr 1943 auf breiter Basis in Angriff genommen, steigerte sich im Lauf des Jahres beträchtlich. Bis zum Januar 1944 waren etwa zehn Prozent aller Konzentrationslagerhäftlinge in Projekten der Luftfahrtindustrie eingesetzt.

Darüber hinaus arbeiteten die Häftlinge in den zwei bis zum Kriegsende wichtigsten Rüstungsprojekten, in der Serienproduktion der V-Waffen und im »Jägerprogramm«. Die zunehmende Luftgefährdung der Produktionsstätten in Peenemünde hatte schon vor dem Luftangriff vom 17.8.1943 zu Überlegungen geführt, die Anlagen zu dezentralisieren und in unterirdische Stätten zu verlagern. Dieses Programm der Verlagerung wichtiger Rüstungsproduktion unter die Erde, in alte Bergwerke oder neu zu schlagende Stollen in dafür geeignete Bergmassive wurde fast ausschließlich dem Reichsführer SS übertragen, der mit der Ausführung die Amtsgruppe C – Bauten – unter Ingenieur Kammler im WVH betraute. Die unter dem Befehl Kammlers stehenden Baukommandos gewannen im Jahr 1944 große Bedeutung mit verheerenden Folgen für die Arbeitssituation der Häftlinge.

In einer ersten Bestandsaufnahme teilte Glücks dem Rüstungsministerium mit, dass etwa 25 000 Häftlinge zum Arbeitseinsatz in Rüstungsprojekten zur Verfügung stünden und mit weiteren größeren Zugängen demnächst zu rechnen sei.[33] Um den wirtschaftlichen Anforderungen genügen zu können, griff Himmler auf Häftlingsgruppen zurück, für die vorrangig die Justiz zuständig war. Deshalb traf er mit Justizminister Thierack im September 1942 diese Vereinbarung: »Auslieferung asozialer Elemente aus dem Strafvollzug an den Reichsführer SS zur Vernichtung durch Arbeit. Es werden restlos ausgeliefert die Sicherungsverwahrten, Juden, Zigeuner, Russen und Ukrainer, Polen über drei Jahre Strafe, Tschechen oder Deutsche über acht Jahre Strafe nach Entscheidung des Justizministers. Zudem sollen die übelsten asozialen Elemente unter Letzteren ausgeliefert werden. Hierzu werde ich den Führer durch Reichsleiter Bormann unterrichten.«[34] Es ist aufschlussreich zu sehen, wie sich die Aufzählung der betroffenen Gruppen nach deren ideologischer Wertigkeit richtet und wie sich diese in abgestuften Voraussetzungen für eine Einlieferung niederschlägt. Eine Perspektive über die Konzentrationslagerhaft hinaus wird diesen Kategorien nicht gegeben. Arbeit und Vernichtung sollen ausdrücklich zusammenfallen. Für die Juden, die aus den Strafanstalten nach Auschwitz oder Lublin überstellt wurden, ergab sich hieraus ein bisher für eine Konzentrationslagerhaft unbekannter Einweisungsbeschluss. Er erging »auf Lebenszeit«. Die Widersprüche zu den leistungsfordernden Maßnahmen sind evident.

Für die von der Aktion betroffenen ausländischen Häftlinge und die »nicht-kriminellen« Gruppen ging die Vereinbarung über die Festlegung einer einmaligen Aktion hinaus. Die Justiz war bereit, sich in bestimmten Bereichen aus der Jurisdiktion über Angehörige dieser Nationen und Gruppen herauszuziehen und diese dem Reichsführer SS zu überlassen. Der ersten Vereinbarung zwischen Thierack und Himmler folgten 1943 und 1944 weitere Anordnungen.[35] »Ostarbeiter«, die offenbar einen großen Teil der neuen Häftlinge ausmachten, sollten vorzugsweise nach Auschwitz und Lublin eingeliefert werden. Für diese große Kategorie der »Zivilarbeiter« wurden in den Konzentrationslagern keine einzelnen Häftlingskarteien mehr geführt. Dem Reichssicherheitshauptamt (RSHA) als Einweisungsbehörde wurden Angehörige dieser Kategorie nur noch »zahlenmäßig« gemeldet.

Den weitaus größten Teil nicht nur aller neu eingelieferten, sondern überhaupt aller Konzentrationslagerhäftlinge stellten in Zukunft die Ausländer, unter denen die sowjetischen und polnischen Häftlinge wiederum die größten Kontingente bildeten. Sowjetische Gefangene kamen vor allem durch verschärfte Strafbedingungen für die Zivilarbeiter, von denen sich Millionen in Deutschland befanden, in großer Zahl in die Lager. In den Jahren 1943/1944 verzeichneten die Konzentrationslager den größten Häftlingszuwachs. Innerhalb beider Jahre stieg die Häftlingszahl über das Siebenfache an – um mehr als 600 000 Häftlinge.

Völkermord in den Vernichtungslagern

Die Ghettos im Osten

In einem ersten Schritt zum Völkermord wählten die Nazis die Ghettoisierung der Juden im Osten. Die polnischen Juden – Kern des europäischen Judentums – wurden nach und nach in abgesperrten Bezirken zusammengetrieben – umgeben von Stacheldraht oder Ziegelmauern – und von der übrigen Welt hermetisch abgeriegelt. Fluchtversuche wurden mit drakonischen Strafen geahndet.

Das erste Ghetto wurde im Mai 1940 für 150 000 Menschen in Lodz errichtet. Es folgten die Ghettos von Krakau, Lublin und Lemberg.

Symbol für die systematische Absonderung der Juden blieb jedoch das Warschauer Ghetto, das im Oktober 1940 mitten in der Stadt errichtet wurde. 445 000 Juden wurden dort vom 16. bis 31. Oktober auf einem Gebiet von kaum drei Quadratkilometern gewaltsam zusammengetrieben. Es lebten durchschnittlich sieben Menschen in einem Raum. Rund um das Ghetto lief eine 16 Kilometer lange und zwei Meter fünfzig hohe Mauer. Die Baukosten musste der Judenrat (siehe dazu unten) bezahlen. Es gab 13 Tore, die außen von Deutschen und Ukrainern bewacht wurden und innen von jüdischer Polizei. Die Mauerkrone war mit Glasscherben und Stacheldraht bewehrt.

Die Ghettos hatten viele Merkmale mit den Konzentrationslagern gemeinsam. Wie die Lager waren sie hermetisch abgeriegelte Orte, in denen die Menschen schlecht behandelt wurden, viel zu wenig zu essen hatten und Zwangsarbeit leisten mussten. Wie die Lager hatten auch die Ghettos eine interne Selbstverwaltung. Diese von den Besatzern installierte Verwaltung, der Judenrat, musste dafür Sorge tragen, dass die Bewohner den Befehlen der Deutschen Folge leisteten. Zu den Aufgaben des Judenrates gehörte es ebenso, die Arbeitskräftekartei zu führen. Alle Juden zwischen zwölf und 60 Jahren wurden zur Zwangsarbeit herangezo-

Ein Junge füttert im Ghetto von Lodz seine kleine Schwester.

gen und mussten sich dafür in Listen eintragen. Jeder Verstoß gegen diese Vorschrift wurde mit dem Tod bestraft. Werkstätten und Fabriken zahlten Hungerlöhne für Arbeitskräfte, die sie bis zur Erschöpfung ausbeuteten. Die gesamte Produktion aus dem Ghetto ging an die Wehrmacht.

Die Ghettobewohner starben reihenweise an Hunger und Krankheiten – es war dies ein indirekter Völkermord. Mit 300 Kalorien pro Tag – den Deutschen standen 2310 Kalorien zu – war die Masse der Menschen zu einem Tod auf Raten verurteilt.

Hunger, Krankheiten, Misshandlungen – der Tod war allgegenwärtig. 1941 und 1942 starben allein im Warschauer Ghetto jeden Monat 3000 bis 4000 Menschen. Der Judenrat registrierte vom 1. 1. 1941 bis zum 30. 6. 1942 insgesamt 69 335 Tote. Georges Bensoussan schreibt, vom Dezember 1939 bis August 1942 seien bei einer geschätzten durchschnittlichen Bevölkerung von 400 000 Menschen 84 000 Menschen gestorben.[36] Eine unvorstellbare Zahl. Aber den Nazis war das nicht genug, denn sie rechneten aus, dass es so Jahre dauern würde, bis die »verfluchte Rasse ausgerottet« wäre.

Sobald die Entscheidung für die Vernichtung der Juden gefallen war, wurden die Ghettos nach und nach geräumt.[37] Der Judenrat musste zusammen mit der jüdischen Polizei Gruppen von »Arbeitern« zusammenstellen, deren Bestimmungsort in Wahrheit die Gaskammer von Treblinka war. Am 21. 9. 1942, als dieses »Sonderlager« gerade zwei Monate existierte, belief sich seine Bilanz bereits auf 357 000 Tote. Außer den verschleppten Juden starben rund 800 000 weitere an Hunger, Krankheiten oder wurden in den Ghettos ermordet. Insgesamt war die Zahl der Toten also höher als die Zahl aller Opfer – einschließlich der jüdischen –, die in den Konzentrationslagern umkamen (550 000).[38]

Was trieb Hitler zum Völkermord?

Alle Historiker, die sich eingehend mit der Geschichte des Zweiten Weltkriegs befasst haben, sind der Meinung, dass der 22. 6. 1941 die Antwort auf diese Frage bereithält, also der Tag des deutschen Überfalls auf die Sowjetunion.

Von Anfang an stellte Hitler diesen Krieg, in dem sich Antisemitismus, Antibolschewismus und Expansionsstreben mischten, als die »zweite Revolution« des Nationalsozialismus dar. So erklärte er seinen Generälen bereits im März 1941, es gehe um nichts weniger als darum, ein für alle Mal die Wurzeln der jüdisch-bolschewistischen Weltverschwörung herauszureißen. Der kommende Krieg werde ein »Vernichtungskrieg« sein.

Zwei Befehle sprechen dafür, dass die Nationalsozialisten entschlossen waren, ihren neuen Kreuzzug mit allen Mitteln zu führen. Der erste, der so genannte Barbarossabefehl vom 13. 5. 1941, ermächtigte die Wehrmacht, mit allen, die ihr Widerstand leisteten oder sich ihr in den Weg stellen, kurzen Prozess machen. Der zweite, der so genannte Kommissarbefehl vom 6. 6. 1941, ordnete an, alle jüdischen Soldaten und politischen Kommissare der sowjetischen Armee auf der Stelle zu töten.[39]

Dazu wurden auf Befehl von Himmler so genannte Einsatzgruppen aufgestellt. In kurzer Zeit, gegen Ende Juli, dehnten die Einsatzgruppen ihre »Zuständigkeit« auf alle Juden aus, Frauen, Kinder und Greise eingeschlossen, die der Wehrmacht auf ihrem Vorstoß nach Osten begegneten. In knapp zwei Monaten ermordeten sie mehr als 50 000 Juden, zehnmal so viele wie im Krieg gegen Polen.

In der Regel wurden die Opfer am Rand ihrer Städte und Dörfer zusammengetrieben. Dort mussten sie ihre eigenen Gräber ausheben und wurden dann von der SS erschossen. Offensichtlich beschränkten sich diese Massaker zunächst auf sowjetische Juden. Im August 1941 schienen die Nazis die »Endlösung« noch als massenweise Vertreibung und nicht als systematische physische Vernichtung geplant zu haben.

Der entscheidende Schritt erfolgte jedoch einige Wochen später, im Herbst 1941. Indiz dafür ist die Deportation von Juden aus Deutschland in die Operationsgebiete der Einsatzgruppen. Nach einzelnen völkermörderischen Aktionen begann nun der eigentliche Genozid.

Wiederholen wir an dieser Stelle die Frage oben: Was trieb Hitler zur massenhaften, systematischen Vernichtung der jüdischen Bevölkerungsgruppen? Die Historiker sind sich heute wie gesagt darin einig, dass es in erster Linie der gescheiterte Russlandfeldzug war. Vor dem Hintergrund eines Krieges, der lang und total sein würde, vor Augen noch die traumatische Erinnerung an die Niederlage von 1918, gelangte Hitler zu der Überzeugung, dass die Vernichtung der Juden in einer Art wildem, fetischistischem Opfer die Sühne für das vergossene deutsche Blut sein und damit irgendwie die Wende der militärischen Situation bewirken würde.[40] Er rächte sich gewissermaßen im Voraus für die mögliche Niederlage, indem er das Volk auslöschte, das nach seiner verqueren Denkweise eine tödliche Gefahr für Deutschland darstellte.

Von diesem Zeitpunkt an war in der deutschen politischen Führung keine Diskussion mehr möglich, und die Wendung »Endlösung der Judenfrage« bezeichnete einzig und allein die Politik der totalen physischen Vernichtung des europäischen Judentums.

Am 24. 10. 1941 verbot Gestapo-Chef Heinrich Müller die Auswanderung von Juden aus Europa. Das Netz zog sich zusammen, die Todesmaschinerie begann zu arbeiten. Ende November 1941 lud Reinhard Heydrich, den Leiter des Reichssicherheitshauptamtes (RSHA), zu einer innerministeriellen Beratung ein, die ursprünglich für den 9. 12. 1941 anberaumt war und wegen des japanischen Angriffs auf Pearl Harbor auf den 20. 1. 1942 verlegt wurde. Diese Zusammenkunft, bekannt geworden als »Wannsee-Konferenz«, bestätigte die Rolle des RSHA in der antijüdischen Politik und formulierte direkte Anweisungen für die vertretenen Ministerien einschließlich des Außenministeriums hinsichtlich ihrer Rolle bei dem angelaufenen Vorhaben – das, wie wir heute wissen, die Vernichtung von elf Millionen europäischen Juden zum Ziel hatte.

Genau betrachtet hatte die Wannsee-Konferenz in Wahrheit nur den Zweck, die Ministerialbürokratie auf ein Projekt einzuschwören, das längst im Gange war. Zu diesem Zeitpunkt hatte die Vernichtung bereits begonnen. Die vier Einsatzgruppen verübten seit Sommer 1941 systematisch Massentötungen: Einsatzgruppe D erschoss allein am 29. und 30. September 33 771 jüdische Männer, Frauen und Kinder bei dem Massaker von Babijar in der Umgebung von Kiew. Diese erste Phase des Völkermords kostete mehr als 1,3 Millionen Juden das Leben. Sie war gewiss grauenhaft, aber vollkommen unorganisiert, und selbst die Mörder der SS hatten ihre Schwierigkeiten damit. Es kam häufig vor, dass SS-Männer sich betranken, bevor sie die »große und schwere« Aufgabe in Angriff nahmen, die ihnen übertragen worden war.

Am 15.8.1941 wollte Himmler, der Reichsführer SS, auf der Durchreise in Minsk persönlich bei einer Hinrichtungsaktion dabei sein. Er forderte den Leiter der Einsatzgruppe B auf, vor seinen Augen eine Gruppe von 100 Personen, vorwiegend junge Männer, zu erschießen. Himmlers Blick fiel auf einen jungen Mann mit blonden Haaren und blauen Augen, und er stoppte die Aktion. Er fragte den jungen Mann:

»Sind Sie Jude?«

Antwort: »Ja.«

»Sind Ihre beiden Eltern Juden?«

Antwort: »Ja.«

»Haben Sie irgendwelche Vorfahren, die keine Juden waren?«

Antwort: »Nein.«

»Dann kann ich Ihnen auch nicht helfen!«[41]

Bei jeder Salve musste Himmler sich abwenden, als wäre er nicht in der Lage, das Entsetzen mitanzusehen, für das er maßgeblich verantwortlich war. Deshalb befahl er den Leitern der Einsatzgruppen, die Tötungen humaner durchzuführen, sich den Kopf zu zerbrechen, welche »humaneren Methoden« in Frage kämen – humaner für die Mörder, versteht sich.

Zuerst wurden Himmler Gaswagen vorgeschlagen. Der von SS-Arzt Ernst Robert Grawitz ins Spiel gebrachte Gedanke, mit Gas zu töten, war nicht neu. Von 1939 bis 1941 hatten die Nazis unter Aufsicht eines Amtsleiters der Reichskanzlei, Viktor Brack, fast 70 000 Menschen mit Kohlenmonoxid[42] umgebracht – unheilbar kranke, behinderte und geisteskranke Deutsche.

Im November 1941 wurden vom RSHA die ersten Versuche unternommen. Da die Ergebnisse überzeugend ausfielen, wurden bald Gaswagen in die besetzten Gebiete der Sowjetunion geschickt. Das Verfahren wurde später weiter »perfektioniert« – zunächst in Serbien, dann im Vernichtungslager Chelmno (Kulmhof) in der Nähe von Lodz.

Vernichtungslager Chelmno

Genauere Untersuchungen, präzise Berichte und Dokumentationen über dieses Vernichtungslager wurden erstmals in Polen durchgeführt und publiziert.[43] Die vom Jüdischen Historischen Institut in Warschau herausgegebene Dokumentation erschien 1960 in deutscher Übersetzung unter dem Titel »Faschismus – Ghetto – Massenmord«[44].

In Chelmno am Neer erfolgte im Dezember 1941 der Übergang von den Erschießungen zur industriellen Tötung in Vernichtungslagern durch Vergasen. Chelmno bestand aus zwei Teilen, dem so genannten »Schloss« und dem »Waldlager«. Im »Waldlager« befanden sich auch Verbrennungsöfen.

Die Juden wurden zusammengetrieben, mussten sich entkleiden und wurden dann direkt vergast. In diesem notdürftig eingerichteten Komplex wurden täglich bis zu 1000 Menschen in LKWs getötet, die man zu mobilen Gaskammern umfunktioniert hatte.

Jeden Nachmittag wurden Juden aus Lodz und Umgebung mit Zügen nach Chelmno gebracht. Sie versammelten sich im Hof des »Schlosses«, wurden in Gruppen von etwa 50 Leuten eingeteilt, mussten sich entkleiden und ihre Wertgegenstände der SS aushändigen.

Die bewachenden Schergen versicherten ihnen, sie würden in ein Arbeitslager kommen, aber vor dem Transport müssten sie duschen und würden desinfiziert. Vom Schlosshof wurden sie in die Keller getrieben und weiter in angebliche Duschräume. Dort gelangten sie über eine Rampe direkt in die Aufbauten der LKWs. Wer zögerte oder sich weigerte weiterzugehen, wurde mit Schlägen hineingetrieben. Wenn 50 bis 70 Personen zusammen waren, wurden die Türen geschlossen, und der Fahrer – häufig ein Angehöriger der Schutzpolizei –, machte sich auf den Weg zu den Gruben ins Waldlager, quer durch den Wald von Rzuchow. Es dauerte etwa zehn Minuten, bis das Mordwerk vollbracht war.

Zuvor waren jüdische Gefangene – bewacht von SS – gezwungen worden, Scheiterhaufen und Massengräber vorzubereiten. Eine Gruppe von 40 bis 50 Männern lud die Leichen von den Wagen ab und warf sie in die Gruben. Währenddessen sortierte eine zweite Gruppe, die im »Schloss« interniert war, die Kleider und Wertsachen für den Transport ins Reich.

Nahezu 370 Waggons mit Kleidung kamen auf diese Weise nach Deutschland. Chelmno wurde im März 1943 geschlossen. Zuverlässigen Schätzungen zufolge wurden dort mindestens 150 000 Juden und außerdem 5000 Sinti und Roma ermordet.[45]

»Aktion Reinhard« war der Deckname für die Ermordung der meisten Juden in den von den Nazis besetzten polnischen Gebieten (Generalgouvernement). Der Name entstand einige Monate nach dem Beginn der »Aktion« zum Gedenken an Reinhard Heydrich, den Chefplaner der »Endlösung der Judenfrage in Europa«, der 1942 einem Anschlag tschechischer Widerstandskämpfer zum Opfer gefallen war.

Ziel der »Aktion Reinhard« war nach dem Protokoll der Wannsee-Konferenz vom 20. 1. 1942 vor allem die Vernichtung der 2 284 000 Juden, die damals in den fünf Distrikten Warschau, Lublin, Radom, Krakau und Lemberg des Generalgouvernements lebten.

Die Vorbereitungen zu dieser Massenvernichtung unter dem späteren Decknamen »Aktion Reinhard« erfolgten bereits im Oktober und November 1941. Himmler hatte Globocnik, den SS- und Polizeiführer des Distrikts Lublin, mit dem Judenmord beauftragt. Das Hauptquartier der »Aktion Reinhard« war in Lublin und hatte folgende Funktionen:

- Gesamtplanung der Deportationen;
- Konstruktion und Unterhalt von Vernichtungslagern;
- Koordination der Deportationen aus den fünf Distrikten und von auswärts;
- Organisation des Vernichtungsprozesses in den Lagern;
- Beschlagnahme von Besitz und Wertgegenständen der Opfer und ihre Abführung an die Behörden im Reich.[46]

Untersuchungen über dieses Vernichtungslager erfolgten erstmals ebenso wie zu Chelmno in Polen, wo auch Berichte/Dokumentationen darüber angefertigt und publiziert wurden. In deutscher Übersetzung erschien die Dokumentation von Gitta Sereny 1979.[47]

Die Bauarbeiten der Todesfabrik Belzec im Distrikt Lublin begannen im Rahmen der »Aktion Reinhard« und mit Modell-Charakter für Sobibor (siehe Seite 176) und Treblinka (siehe Seite 180) unter der Leitung der SS-Zentralbauverwaltung am 1. 1. 1941 und dauerten bis zum Februar 1942.

Das »Personal« bestand aus einer Gruppe von 30 SS-Männern und etwa 200 ukrainischen Wachposten. Der erste Lagerkommandant ist unbekannt, der zweite, der bis März 1942 Kommandant war, war der »Euthanasiespezialist« Wirth, sein Nachfolger der SS-Obersturmführer Hering.

Das Vernichtungslager Belzec war flächenmäßig relativ klein. Die Südseite betrug 265 Meter Länge, die anderen Seiten betrugen je 275 Meter. Das Lager war von einem hohen Stacheldrahtzaun umgeben. Der Zaun war durch junge Bäume, die entlang des Zaunes gepflanzt worden waren, getarnt. Das Lager war in zwei Bezirke unterteilt: Lager I im nordwestlichen Teil; hier war der »Auffang«- und Verwaltungssektor mit Bahnrampe, die Platz für 20 Waggons bot, zwei Baracken für die ankommenden Häftlinge, eine zur Entkleidung, die andere zur Lagerung der Kleidung und Gepäckstücke (im Nazi-Jargon »Kanada«). Lager II im östlichen Teil war das eigentliche Todeslager mit Gaskammern und Massengräbern.

1942 - 1943

PAMIĘCI OFIAR
HITLEROWSKIEGO
TERRORU
ZAMORDOWANYCH
W LATACH
1942 - 1943

Im Februar 1942 wurde das »Vergasen« erstmals erprobt. Die Technik, die hier verwendet wurde, war die der mobilen Kraftfahrzeug-Gaskammern in nunmehr abgewandelter Form. Das bedeutete, dass der Motor eines Panzerkampfwagens, der in einem Schuppen außerhalb der Gaskammer installiert war, zum Morden benutzt wurde. Von diesem Motor führte in jede Gaskammer ein Rohr. Die drei Gaskammern bestanden aus einem Betonbau mit flachem Dach. Vom Vorhof aus gelangte man über Stufen in die Kammern. An den beiden Längsseiten des Gebäudes befanden sich erhöhte Laderampen.

Auch diese Gaskammern waren als Duschräume getarnt. Zudem standen hier noch vor dem Eingang große Töpfe mit bunten Blumen und Grünpflanzen, die den Opfern vortäuschen sollten, dass es sich um den Eingang zu einem Bad handle.

Mitte März 1942 erfolgten die ersten Häftlings-Transporte, die zunächst aus der unmittelbaren Umgebung, später aus ganz Südpolen und in der Zeit von März bis Juli 1942 aus Österreich, Deutschland, der Sowjetunion, Belgien, Dänemark, den Niederlanden, Norwegen, Rumänien, Ungarn und der Tschechoslowakei kamen, nach Belzec. Von Mitte März 1942 bis Ende November 1942 wurden etwa 600 000

Gegenüberliegende Seite, oben: Vernichtungslager Belzec, Tor der Gedenkstätte, dahinter die Straße zur Gaskammer.
Gegenüberliegende Seite, unten: Belzec, Denkmal an der Stelle der früheren Gaskammer. Die polnische Inschrift lautet: »Im Gedenken an die Opfer des Hitler-Terrors, ermordet in den Jahren 1942–1943.«

Menschen, darunter allein 330 000 jüdische Einwohner des Distrikts Galizien, in Belzec ermordet.

Etwa 1000 Gefangene wurden als »Häftlings-Sonderkommandos« eingesetzt. Sie mussten in den so genannten »Kanada-Kommandos« Kleidung und Wertgegenstände sortieren und für den Versand an das »Winterhilfs-Werk« in Deutschland aufbereiten.

Ein anderes Sonderkommando musste die Leichen der Opfer verbrennen. Das Verbrennen der Leichen, die in der näheren Umgebung in Massengräbern verscharrt worden waren und die im November 1942 nach Auflösung des Lagers auf Befehl des RSHA von einem Häftlings-Sonderkommando wieder ausgegraben werden mussten, dauerte von Oktober 1942 bis Frühjahr 1943. Die letzten Gefangenen, die bis zur Auflösung des Lagers hier arbeiten mussten, wurden in das Vernichtungslager Sobibor verschleppt.

Vernichtungslager Sobibor

Ebenfalls im Rahmen der »Aktion Reinhard« geplant, wurde dieses Vernichtungslager in einem dünn besiedelten, waldreichen Gebiet errichtet. Baubeginn war im Frühjahr 1942. Ortsansässige und eine Gruppe von etwa 80 Juden aus den umliegenden Dörfern wurden für den Bau eingesetzt. Die Leitung hatte SS-Hauptsturmführer Thomalla, ein Angehöriger der Zentralbauleitung der SS und der Polizei im Distrikt Lublin. Im April 1942 wurde SS-Obersturmführer Stangl zum Lagerkommandanten ernannt und mit der Fertigstellung des Lagers betraut.

Das »Personal« bestand aus 30 SS-Männern, die zuvor meist am Euthanasie-Programm beteiligt waren. Außerdem wurden zwischen 90 und 120 ukrainische Wärter im Lager eingesetzt.

Es gab drei Lagerbereiche, die jeweils durch Zäune abgetrennt waren: die Verwaltungszone, die Aufnahmezone und die Todeszone.

Die Todeszone (Lager III) befand sich im nordwestlichen Teil des Lagers. Dieser Lagerbezirk umfasste die Gaskammern, die Massengräber und die Unterkünfte für die jüdischen Häftlinge. Ein drei bis vier Meter breiter und 150 Meter langer Pfad führte zu den Gaskammern (im Nazi-Jargon »Schlauch« genannt). Er war mit Stacheldraht abgeriegelt und durch Zweige gegen Einsichtnahme abgeschirmt. Auf diesem Pfad wurden die Häftlinge nackt zu den Gaskammern getrieben.

In der Todeszone mussten 200 bis 300 Häftlinge die Leichen der Ermordeten aus den Gaskammern herausholen, zum Begräbnisplatz schaffen und dann die Kammern säubern. Eine besondere Häftlingsgruppe – zynisch im Nazi-Jargon als »Zahnärzte« bezeichnet – wurde dazu gezwungen, die Goldzähne der Opfer herauszubrechen, ehe die Leichen in die Massengräber geworfen wurden. Gegen Ende 1942 wurden die Leichen ausgegraben und verbrannt, um die Spuren der Massenmorde zu beseitigen. Auch diese Aufgabe erfüllte eine besondere Häftlingsgruppe. Fast täglich gab es so genannte Selektionen, die Schwachen und Kranken wurden in die Gaskammern geschickt. An ihre Stelle traten Neuankömmlinge.

Die erste Phase der Vernichtungsaktion dauerte drei Monate, von Anfang Mai bis Ende Juli 1942. Die Juden, die in dieser Zeit nach Sobibor gebracht wurden, kamen aus dem Distrikt Lublin des Generalgouvernements und aus der Tschechoslowakei, aus Deutschland und Österreich. Die nicht aus dem Generalgouvernement in den polnisch besetzten Gebieten kommenden Juden waren zuerst in Ghettos im Distrikt Lublin gebracht worden und wurden von dort nach Sobibor deportiert. Ungefähr 10 000 Juden kamen aus Deutschland und Österreich, 6000 aus Theresienstadt und Tausende aus der Slowakei. Insgesamt wurden während dieser drei Monate 90 000 bis 100 000 Juden in Sobibor ermordet. Die Transporte kamen Ende Juli wegen Reparaturen an der Eisenbahnlinie zwischen Lublin und Chelmno vorübergehend zum Stillstand.

Die Unterbrechung der Verschleppungen zwischen August und September des Jahres 1942 wurde zum Bau von drei weiteren Gaskammern genutzt. Diese wurden neben den bereits vorhandenen Kammern erbaut, wobei ein Korridor die alten von den neuen Kammern trennte.

Bei einem Fassungsvermögen von nunmehr 1200 Menschen verdoppelte sich die Vernichtungsrate. Ende August 1942 wurde der Kommandant von Sobibor, Stangl, ins Vernichtungslager Treblinka versetzt, und an seine Stelle trat SS-Obersturmführer Reichleitner.

Anfang Oktober 1942 waren die Arbeiten an der Eisenbahnlinie abgeschlossen, und die Transporte nach Sobibor wurden fortgesetzt. Bis Anfang November brachten die Transporte weitere Juden aus den Städten des Distrikts Lublin. Im Winter – nach der Schließung des Lagers Belzec – sowie im Frühjahr und Sommer 1943 kamen auch Transporte aus Ostgalizien. Während der Wintertransporte erfroren viele Verschleppte. Um sie von Fluchtversuchen abzuhalten, waren viele von ihnen nackt. In einem Zug befanden sich 5000 jüdische Häftlinge aus dem Lager Majdanek (siehe Seite 182).

Von Oktober 1942 bis Juni 1943 wurden insgesamt 70 000 bis 80 000 Juden aus dem Distrikt Lublin und aus Ostgalizien nach Sobibor gebracht. Die Zahl der Opfer aus dem Generalgouvernement lag zwischen 145 000 und 155 000.

Bis Ende Oktober 1942 waren 25 000 Juden aus der Slowakei in Sobibor ermordet worden. In der zweiten Hälfte des Februars 1942 kam Himmler in dieses Lager. In seiner Anwesenheit traf ein Sondertransport mit mehreren hundert jüdischen Mädchen aus einem Arbeitslager im Distrikt Lublin ein. Himmler beobachtete die gesamte Vernichtungsprozedur.

Im März 1943 brachten vier Transporte aus Frankreich 4000 Menschen. Sie wurden alle ermordet.

19 Transporte trafen zwischen März und Juli 1943 mit 35 000 Juden aus den Niederlanden ein. Die niederländischen Juden kamen in normalen Passagierzügen an, wurden höflich begrüßt und aufgefordert, ihren Verwandten in den Niederlanden zu schreiben, dass sie in einem Arbeitslager angekommen seien. Nachdem sie ihre Briefe geschrieben hatten, wurden sie innerhalb kurzer Zeit ebenfalls ermordet.

Mit den letzten Transporten aus den inzwischen geräumten Ghettos von Wilna, Minsk und Lida im Reichskommissariat Ostland kamen in der zweiten Hälfte des Septembers 1943 14 000 Juden. Dadurch erhöhte sich die Summe der in

Sobibor insgesamt ermordeten Juden auf annähernd 250 000.

Dokumentationen, Berichte und Publikationen nach entsprechenden Untersuchungen über diese Todesfabrik wurden erstmals 1946 angefertigt.[48]

Vernichtungslager Treblinka

Die dritte im Rahmen der »Aktion Reinhard« errichtete Todesfabrik war Treblinka, ungefähr 80 Kilometer nordöstlich von Warschau.

Dort wurden ausschließlich Juden aus der polnischen Hauptstadt und den umliegenden mitteleuropäischen Regionen ermordet.

In Treblinka starben innerhalb von knapp zwei Monaten – vom 23. Juli bis 21. September 1942 – mehr als 357 000 Juden aus Warschau und Umgebung. In den folgenden Monaten wurden dort weitere 337 000 Juden aus dem Distrikt Radom, 35 000 aus dem Bezirk Lublin, 107 000 aus dem Distrikt Bialystok und 38 000 aus dem Generalgouvernement ermordet. Tausende Juden aus den angrenzenden und aus weiter entfernten Ländern wurden ebenfalls nach Treblinka verschleppt: 7000 aus der Slowakei, 8000 aus dem KZ Theresienstadt, 4000 aus Griechenland und 7000 aus Mazedonien. Auch 2000 Sinti und Roma waren unter den Opfern. Damit die Todesfabrik unbemerkt blieb, war das Lager von zwei Reihen elektrischem Stacheldrahtzaun umgeben. Die erste Reihe war mit Gebüsch getarnt. Um wie auch in den anderen Vernichtungslagern Widerstand und Rebellion zu

Eisenbahnstation Treblinka. Eine Eisenbahnverbindung führte direkt in das Todeslager. Dort wurden in 14 Monaten zwischen 750 000 und 870 000 Juden durch Gas ermordet.

verhindern, wiegte die SS die Juden mit allerlei Tricks in dem Glauben, sie befänden sich in einem Durchgangslager. An der Außenwand der Gaskammer wurde ein Davidstern angebracht. Über der Eingangstür zu dem Gebäude ließ die SS einen aus einer Synagoge gestohlenen Vorhang mit der hebräischen Aufschrift aufhängen: »Dies ist das Tor, durch das die Gerechten schreiten.«[49]

Weitere ähnliche Maßnahmen folgten. Den Neuankömmlingen wurden Postkarten ausgehändigt, und man riet ihnen, sie sollten sie zur Beruhigung ihrer Angehörigen gleich schreiben. Die Karten wurden nicht vernichtet, wie man vielleicht glauben könnte, sondern frankiert und abgeschickt. Mit dieser List wiegte die Lagerverwaltung die Menschen in

Sicherheit, die wenige Zeit später in die Gaskammern geschickt wurden, und sie beruhigte die Menschen in den Ghettos, die als Nächste sterben sollten. Sobald die Gaskammer aufgefüllt war, wurde die Tür verschlossen, und ein Deutscher rief: »Iwan, Wasser!« Auf dieses Zeichen hin öffnete ein ukrainischer Wärter den Gashahn, und der Tod breitete sich aus, langsam und qualvoll, denn der Todeskampf konnte bis zu 40 Minuten dauern.

Im Herbst 1943 löste die SS diese Todesfabrik auf. Es wurden strikte Anweisungen erteilt, dass Treblinka für alle Zeit spurenlos verschwinden musste. Auf dem Gelände wurde ein Bauernhof errichtet und einem ukrainischem Wärter zur Bewirtschaftung überlassen. Mindestens 750 000 Juden wurden in Treblinka ermordet. Die Todesrate lag wie in den anderen Vernichtungslagern bei 99,9 Prozent.

Zwei neue Vernichtungslager – jeweils mit Gaskammern – kamen 1942 hinzu. Sie wurden nicht an abgelegenen Standorten errichtet, sondern in unmittelbarer Nähe von Lagern: das erste auf dem Territorium von Lublin-Majdanek, das zweite innerhalb des großen Komplexes von Auschwitz in Birkenau.

Vernichtungslager Lublin-Majdanek

Die Gaskammern im Vernichtungslager Lublin-Majdanek wurden Mitte 1942 in »Betrieb« genommen. In zunächst noch »provisorischen Gaskammern« erfolgte die »Vergasung« jedoch schon früher.

Vernichtungslager Majdanek, Wachtürme und Mahnmal, in dem die Asche der hier Ermordeten beigesetzt wurde.

Mit dem Bau der neuen Gaskammern war im August 1942 begonnen worden, im Oktober desselben Jahres waren sie fertig. Erbaut wurden sie nach einem genauen Entwurf, der von der Lagerzentralbauleitung unter dem Namen »Entlausungsanlage« ausgearbeitet worden war. Es waren mehrere Gaskammern und zwei provisorische Krematorien gebaut worden, die 1944 von der Firma Kori in Berlin geliefert wurden. Hier wurde die neue »Mordtechnik«, das heißt, der Massenmord an Menschen durch Zyklon B, das sich zu diesem Zeitpunkt im Todeslager Auschwitz (siehe Seite 186 ff.) bereits »bewährt« hatte, angewandt. Auch die Einrichtung dieser Mordanlage entsprach weitgehend der von Auschwitz-Birkenau. Auch hier war vor dem Eingang die Anschrift »Bad und Desinfektion«

angebracht. Im Mai 1943 wurden neue massive Gaskammern gebaut.

In Lublin-Majdanek wurde – wie auch in Auschwitz – selektiert. Ein Teil der Frauen und Männer, die in dieses Lager verschleppt worden waren, wurde als »arbeitsfähig« in das Konzentrationslager Lublin-Majdanek eingeliefert. Die Menschen, die als »arbeitsunfähig« ausgesondert worden waren, wurden direkt in die Gaskammern von Lublin-Majdanek getrieben und ermordet.

Die Verschleppungen nach Lublin-Majdanek begannen im April/Mai 1942. Es waren jüdische Kinder, Frauen und Männer, die aus den Ghettos in Böhmen und der Slowakei verschleppt worden waren. Insgesamt waren etwa 10 000 Menschen aus der Tschechoslowakei nach Lublin-Majdanek deportiert worden. Transporte mit mehr als 3000 Menschen aus Westeuropa nach Lublin-Majdanek erfolgten zwischen Mai und Oktober 1942.

Ein Teil dieser Verschleppten wurde hier sofort umgebracht, die anderen als Häftlinge eingeliefert, wo sie aufgrund schwerer Arbeit, Nahrungsmangel und brutaler Behandlung umkamen. Polnische jüdische Frauen und Männer, die davor in den umliegenden Fabriken und Werkstätten des SS-Unternehmens OSTI Zwangsarbeit leisten mussten, sowie die Zwangsarbeiterinnen und Zwangsarbeiter aus den Zwangsarbeitslagern für Juden wurden im Lauf des Jahres 1943 nach Lublin-Majdanek »überstellt«.

In Lublin-Majdanek wurden die Opfer sowohl in den Gaskammern als auch durch Massenerschießungen umgebracht. Ende Oktober 1943 mussten rund 300 Häftlinge des Konzentrationslagers hinter den Lagerabschnitten V und VI riesige Gräben ausheben. Zur selben Zeit war ein SS-Sonderkommando aus Auschwitz und die Führer der SS und Polizei aus Krakau, Warschau, Radom, Lemberg und Lublin mit weiteren 100 SS-Männern nach Lublin-Majdanek gekommen. Darüber hinaus wurden die Häftlinge aus den noch bestehenden Zwangsarbeitslagern nach Lublin-Majdanek verschleppt, nachdem der Befehl ergangen war, den Distrikt Lublin »judenrein« zu machen.

Am 3. November 1943 um sechs Uhr morgens begannen die Massenerschießungen vor den vorbereiteten Massengräbern. Die Methode, nach der diese Menschen umgebracht wurden, war dieselbe, die die Einsatzgruppen und Einsatzkommandos in der Sowjetunion und dem Baltikum praktiziert hatten. Hier trafen also die »neue Technik Zyklon B« und die »altbewährte Methode« der Massenerschießung zusammen.

Die SS-Männer standen oben am Grabenrand und schossen auf die liegenden Häftlinge. Die Lebenden mussten sich auf die bereits Toten legen, bis die Gräben bis zum Rand gefüllt waren. Männer und Frauen wurden gesondert erschossen. Insgesamt waren es 17 000 Menschen beiderlei Geschlechts, die an diesem Tag umgebracht wurden. Lediglich 300 Frauen des so genannten Kanada-Kommandos und 300 Männer des Sonderkommandos blieben am Leben. Sie wurden später im Todeslager Auschwitz umgebracht.

Nach polnischen Angaben wurden in Lublin-Majdanek durch indirekte Vernichtung (»Vernichtung durch Arbeit«) und direkte Vernichtung während der Existenz des Kriegsgefangenen-, Konzentrations- und Vernichtungslagers etwa 360 000 Menschen umgebracht.

Zentrum der Erforschung der Geschichte des Lagers ist das staatliche Archiv und Museum in Lublin-Majdanek.[50]

Vernichtungslager Auschwitz

Auschwitz[51] in der Nähe der polnischen Stadt Oswiecim (Auschwitz) war das größte nationalsozialistische Konzentrations- und Vernichtungslager. Ab Ende 1943 bestand Auschwitz aus drei selbständigen Lagerbereichen:

- Auschwitz I – Stammlager
- Auschwitz II – Birkenau
- Auschwitz III – Monowitz

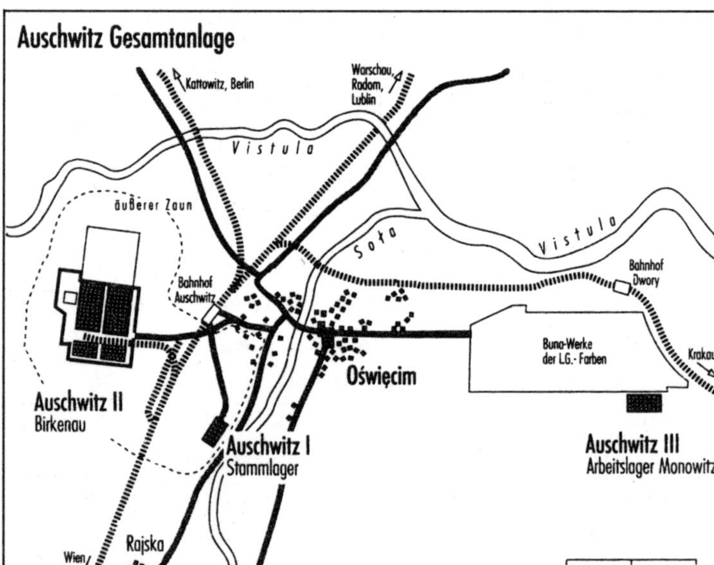

Auschwitz I wurde im Mai/Juni 1940 in einer ehemaligen österreichischen beziehungsweise polnischen Artilleriekaserne errichtet. Die Häftlinge wurden in den in der Nähe befindlichen SS-eigenen Produktionsstätten, landwirtschaftlichen Betrieben und Versuchsanstalten zur Zwangsarbeit eingesetzt.

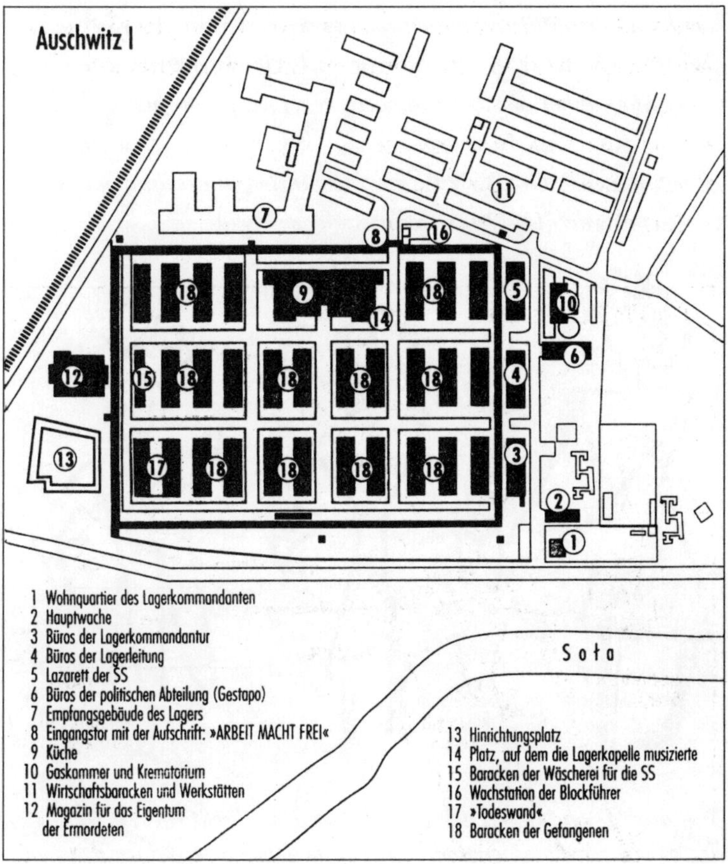

Wir haben uns daran gewöhnt, um sieben Uhr früh zur Mittagsstunde und wieder um sieben Uhr abends in langen Reihen mit der Essschale in der Hand zu warten, bis man uns ein bisschen warmes Wasser mit Salz- oder Kaffeegeschmack oder vielleicht paar Kartoffeln hineintut. Wir haben uns daran gewöhnt, ohne Betten zu schlafen, jede Uniform zu grüßen, einmal nicht und dann wieder nur auf dem Gehsteig zu gehen, wir gewöhnten uns an grundlose Ohrfeigen, Misshandlungen und Hinrichtungen, wir haben uns daran gewöhnt, Menschen im eigenen Kot dahinsterben zu sehen, an Särgen voll mit Menschenleichen vorbeizukommen, Kranke in ekelerregendem Schmutz und Ärzte in ihrer Ratlosigkeit zu erblicken … Wir haben uns daran gewöhnt, dass von Zeit zu Zeit tausend Unglückselige hertransportiert werden und tausend uns wieder verlassen …

Text und Zeichnungen des 15-jährigen Petr Fischl (geb. 9. 9. 1929), der in den Gaskammern von Auschwitz 1944 den Tod fand.

Die Angst

Durch unser Getto zieht ein neuer Schrecken,
bedroht mit böser Krankheit groß und klein.
Man sieht den Tod die Sense vor sich strecken,
so lechzt nach Opfern er in arger Pein.

Den Vätern schlägt das Herz im Leib geschwinder,
voll Trauer hüll'n die Mütter ein ihr Haupt,
die Typhusotter würgt ihnen die Kinder
zu Tod, bevor sie es geglaubt.

Ich bin noch da, bin noch ein lebend Wesen,
indes die Freundin schon im Jenseits weilt,
ich weiß nicht, ob's nicht besser wär' gewesen,
hätt' mich der Tod mit ihr zugleich ereilt.

Nein, nein, mein Gott – wir woll'n doch leben,
du darfst nicht lichten unsre Reih'n,
wir woll'n nach bessrem Morgen streben,
es wird ja so viel Arbeit sein.

Gedicht der 12-jährigen Eva Picková
im KZ Theresienstadt.

Zeichnung »Gettowache« von Wladimir Flusser (geb. 12.3.1931). Er wurde am 16.7.1942 nach Theresienstadt deportiert und starb am 6.9.1943 in den Gaskammern von Auschwitz.

Bis 1943 wuchs die Anzahl der Häftlinge auf etwa 20 000 Menschen an. Auschwitz I diente zeitweise als Exekutionsstätte für polnische Geiseln, Widerstandskämpfer und so genannte Intelligenzler.

Auschwitz II – Birkenau – wurde Ende 1941/Anfang 1942 etwa drei Kilometer vom Stammlager entfernt erbaut und bis Kriegsende ständig erweitert. Das Lager erstreckte sich schließlich über eine Fläche von etwa 175 Hektar. Es war in mehrere Teillager untergliedert, unter anderem das tschechische Familienlager, auch als »Theresienstädter Lager« bezeichnet, das im September 1943 für jüdische Familien aus dem Lager Theresienstadt eingerichtet wurde. Die »arbeitsfähigen« Häftlinge wurden später in andere Lager »überstellt«, die übrigen – »arbeitsunfähigen« Häftlinge – im März und Juli 1944 in Auschwitz II vergast. Ein weiteres Teillager war das so genannte Zigeunerlager – mit Sinti und Roma als Häftlingen. Im Lager Birkenau waren zur Zeit der Höchstbelegung mindestens 100 000 Häftlinge untergebracht. Die Belegungsstärke schwankte jedoch durch die laufenden Ermordungen in den Gaskammern und neu eintreffende Transporte ständig.

Auschwitz III – Monowitz – wurde 1941 für die IG Farben errichtet, die auf dem Gelände eine Produktionsstätte für synthetischen Kautschuk (Buna-Werk) errichtete. Monowitz unterstanden alle in Oberschlesien bestehenden Außenlager von Auschwitz, deren Anzahl insgesamt auf rund 40 Außenlager wuchs.

Die Lebensverhältnisse der Häftlinge in Auschwitz waren in jeder Hinsicht unmenschlich, die Todesrate infolgedessen sehr hoch – Massensterben durch Typhus, Ruhr, Cholera,

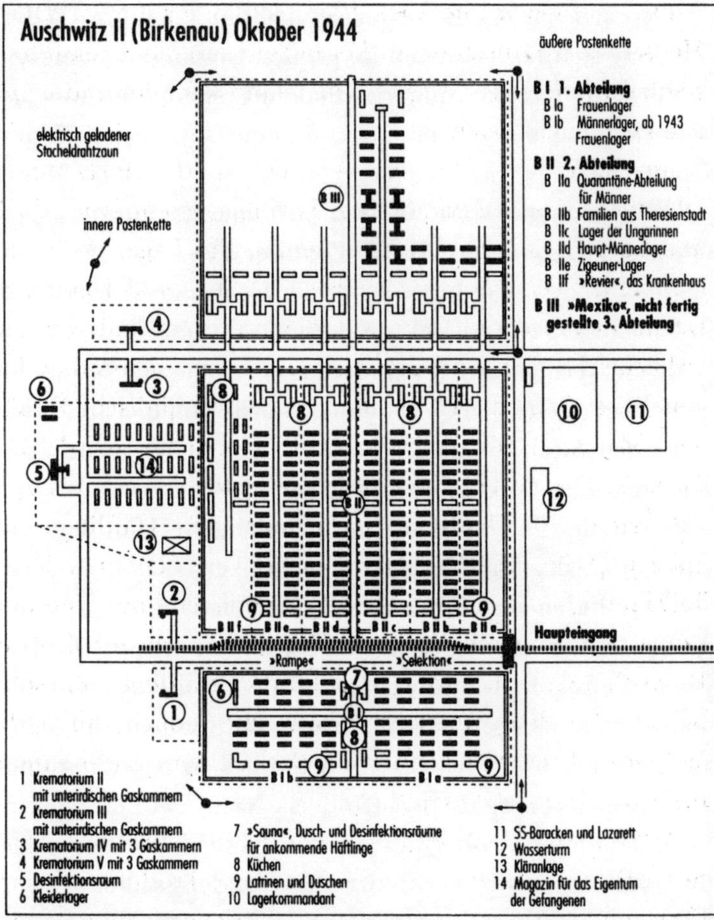

Misshandlungen, willkürliche Tötungen und gezielte Vernichtung.

Anfang September 1941 begannen die ersten Ermordungen von Häftlingen in Auschwitz I mit Zyklon B. Die Vergasungen wurden in den Arrestzellen des Blocks 10, in der

Lagersprache als »Bunker« bezeichnet, durchgeführt. Da der »Bunker« sich für Tötungen im großen Umfang nicht eignete, wurde im Krematorium des Stammlagers (bezeichnet als »altes« oder »kleines« Krematorium) eine Gaskammer eingerichtet.

Zunächst wurde dort ein Transport von 900 sowjetischen Kriegsgefangenen vergast. Ab Oktober 1941 wurden auch kleine Gruppen von Juden in dieser Gaskammer ermordet. Sie blieb bis Oktober 1942 in Betrieb.

Als die Vernichtung der Juden in der Folge der Wannsee-Konferenz (siehe Seite 172) anlief, wurde von der SS (siehe dazu auch Adolf Eichmann Seite 201 ff.) ein Vernichtungsapparat mit größerer Aufnahmekapazität errichtet.

Im Januar 1942 wurde daher in Auschwitz II ein Bauernhaus zur Gaskammer umgebaut – »Bunker I«. Hier wurden zunächst Juden aus Oberschlesien getötet, die in so genannten RSHA-Transporten nach Auschwitz verschleppt worden waren. Es folgten Transportzüge aus dem Generalgouvernement, dem Reichsgebiet, dem Protektorat Böhmen und Mähren und schließlich aus allen von Deutschen besetzten und beeinflussten europäischen Ländern. Nach 1942 erging ein Befehl Himmlers, wonach die »arbeitsfähigen« Juden bei ihrer Ankunft zum Arbeitseinsatz auszusondern seien.

Diese »Selektionen« bedeuteten jedoch nicht Überleben, sondern »Vernichtung durch Arbeit«. Wegen ständig zunehmender Transporte wurde im Juni 1942 in Birkenau ein weiteres Bauernhaus – »Bunker II« – als Gaskammer eingerichtet. Zur Erhöhung der Tötungskapazität baute die SS letztlich in Auschwitz II zusätzlich zwei große und zwei kleinere Krematorien mit Gaskammern. Die größeren Kremato-

Vernichtungslager Auschwitz-Birkenau. Um die Lager Auschwitz I und Auschwitz II (Birkenau) waren jeweils vier Meter hohe elektrisch geladene Stacheldrahtzäune gezogen.

rien – Krematorium II und Krematorium III mit jeweils unterirdischen Gaskammern gingen im Frühjahr 1943 in Betrieb, die kleineren – Krematorium IV und Krematorium V mit je drei Gaskammern – im Lauf desselben Jahres.

Der »Bunker I« wurde abgerissen, der »Bunker II« – nun als »Bunker V« bezeichnet – nur noch aushilfsweise zu Ermordungen benutzt.

Außer den »arbeitsunfähigen« Männern, Frauen und Kindern der ankommenden Transporte wurden im Stammlager und in den Nebenlagern von Zeit zu Zeit auch Kranke und nicht mehr arbeitsfähige Häftlinge ausgesondert und in den Gaskammern oder im Krankenrevier durch Phenol-Injektionen ermordet.

Auf Befehl Himmlers begann man Ende Oktober/Anfang November 1944 die Vergasungsanlagen zu zerstören. Die letzte wurde im Januar 1945 kurz vor dem Einmarsch sowjetischer Truppen gesprengt.

Die Gesamtzahl der in Auschwitz ermordeten Juden ist nicht genau bekannt, zumal die zur Tötung bestimmten Häftlinge nicht registriert wurden. Die Zahl liegt nach Schätzungen von Sachverständigen zwischen einer und eineinhalb Millionen Menschen. Lagerkommandant Rudolf Höß[52] gab die Zahl der vergasten Häftlinge zunächst mit 2,5 Millionen, später die Gesamtzahl der ermordeten Häftlinge mit 1,3 Millionen an.

Wie in den anderen großen NS-Konzentrationslagern gab es auch in Auschwitz viele medizinische Versuche an Häftlingen. Am bekanntesten sind die von dem SS-Arzt Josef Mengele an Sinti und Roma sowie an Zwillingen durchgeführten Experimente und die von dem SS-Arzt Carl Clauberg an weiblichen Häftlingen vorgenommenen Sterilisationsversuche.

Zentrum der Erforschung und Geschichte des Konzentrations- und Vernichtungslagers Auschwitz ist das Archiv des Staatlichen Auschwitz-Museums in Oswiecim. Einige der dort entstandenen Untersuchungen und Dokumentationen liegen auch in deutschsprachigen Fassungen vor.[53]

Widerstandsverhalten der Häftlinge

Eine der Legenden zum Holocaust lautet, dass sechs Millionen Juden wie »Schafe zur Schlachtbank« gingen, ohne Widerstand zu leisten.

Tatsächlich aber gibt es sehr viele Beispiele für Widerstand, vom Aufstand im Warschauer Ghetto bis zum Angriff jüdischer Partisanen auf deutsche Militäreinheiten in West- und Osteuropa.

In den Konzentrations- und Vernichtungslagern gab es organisierten Widerstand sowohl von jüdischen als auch von nichtjüdischen Häftlingen. Aber: Die Nazis schlugen jeden Versuch des Widerstands mit einer Gewalt nieder, die keine Grenzen kannte.

Die häufig jungen Menschen, die Widerstand leisten wollten, riskierten nicht nur ihr eigenes Leben, sondern auch das ihrer Eltern und Geschwister – und das Leben von vielen anderen.

Die Gefangenen in den Arbeitskolonnen wussten, dass eine Flucht die anderen Unglücklichen aus der Kolonne treffen würde, und selbst Gefangene in den Vernichtungslagern schreckten vor Maßnahmen zur Gegenwehr zurück, obwohl sie wussten, dass sie jederzeit ermordet werden könnten.

Es war der Wille zu leben – oder zumindest mit Würde zu sterben –, der bei vielen zum Entschluss für oder gegen Widerstand führte. Die jüdische Kampforganisation im Warschauer Ghetto mahnte in einem Aufruf im Januar 1943:

»Die Freiheit gewinnt man nicht dadurch, dass man unterwürfig seinem Tod entgegengeht wie ein Schaf zum Schlachter. Die Freiheit gewinnt man in etwas viel Größerem: im Kampf! Derjenige, der sich verteidigt, hat die Möglichkeit, sich zu retten! Derjenige, der von Anfang an das Recht zur Selbstverteidigung ablehnt – der ist schon verloren! Lasst das Volk zur Einsicht gelangen, dass es kämpfen soll! Wir sind auch zum Leben bestimmt! Wir haben auch das Recht

Abschrift der Beurteilungsnotiz anlässlich der Dienstreise des SS-Gruf.v. Herff durch das Generalgouvernement im Mai 1943.

Konzentrationslager A u s c h w i t z .

Lagerkommandant SS-Obersturmbannführer H ö s s .

Gute soldatische Erscheinung, sportlich, Reiter, versteht sich in jeder Lage zu benehmen, ruhig und schlicht, aber doch bestimmt und sachlich. Schiebt seine Person nicht in den Vordergrund, sondern lässt seine Leistungen für sich sprechen.

H. ist nicht nur ein guter Lagerkommandant, sondern hat auf dem Gebiete des Kl.-Wesens mit neuen Gedanken und neuen Erziehungsmethoden bahnbrechend gewirkt. Er ist ein guter Organisator und guter Landwirt und für den Ostraum der vorbildliche deutsche Pionier.

H. ist unbedingt befähigt, in leitende Stellungen auf dem Gebiete des Kl-Wesens eingesetzt zu werden. Seine besondere Stärke ist die Praxis.

F.d.R.d.A.:

SS-Sturmbannführer.
Bln.,den 25.6.1943
We.

Beurteilung von Rudolf Höß, Kommandant von Auschwitz.

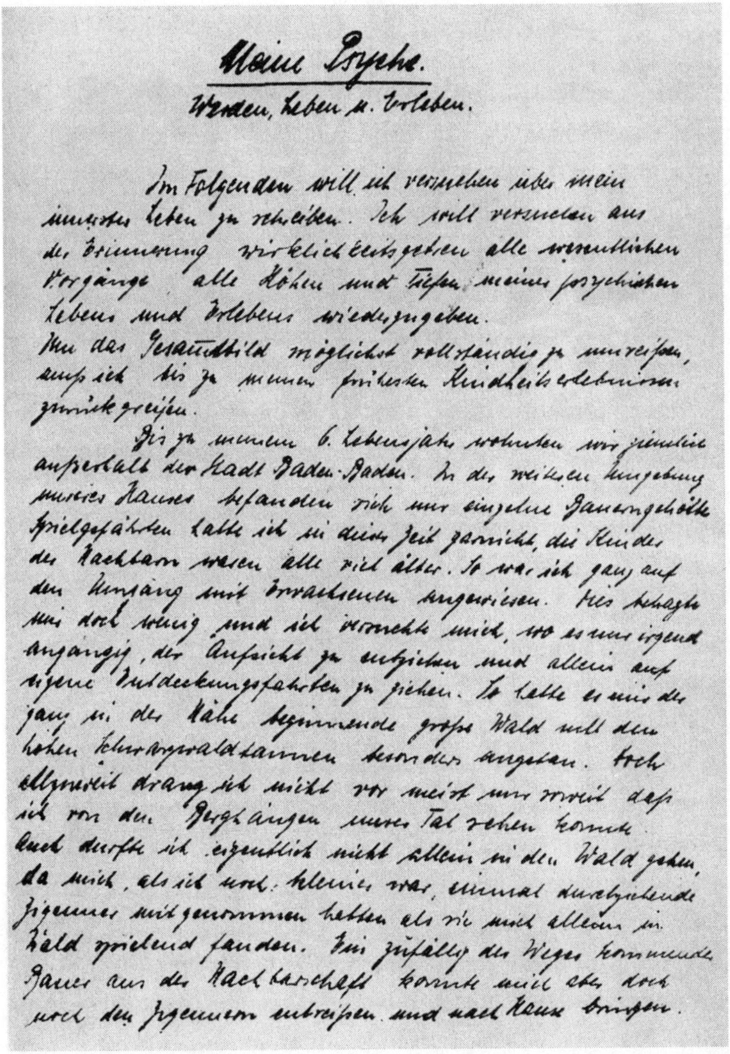

Meine Psyche.

Werden, Leben u. Erleben.

Im Folgenden will ich versuchen über mein innerstes Leben zu schreiben. Ich will versuchen aus der Erinnerung wirklichkeitsgetreu alle wesentlichen Vorgänge alle Höhen und Tiefen meines psychischen Lebens und Erlebens wiederzugeben.
Um das Gesamtbild möglichst vollständig zu umreißen, muß ich bis zu meinen frühesten Kindheitserlebnissen zurückgreifen.

Bis zu meinem 6. Lebensjahr wohnten wir ziemlich außerhalb der Stadt Baden-Baden. In der weiteren Umgebung unseres Hauses befanden sich nur einzelne Bauerngehöfte. Spielgefährten hatte ich in dieser Zeit garnicht, die Kinder der Nachbarn waren alle viel älter. So war ich ganz auf den Umgang mit Erwachsenen angewiesen. Dies behagte mir doch wenig und ich versuchte mich, wo es nur irgend angängig, der Aufsicht zu entziehen und allein auf eigene Entdeckungsfahrten zu ziehen. So hatte es mir der ganz in der Nähe beginnende große Wald mit den hohen Schwarzwaldtannen besonders angetan. Doch allzuweit drang ich nicht vor meist nur soweit daß ich von den Berghängen unser Tal sehen konnte. Auch durfte ich eigentlich nicht allein in den Wald gehen, da mich, als ich noch kleiner war, einmal durchziehende Zigeuner mitgenommen hatten als sie mich allein im Feld spielend fanden. Ein zufällig des Weges kommender Bauer aus der Nachbarschaft konnte mich aber doch noch den Zigeunern entreißen und nach Hause bringen.

»Kommandant in Auschwitz«. Autobiografische Notizen von Rudolf Höß. Orginaltitel »Meine Psyche. Werden, Leben und Erleben«, Faksimile des Originals.

zu leben ! […] Lasst das Volk erwachen und um sein Leben kämpfen!«[54]

Die Forschung geht davon aus, dass es in etwa hundert osteuropäischen Ghettos Widerstandsgruppen gab. Doch die verbreitetste Form des Widerstandes bildeten Partisanengruppen[55] in den Wäldern Osteuropas. Rund 20 000 Juden kämpften in derartigen Gruppen mit, ein Teil von ihnen bildete Familienlager in den weitläufigen Waldgebieten. In Westeuropa waren jüdische Partisanen in Frankreich und Belgien aktiv. Viele Partisanengruppen versteckten Juden.

Einer kleinen Anzahl jüdischer Kinder gelang es, Verstecke in Klöstern oder bei christlichen Familien in Polen, den Niederlanden und in Frankreich zu finden. Sie wurden oft im christlichen Glauben erzogen. Die Nazis führten harte Strafen für das »Verbrechen« ein, Juden zu verstecken. In Polen stand darauf die Todesstrafe, und doch gab es auch hier Menschen, die das Risiko auf sich nahmen – entweder gegen Geld oder aus grundsätzlichen Erwägungen.

Eine andere Form des Widerstandes war der Versuch, Juden aus den von den Nazis kontrollierten Gebieten herauszuschmuggeln. Das war nicht leicht, weil viele Länder ihre Grenzen schlossen und sie oft Juden, denen es gelungen war, hineinzukommen, wieder zurückschickten. Ein Beispiel dafür war die neutrale Schweiz. Dennoch gelang es einem Teil der Juden, auf großen Umwegen nach Palästina zu entkommen. Andere schafften es bis nach Schanghai in China. Diese Stadt wurde zwar von Japan, dem Verbündeten Nazi-Deutschlands, kontrolliert, aber die Japaner teilten nicht den Judenhass der Nationalsozialisten.

Zusammenfassung

Anzahl und Typologie der Lager

Empirische Untersuchungen[56] haben 16 verschiedene Kategorien und über 10 000 nationalsozialistische Lager ergeben, in denen Menschen verschiedenen Alters, verschiedenen Geschlechts, verschiedener Nationalität, verschiedener ethnischer oder konfessioneller Herkunft eingesperrt und die meisten von ihnen getötet wurden. Es waren dies:

- Sechs »Euthanasie-Anstalten«
- 29 Psychiatrische Anstalten und 30 Kinderfachabteilungen, in denen Patienten durch Medikamenten-Vergiftungen ermordet wurden
- 26 Anstalten in den besetzten Ostgebieten, in denen der Mord durch Kraftfahrzeug-Gaskammern, durch Vergiftungen in Gaskammern und Erschießungen praktiziert wurde
- 11 Sammelstellen für unheilbar geisteskranke Ostarbeiter und Polen
- Sechs Vernichtungslager
- 59 Frühe Konzentrationslager
- Sechs Haftstätten mit KZ-Charakter, deren Unterstellung nicht geklärt werden konnte
- Vier Konzentrationslager, die nicht der Inspektion der Konzentrationslager (IKL) unterstanden, und 22 Konzentrationshauptlager-Hauptlager mit 1202 KZ-Außenkommandos
- 399 Ghetto-Lager in Polen (heutige Grenzen), 34 Ghetto-Lager in Ost-Galizien, 16 Ghetto-Lager in Litauen, drei

Befreiung in Theresienstadt. Der Überlebende ganz links trägt noch seine gestreifte Jacke aus dem Konzentrationslager.

Ghetto-Lager in Lettland und 60 Ghetto-Lager in Transnistrien
- 941 Zwangsarbeitslager für männliche und weibliche Juden, 230 Sonderlager für ungarische Juden im tschechoslowakisch-ungarischen Grenzgebiet Österreichs, 78 Polizeihaftlager
- 106 Arbeitserziehungslager, acht Jugendschutzlager, das SS-Sonderlager Hinzert mit 33 Außenkommandos, das Sicherungslager Schirmeck-Vorburg mit sechs Außenkommandos, 40 Strafgefangenenlager im Emsland und 1303 in Polen, 21 Haftanstalten der Wehrmacht und Kriegsgefangenenlager in Berlin, acht in Hessen, acht im Emsland und 2197 in Polen
- 645 Lager für ausländische Zivilarbeiterinnen und Zivilarbeiter in Berlin, 532 in Hessen und 1798 in Polen, 136

»Aussiedlungslager«, »Übersiedlungslager«, »Germanisierungslager«, Lager für Menschen, die von Polen aus zu Industriearbeiten nach Deutschland verschleppt worden waren.

Die SS Heinrich Himmlers und das Blutwerk Adolf Eichmanns

Mehr als nur einmal kündigte Hitler in öffentlichen Reden die »Ausrottung des Judentums« an. Zynisch scherzte er am 8. November 1942 im Münchner Löwenbräukeller vor den »Alten Kämpfern« der Partei, man habe ihn »immer als Propheten ausgelacht. Von denen, die damals lachten, lachen heute Unzählige nicht mehr. Und die jetzt noch lachen, werden es vielleicht in einiger Zeit nicht mehr tun.«[57]

Um diese Zeit rauchten die Schlote der Krematorien in den Vernichtungslagern Tag und Nacht. Die Rede lief über alle deutschen Sender und wurde von den Zeitungen im Wortlaut gedruckt. Doch die meisten Deutschen werteten diese Sätze als rhetorische Drohgebärde zur Einschüchterung der Feinde.

Sehr viel konkreter sprach der Reichsführer SS Heinrich Himmler von der »Ausrottung des jüdischen Volkes« am 4. Oktober 1943 in Posen zu den ranghöchsten SS-Führern. Seine Rede war geheim. Himmler sagte: »Von euch werden die meisten wissen, was es heißt, wenn hundert Leichen beisammenliegen, wenn fünfhundert daliegen oder wenn tausend daliegen. Dies durchgehalten zu haben und dabei, abgesehen von Ausnahmen menschlicher

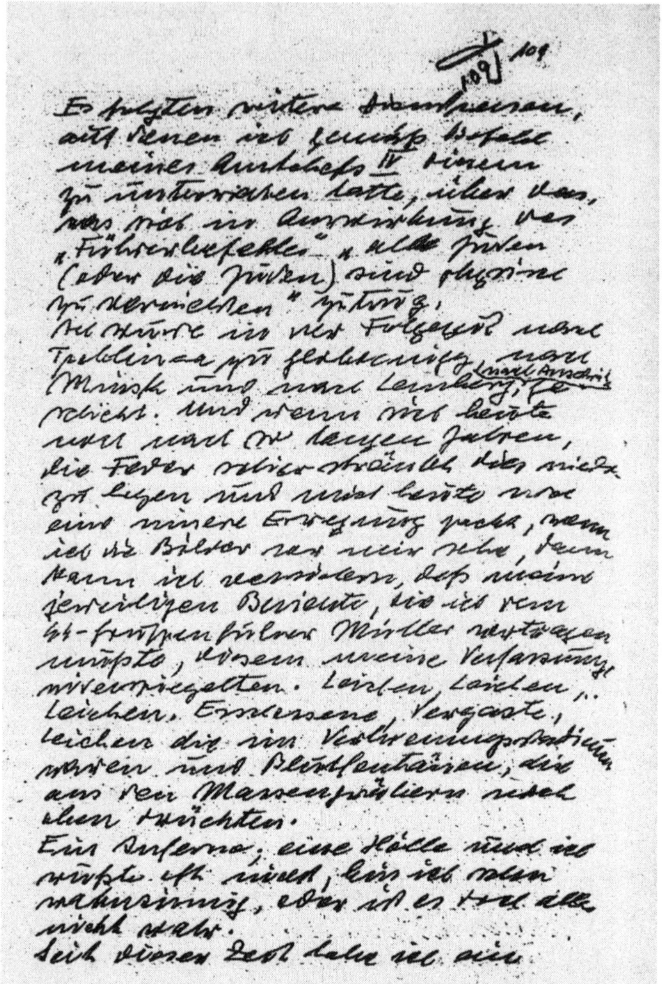
109

Es folgten weitere Dienstreisen, auf denen ich gemäß Befehl meines Amtschefs IV diesen zu unterrichten hatte, über das, was sich in Auswirkung des „Führerbefehles" „alle Juden (oder die Juden) sind physisch zu vernichten" zutrug.
Ich wurde in der Folgezeit nach Treblinka zur Besichtigung, nach Minsk und nach Lemberg, (nach Auschwitz) geschickt. Und wenn sich heute noch nach so langen Jahren, die Feder schier sträubt, dies nieder zu legen und mich heute noch eine innere Erregung packt, wenn ich die Bilder vor mir sehe, dann kann ich verstehen, daß meine seinerzeitigen Berichte, die ich dem SS-Gruppenführer Müller vortragen mußte, diesem meine Verfassung widerspiegelten. Leichen, Leichen, Leichen. Erschossene, Vergaste, Leichen die im Verbrennungsstadium waren und Blutfontänen, die aus den Massengräbern nach oben drückten.
Ein Inferno; eine Hölle und ich wußte oft nicht, bin ich schon wahnsinnig, oder ist es doch alles nicht wahr.
Seit dieser Zeit habe ich ein

Bericht aus den Haftaufzeichnungen Adolf Eichmanns über seine Unterrichtung vom »Führerbefehl« zur physischen Vernichtung der Juden.

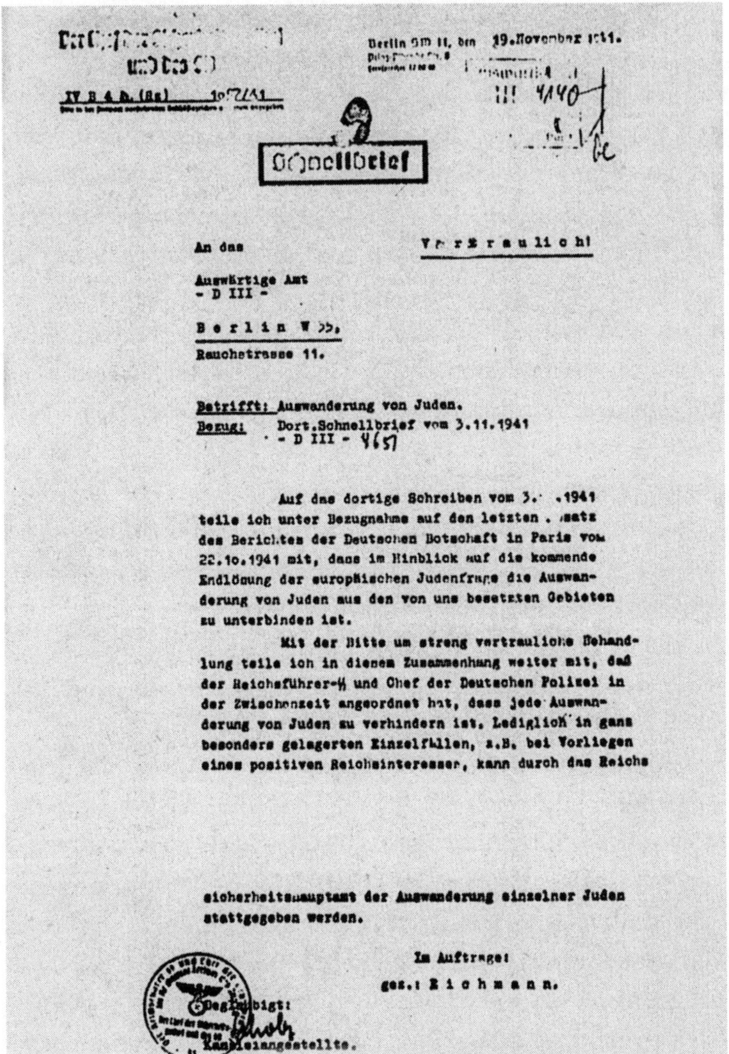

IV B 4 b. (Rz) 1072/41

Berlin SW 11, den 19. November 1941.

III 4140

Schnellbrief

An das

Auswärtige Amt
- D III -

Berlin W 35,
Rauchstrasse 11.

Vertraulich!

Betrifft: Auswanderung von Juden.
Bezug: Dort. Schnellbrief vom 3.11.1941
- D III - 4657

Auf das dortige Schreiben vom 3. .1941 teile ich unter Bezugnahme auf den letzten Absatz des Berichtes der Deutschen Botschaft in Paris vom 22.10.1941 mit, dass im Hinblick auf die kommende Endlösung der europäischen Judenfrage die Auswanderung von Juden aus den von uns besetzten Gebieten zu unterbinden ist.

Mit der Bitte um streng vertrauliche Behandlung teile ich in diesem Zusammenhang weiter mit, daß der Reichsführer-SS und Chef der Deutschen Polizei in der Zwischenzeit angeordnet hat, dass jede Auswanderung von Juden zu verhindern ist. Lediglich in ganz besonders gelagerten Einzelfällen, z.B. bei Vorliegen eines positiven Reichsinteresses, kann durch das Reichssicherheitshauptamt der Auswanderung einzelner Juden stattgegeben werden.

Im Auftrage:
gez.: Eichmann.

Beglaubigt:
Kanzleiangestellte.

Generelles Verbot Eichmanns, »im Hinblick auf die Endlösung« Juden aus den von Deutschland besetzten Gebieten auswandern zu lassen.

Schwächen, anständig geblieben zu sein, das hat uns hart gemacht.«[58]

Dieses Blutwerk brauchte einen Apparat mit Befehlenden und Gehorchenden, Organisatoren und Zupackenden, Mördern und Spurenbeseitigern. Die meisten stellte die SS. Sie waren die Härtesten, die Willfährigsten, die Skrupellosesten. Selbst empfanden sie sich als die Elite der Nationalsozialisten. Einer aus diesem »Schwarzen Orden« war Adolf Eichmann, Leiter des Referats »Judenangelegenheiten, Räumungsangelegenheiten« im Reichssicherheitshauptamt. Die unbegrenzte Macht dieses Amtes lernten die Deutschen schon fürchten, als es noch unter der Bezeichnung »Gestapo« bekannt war.

Im Dritten Reich war Adolf Eichmann der Öffentlichkeit so unbekannt wie zehntausend andere Bürokraten des gehobenen Staatsdienstes. Nach Kriegsende wurde der Name aber zu einem Synonym für Völkermord und Blutschuld.[59] Sein Name steht für die technokratische Skrupellosigkeit und Brutalität der im Hintergrund beteiligten Schreibtischtäter.

Zur Mitternacht des 31.5.1962 wurde Adolf Eichmann aufgrund seiner Verbrechen gegen das jüdische Volk und die Menschlichkeit gehängt, seine Leiche verbrannt und seine Asche im Meer verstreut. Keine Spur sollte übrig, seine Schuld aber unvergessen bleiben. Was er seinem Verhörer, dem israelischen Polizeihauptmann Avner W. Less, gestand, gab mehr preis als alle bisherigen Einblicke in die Apparatur der Vernichtung. Neue, ungekannte, ungewohnte Dimensionen des Menschseins wurden erschreckend offenbar.[60]

Bis zu seiner Entführung aus Argentinien wusste die Welt nicht, dass Adolf Eichmann noch lebte. Auch in der Öffent-

Land	Zahl
A. Altreich	131.800
Ostmark	43.700
Ostgebiete	420.000
Generalgouvernement	2.284.000
Bialystok	400.000
Protektorat Böhmen und Mähren	74.200
Estland – judenfrei –	
Lettland	3.500
Litauen	34.000
Belgien	43.000
Dänemark	5.600
Frankreich / Besetztes Gebiet	165.000
Unbesetztes Gebiet	700.000
Griechenland	69.600
Niederlande	160.800
Norwegen	1.300
B. Bulgarien	48.000
England	330.000
Finnland	2.300
Irland	4.000
Italien einschl. Sardinien	58.000
Albanien	200
Kroatien	40.000
Portugal	3.000
Rumänien einschl. Bessarabien	342.000
Schweden	8.000
Schweiz	18.000
Serbien	10.000
Slowakei	88.000
Spanien	6.000
Türkei (europ. Teil)	55.500
Ungarn	742.800
UdSSR	5.000.000
Ukraine 2.994.684	
Weißrußland ausschl. Bialystok 446.484	
Zusammen: Über	11.000.000

Eichmanns Länderliste mit den Zahlen der für die »Endlösung« vorgesehenen Juden.

lichkeit des Dritten Reiches war er kaum genannt worden, und so fragte man sich in den Monaten des Prozesses, ob der unscheinbare SS-Führer für die Judenvernichtung im Dritten Reich tatsächlich verantwortlich gewesen sein konnte. Seine mögliche Schlüsselrolle für die »Endlösung« war zwar schon während der Nürnberger Prozesse sichtbar geworden. Nun musste sich aber herausstellen, ob Eichmann, der »kleine« Referent, vielleicht eher doch nur der Sündenbock für andere war, als der er sich bei den Verhören darstellte. Wäre es so, dann wären seine Aussagen nicht aufschlussreicher als die der bereits verhörten KZ-Kommandanten.

Doch Eichmann war in entscheidender Schlüsselrolle verantwortlich für die Ausrottung des jüdischen Volkes. Obwohl mit dem physischen Tötungsprozess selbst nicht befasst, war er für alles zuständig gewesen: Er hat die Transporte in die Vernichtungslager organisiert, die Fahrpläne ausarbeiten lassen und für die ausreichende Nutzung der Gaskammern gesorgt. Nicht seinem Rang, seinen Befugnissen zufolge war Eichmann mehr als ein kleiner Helfer der großen Vernichtungsmaschinerie. In Israel konnte ihm Avner W. Less nachweisen, dass er von Anfang an an der Planung der Massenausrottung beteiligt gewesen war.

Eichmann hatte sich in Auschwitz und Majdanek durch Besichtigungen ein eigenes Bild von dem technischen Prozess des Tötens gemacht. Aber dieser Scherge genoss nicht die Leiden anderer, er war kein Sadist. Er erledigte seine Arbeit am Schreibtisch und schickte Millionen in den Tod. Dem Bürokraten Eichmann fehlten Gefühl und Phantasie, um das Leiden, das er organisierte, zu ermessen.

Als er von seinem Verhöroffizier Avner W. Less erfuhr,

dass dessen Vater ebenfalls in einem Vernichtungslager getötet worden war, fand er dies »entsetzlich«. Aber er fühlte sich auch hier nur bedingt schuldig. Er selber hatte ja ihn »wie auch die übrigen Millionen Juden nicht umgebracht«, sondern »nur transportiert«, noch dazu »auf Befehl«. Immer wieder wies Eichmann auf das Ende seiner Verantwortung und seiner Zuständigkeit vor den Lagertoren hin. Die Einweisung zur Zwangsarbeit, das Morden selbst und das Verbrennen der Leichen seien nicht in seinen Zuständigkeitsbereich gefallen.

Eichmann war in jungen Jahren ohne besondere Interessen und spezielle Kenntnisse zum Sicherheitsdienst – SD – und mehr zufällig zum Judenreferat gekommen. Strebsam und fleißig arbeitete er sich in die Materie ein und machte bald Karriere. Sein Amt befriedigte ihn und gab ihm Macht über Millionen Juden und ein paar hundert SS-Leute. Himmler hätte – und insofern ist Eichmann ein typisches

Statistik der Judenvernichtung im Rahmen der »Endlösung« 1939 bis 1945 nach Steinberg[61]

Ghettos	800 000
SS-Einsatzgruppen	1 300 000
Konzentrationslager	300 000
Chelmno	150 000
Belzec	550 000
Sobibor	200 000
Treblinka	750 000
Majdanek	50 000
Auschwitz	1 000 000
Gesamt	5 100 000

Adolf Eichmann bei seinem Prozess 1962 in Jerusalem. Unter Anteilnahme der Weltöffentlichkeit wurde Eichmann als einer der Hauptverantwortlichen für den Mord an rund sechs Millionen Menschen zum Tod verurteilt und hingerichtet. Seine Leiche wurde verbrannt, die Asche ins Meer gestreut.

Beispiel – keinen gleichermaßen organisatorisch begabten, empfindungslosen, bürokratisch zuverlässigeren Arbeiter finden können. In Eichmanns Referat hatte alles seine Ordnung. Mit erkennbarer Begeisterung belehrte er seinen israelischen Verhöroffizier Avner W. Less über Ämterstrukturen, Kompetenzen, Rangordnungen, Zuständigkeiten und Unterschriftsregeln.

Vor der Begegnung mit Eichmann hatte Avner W. Less ein Monster erwartet. Er war geradezu »enttäuscht«, dass ihm ein Mensch wie jeder andere gegenübersaß. An dem millionenfachen Mörder war tatsächlich keine Mordlust ausfindig zu machen. So war Eichmann auch nach 1945 in Deutschland, Österreich und in Argentinien – den Stationen seines zweiten Lebens – nie straffällig geworden. Wäre er ohne Befehl zum Massenmord ein unbescholtener Bürger und Familienvater geblieben? Wer dies bejaht, muss eines Tages mit einem neuen Eichmann rechnen, Werkzeug austauschbarer Gewaltherrschaft, die auf solche Figuren angewiesen ist.

Die Einzigartigkeit eines Völkermords

Der renommierte Historiker Eberhard Jäckel[62], Verfasser und Herausgeber von Schlüsselwerken über Hitler, den Nationalsozialismus und den Holocaust – darunter sein Hauptwerk »Hitlers Weltanschauung«, das in mehreren Auflagen erschienen ist –, stellt klar, dass es in der Geschichte der zivilisierten Welt nichts gebe, was der Gewaltherrschaft und dem Terror der NS-Diktatur vergleichbar sei. Nie zuvor – so Jäckel weiter – habe ein Staat mit ausdrücklicher Billigung seines höchsten Repräsentanten und Verantwortlichen entschieden und verkündet, dass eine komplette Gruppe von Menschen möglichst vollständig – einschließlich der Alten, Frauen, Kinder und Säuglinge – vernichtet werden sollte, und diesen Beschluss buchstabengetreu mit allen zur Verfügung stehenden Mitteln umgesetzt.

Das Täterspektrum ist jedoch weitaus größer[63], als manche »Vernebler« in den Reihen rechtslastiger Politiker und unverbesserlicher Stammtischbrüder heute wahrhaben wollen. Es umfasste nicht nur die Schreibtischtäter vom Schlage eines Adolf Eichmann und Organisatoren in der Zentralinspektion und den Lagerverwaltungen, die KZ-Kommandanten, Lager-, Rapport-, Block- und Kommandoführer, sondern auch die Wachtruppen, die Ärzte und Pfleger in den Revieren, die Hilfskräfte in den Büros, die zivilen Firmen- und Betriebsleiter, die Ingenieure, Meister und Vorarbeiter, nicht zuletzt die Angehörigen der SS-Leute, die unweit der Konzentrations- und Vernichtungslager für einen normalen Familienalltag sorgten.

Hinzuzuzählen sind außerdem die regionalen SS-Stäbe und Verbände des Besatzungsregimes, die einheimischen und »volksdeutschen« Wacheinheiten. Abertausende von Tätern, Mittätern und Mitwissern, von beteiligten und unbeteiligten Zuschauern bildeten das gesellschaftliche Terrain, das die Institution des Terrors umschloss und abstützte. Weder der Lagerterror noch der Völkermord hätten jemals stattfinden können, wären da nicht Zehntausende von Tätern gewesen, die mit eigener Hand die Opfer demütigten, quälten und töteten. Die Aufmerksamkeit lediglich auf die Haupttäter zu fokussieren, würde daher nur ein einseitiges Bild vom

Charakter dieses Massenverbrechens liefern. Was war den übrigen Deutschen bekannt über die verbrecherischen Vorgänge der »Endlösung der Judenfrage«? Signalisierte das Verschwinden der Juden oder die Aufgabe ihres Besitzes nicht deutlich genug, was vor sich ging? Fragen, die vor allem jungen Menschen auf den Nägeln brennen und die sie gottlob stets beharrlich stellen. Hermann Graml vom Institut für Zeitgeschichte in München leistet hier besonders wertvolle Arbeit, wenn er schreibt:

»Während der Vernichtungsprozess seinen Gang nahm, arbeitete die Bevölkerung so unverdrossen, funktionierte die Staatsverwaltung so zuverlässig und stand die Wehrmacht bis zuletzt mit Staunen erregender Tapferkeit kämpfend so fest vor dem ›Führer‹ und seinem System, dass dem Apparat der SS und Polizei weder von außen noch von innen eine Störung drohte. Dabei wurde die ›Endlösung‹ auch in Deutschland schon während ihres Vollzugs wahrgenommen. Nachdem die Judenverfolgung bis 1941 ohnehin vor aller Augen abgelaufen war und dann das Wüten der Einsatzgruppen in Russland zahllose – keineswegs diskret gebliebene – Beobachter gefunden hatte, drang auch über das Geschehen in den Vernichtungslagern genügend durch, um jedem, der wissen wollte, ein leidliches Gesamtbild zu geben. Schließlich war am Ablauf des Ausrottungsfeldzugs ein gar nicht kleiner Teil des Staatsapparats unmittelbar beteiligt. Vom Auswärtigen Amt über das Reichsministerium und unzählige Kommunalverwaltungen bis zur Reichsbahn und die bei Beginn der ›Endlösung‹ aufgetretene Ruhmredigkeit etlicher Spitzenfiguren des Regimes schaffte sich auch während der Exekution Luft.«[64]

Einzigartig sind allein schon die Vernichtungslager als Todesfabriken, regelrechte Industriekomplexe, betrieben von Ingenieuren und Technikern, die stolz auf ihre Methoden und ihre Ergebnisse waren, in denen Juden, Polen, Russen sowie Sinti und Roma – die so genannten Zigeuner – planmäßig vernichtet wurden. Ebenso zielstrebig wie der Völkermord an den europäischen Juden beinhaltete die nationalsozialistische Rassenpolitik auch den Genozid der Sinti und Roma. Das belegt insbesondere ein Schreiben des Reichsjustizministers Thierack 1942 an Reichsleiter Bormann, Chef der Parteikanzlei der NSDAP und Hitlers »treuesten Parteigenossen«:

»Geleitet von dem Gedanken, den deutschen nationalen Organismus von Polen, Russen, Juden und Zigeunern zu befreien und gleichsam geleitet von dem Gedanken, die östlichen an das Reich angeschlossenen Gebiete, die für die Ansiedlung deutscher Bevölkerung bestimmt sind, zu säubern – beabsichtige ich, die Strafverfolgung von Polen, Russen, Juden und Zigeunern der SS zu übergeben. Ich gehe dabei von der Voraussetzung aus, dass der Strafvollzug nur in beschränktem Maße zur Vernichtung dieser Volksgruppe beitragen kann.«[65]

Obwohl die »Nürnberger Gesetze« Sinti und Roma nicht ausdrücklich nannten, galten sie auch für diese Volksgruppe und machten sie formal zu Bürgern minderen Rechts. 1938 wurde im Reichskriminalpolizeiamt eine »Reichszentrale zur Bekämpfung des Zigeunerunwesens« gebildet. Im Dezember desselben Jahres verfügte ein Runderlass Himmlers die systematische Erfassung und erkennungsdienstliche Behandlung aller Sinti und Roma im Reichsgebiet. Jedoch schon vor Himmlers Erlass waren Sinti und Roma verfolgt und in »Schutzhaft« in die Konzentrationslager eingewiesen worden (siehe »Schutzhaftbefehl« Seite 109).

Ab Mai 1940 begannen die organisierten Deportationen ganzer Familien aus dem Gebiet des Deutschen Reiches nach Polen.

Im Frühjahr 1942 setzte dann die systematische Verschleppung aus den besetzten europäischen Ländern ein. Im Herbst desselben Jahres wurde die »Abgabe der Strafverfolgung gegen Juden und Zigeuner« in die Hände der SS gelegt (siehe oben), was in der Praxis bedeutete, dass Sinti und Roma völlig rechtlos wurden und der Willkür von Polizei und SS ausgeliefert waren. Deportierte und einheimische Sinti und Roma wurden vor allem in Polen und in der Sowjetunion durch Einsatzgruppen oder in den Vernichtungslagern ermordet. Allein am 2. 8. 1944 starben 2897 Sinti und Roma in den Gaskammern von Auschwitz.

Mit Sicherheit sind mehr als 200 000 Sinti und Roma dem nationalsozialistischen Völkermord zum Opfer gefallen. Zuverlässige Schätzungen reichen allerdings bis zu einer halben Million.[66]

Die Lager des Ostblocks 1945 bis zum Niedergang des Kommunismus

Die Lager in der Sowjetischen Besatzungszone und DDR

Die bedingungslose Kapitulation Deutschlands unter der SS-Diktatur am 8. Mai 1945 war die Besiegelung der totalen Niederlage. Doch nur sie konnte Befreiung vom NS-Terror bringen. Hans Rothfels[1] sprach von der »tiefen Paradoxie« dieses Tages. »Es waren deutsche Patrioten, die den Tag der Kapitulation herbeiflehen mussten, so wenig sie sich über das danach Kommende Illusionen machen mochten.«

Bereits in Teheran (28. 11. bis 1. 12. 1943) und Jalta (4. bis 11. 2. 1945), wo Churchill, Roosevelt und Stalin jeweils zu Kriegskonferenzen zusammentrafen, waren sich die »Großen Drei« einig über die gemeinsame Besetzung des Deutschen Reiches und über die Zoneneinteilung. Stalin erreichte, dass jedem Alliierten eine Zone zur alleinigen Besetzung zugewiesen werden sollte.

Die Sowjetische Besatzungszone bestand aus den preußischen Provinzen Ostpreußen, Grenzmark Posen-Westpreußen, Nieder- und Oberschlesien, Pommern, Brandenburg und Sachsen sowie den Ländern Sachsen-Anhalt, Thüringen und Mecklenburg. Die so genannte Demarkationslinie zwischen Ost und West verlief von der Lübecker Bucht, wo die

Grenzen von Schleswig-Holstein und Mecklenburg sich berühren, bis zur Tschechoslowakei auf der Grenzlinie zwischen den Ländern Thüringen und Bayern.

In der Sowjetischen Besatzungszone erfolgte die innere Sicherung und Abschirmung des Besatzungsregimes nach Stalins Prinzipien. Beim obersten Regierungsorgan, der Sowjetischen Militäradministration in Deutschland (SMAD) in Berlin-Karlshorst, wurde eine »Verwaltung für Innere Angelegenheiten« eingesetzt. Ihr unterstand der gesamte Sicherheitsapparat, sie kontrollierte und steuerte die Tätigkeiten des Volkskommissariats für Innere Angelegenheiten der UdSSR (NKWD) und des Volkskommissariats für Staatssicherheit der UdSSR (NKGB). Abteilungen für Innere Angelegenheiten gab es auf Länderebene, ebenso in Bezirken, Kreisen und Städten. Sie arbeiteten eng mit den Militärkommandanturen der Roten Armee zusammen. Jede Dienststelle der mittleren Ebene verfügte über ein eigenes Überwachungssystem.

Als Hilfsorgan des NKWD für Ermittlungen, Fahndungen und Festnahmen von Politischen Häftlingen (siehe Seite 217 ff.) dienten die Abteilungen des Kommissariats 5 (K 5) bei den deutschen Landes- und Kreispolizeiverwaltungen. Die K 5-Abteilungen durften mit Erlaubnis der örtlichen sowjetischen Sicherheitsoffiziere auch politische Delikte, von denen die Besatzungsmacht sich nicht getroffen fühlte, in eigener Verantwortung bearbeiten.

Nominell war der gesamte Sicherheitsapparat dem obersten Chef der SMAD unterstellt. Das waren von Juni 1945 bis April 1946 Marschall Georgi Schukow, von April 1946 bis März 1949 Marschall Wassili Sokolowski und von März bis

Oktober 1949 General Wassili Tschuikow. Die Dienststellen von NKWD und NKGB wurden von Moskau aus gesteuert. Die zuständigen Minister Kruglow und Awakumow sowie Stalins Sicherheitsexperte Lawrenti Berija vertrauten den in Deutschland agierenden NKWD/NKGB-Apparat ab 9.6. 1945 Generaloberst Iwan Serow an. Sein Auftrag bestand darin, neben der deutschen Bevölkerung auch die Mitarbeiter der sowjetischen Zivilverwaltung zu kontrollieren und zu überwachen. Vor allem aber kümmerte sich Serows Dienststelle um die ideologischen Gegner. Von dieser Dienststelle gingen die Befehle zur Errichtung der gefürchteten Speziallager aus, von denen die Sowjets auf dem Gebiet der Sowjetischen Besatzungszone und der späteren DDR über zehn solcher Lager für Politische Häftlinge (siehe dazu auch Seite 218) verfügten.

Obwohl in diesen sowjetischen Speziallagern keine Massentötungen und Folterungen stattfanden, war in ihnen doch, wie Karl Wilhelm Fricke[2] schreibt, eine »erschreckend hohe Sterblichkeit« zu verzeichnen. Vor allem in der Zeit von 1945 bis Ende 1947 starben sehr viele Häftlinge. An erster Stelle war Unterernährung die Ursache für dieses Massensterben. Von den nach Kriegsende überall in Deutschland wütenden Hungersnöten waren vor allem die Häftlinge in den Lagern besonders hart betroffen. Die täglich ausgeteilten Rationen reichten für viele nicht zum Überleben. Zusätzliche Möglichkeiten der Lebensmittelbeschaffung gab es nicht.

Die zweite Ursache für das Massensterben waren Krankheiten. Die meisten Baracken und Unterkünfte waren total überbelegt. Die auf engstem Raum zusammengepferchten

Die Lager des NKWD		
Die zehn wichtigsten Speziallager	Nummer	Zeitraum ihres Bestehens
Mühlberg bei Riesa	1	Sept. 1945 bis Nov. 1948
Buchenwald bei Weimar	2	Aug. 1945 bis Febr. 1950
Hohenschönhausen in Berlin	3	Mai 1945 bis Okt. 1946
Bautzen	4 (ab 1948 Nr. 3)	Juni 1945 bis Jan. 1950
Ketschendorf bei Fürstenwalde	5	Mai 1945 bis Febr. 1947
Jamlitz bei Lieberose	6	Sept. 1945 bis April 1947
Sachsenhausen (Vorläufer: Weesow)	7 (ab 1948 Nr. 1)	Aug. 1945 bis März 1950
Torgau	8	Ab Sept. 1945 im Fort Zinna, ab März 1946 in der Seydlitz-Kaserne, im Jan. 1947 aufgelöst
Fünfeichen bei Neubrandenburg	9	April 1945 bis Okt. 1948
Torgau	10	Mai 1946 bis Okt. 1948 (ausschließlich im Fort Zinna)

Häftlinge lebten unter katastrophalen hygienischen Bedingungen. Bis zu den Verlegungen in die sanitär etwas besser ausgestatteten Lager Buchenwald, Sachsenhausen und Bautzen war es den Häftlingen im Allgemeinen nicht möglich, die Wäsche zu waschen oder gar zu wechseln. Angesichts der völligen hygienischen Verwahrlosung und des Nachlassens der körperlichen Widerstandskräfte als Folge des ständigen Hungerns waren Krankheiten nur eine Frage der Zeit. Zuerst traten überwiegend Haut-, Infektions- und Darmerkrankungen auf, später folgten Lungenentzündungen, Ödeme, Furunkulose, Wassersucht und regelrechte Epidemien von Ruhr, Typhus und vor allem Tuberkulose. Tuberkulose war die Haupttodesursache. Die medizinische Versorgung lag deutlich unter den elementarsten Anforderungen. Die eingerichteten Krankenreviere waren quasi nur Umschlagplätze auf dem Weg in die Massengräber.

Eine weitere Ursache des Massensterbens war die Kälte in den sehr harten Wintern 1945/1946 und 1946/1947. Viele Baracken konnten aus Mangel an Brennstoffen nicht oder nur ungenügend geheizt werden. Die Häftlinge besaßen anfangs kaum Decken oder Strohsäcke. Winterkleidung trug nur, wer zufällig im Winter verhaftet worden war. Die Häftlinge, die dem NKWD in den heißen Sommermonaten in die Hände gefallen waren, mussten mit ihrer Kleidung für die warme Jahreszeit auch den Winter überstehen. Hinzu kam, dass die Kleidung als Folge der vielen Entlausungen brüchig und dünn wurde. Völlig unzureichend bekleidet, mussten die Häftlinge bei den täglichen Zählappellen manchmal stundenlang in eisiger Kälte stehen. Eine gewisse Verbesserung stellte sich erst später ein, als an die Gefangenen Armeeuniformen aus sowjetischen und deutschen Beständen ausgegeben wurden. In Buchenwald und Sachsenhausen trugen die Häftlinge auch die gestreifte Sträflingskleidung aus den ehemaligen NS-Konzentrationslagern.

Die jahrelange Unterernährung bewirkte nicht nur einen

Zustand völliger Abmagerung, sondern auch schwerste organische Schäden. Ein Häftling in Sachsenhausen erinnert sich: »Manche magerten bis zur Unkenntlichkeit ab. Andere wurden immer dicker und füllten sich mit Wasser. Zuerst die Unterschenkel, dann die Oberschenkel und dann die gefürchtete Bauchwassersucht. Dann steigt das Wasser bis in die Lungen, und unter tagelangem Röcheln ertrinkt der Kranke. Es ist furchtbar, im Nebenbett liegen zu müssen und mit anzuhören, wie das Wasser in der Brust des Kranken arbeitet. [...] Oft platzen die Glieder, und das Wasser läuft literweise heraus. Bei Punktierungen wurden bis zu acht Liter Wasser abgelassen.«[3]

Aus Fünfeichen wurde berichtet, dass die tägliche Ausgabe von Sauerkrautsuppe tödliche Geschwüre im Darmbereich hervorrief, wie Sektionen von verstorbenen Häftlingen ergaben. In Jamlitz aßen vor Hunger halb wahnsinnige Gefangene die Rinde von den Bäumen auf dem Lagergelände und starben unter entsetzlichen Magenkrämpfen. Ein NKWD-Major in Sachsenhausen soll – auf die Meldung einer besonders hohen Zahl von Toten hin – einem Häftling gegenüber geäußert haben: »Die Ernährung ist so gehalten, dass es täglich weiter abwärts geht, dem Ende zu. Für uns sind Sie Verbrecher.«[4] »Konnte es da so gänzlich unverständlich sein«, fragt Karl Wilhelm Fricke völlig zu Recht, »wenn vielen Häftlingen die Aushungerung als eine Art lautloser Vernichtung erschien?«

Die Toten wurden von Häftlingskommandos in Massengräbern in der Nähe der Lager verscharrt. In der Regel wählten die Sowjets dazu die späten Nacht- oder frühen Morgenstunden, damit die in der Gegend lebende Zivilbevölkerung davon möglichst nichts erfuhr. Die Begräbnisorte wurden später planiert und aufgeforstet. Niemand sollte die Stellen jemals wiederfinden.

Doch bereits in den fünfziger Jahren stießen Bauarbeiter bei Schachtarbeiten in Ketschendorf und Jamlitz auf die sterblichen Überreste von NKWD-Opfern. Nach der Wiedervereinigung Anfang der neunziger Jahre wurden bei Fünfeichen, Sachsenhausen und Jamlitz Massengräber freigelegt, andere durch Luftaufnahmen und Bodenuntersuchungen lokalisiert.

Ein sehr makabres Beispiel ist in diesem Zusammenhang das Lager Buchenwald. Als man dort vor knapp 50 Jahren das Denkmal für die Opfer des Nationalsozialismus errichtete, wurden die Gebeine der im Lagerbereich verscharrten Leichname zusammengesucht und in den bekannten Ringgräbern vereinigt. Die Erbauer des Mahnmals und die Internationale Vereinigung ehemaliger Buchenwald-Häftlinge ahnten nicht, dass sie anstelle der vermeintlichen NS-Opfer viele Tote des sowjetischen Speziallagers auf diese Weise ihrer letzten Ruhestätte zuführten. Die Spuren der von den Nazis Ermordeten hatte das Krematorium des Konzentrationslagers Buchenwald nahezu verwischt. Durch diesen Zufall kam es, dass die Opfer der beiden größten Terrorsysteme des 20. Jahrhunderts als mahnendes Fanal für die Nachgeborenen symbolisch vereint wurden.

Der permanente Hunger in den sowjetischen Speziallagern ruinierte die Häftlinge nicht nur körperlich, sondern auch geistig. Viele von ihnen litten unter Gedächtnisschwund und Zwangsvorstellungen, und bei vielen Gefangenen bildeten sich Züge eines animalischen Egoismus und

Egozentrismus heraus, zu denen Menschen herabsinken können, wenn die äußeren Lebensumstände dazu zwingen und sich nur noch aufs nackte Überlebenwollen reduzieren. »Bis auf wenige Ausnahmen glichen die Kameraden mehr gierigen Tieren«, erinnert sich ein Buchenwald-Häftling. »Es war furchtbar zu sehen, wie Männer, die draußen hohe Stellungen bekleidet und Ansehen genossen hatten, Opfer des Hungers wurden. Vom gierigen Blick in die Nachbarschüssel bis zum Diebstahl war es nur ein kleiner Schritt. [...]«[5] Die Folge solchen Diebstahls waren brutale Aktionen von Selbstjustiz unter den Häftlingen. Der durch Hunger hervorgerufene Verfall moralischer Grundwerte äußerte sich zum Beispiel auch in der Bereitschaft, Spitzeldienste für die Sowjets zu leisten, um dafür an zusätzliche Nahrungsmittel zu gelangen. Aus demselben Grund kam es vor, dass sich weibliche Häftlinge dem Wachpersonal sexuell anboten.

Neben Hunger, Kälte und Krankheiten trat als psychische Qual die völlige Isolierung von der Außenwelt. Den Häftlingen war verboten, ihren Angehörigen Briefe zu schreiben oder von ihnen Post zu empfangen. Weder die Gefangenen noch ihre Familien besaßen irgendeine Nachricht voneinander, da die Behörden des sowjetischen Besatzungsregimes den Verwandten zu Hause konsequent jede Information über den Verbleib ihrer Angehörigen verweigerten. Auch sonst drang – von sehr wenigen Außnahmen abgesehen – keinerlei Nachricht aus den Lagern heraus oder in sie hinein. Aus diesem Grund hatte sich in der Bevölkerung der Begriff »Schweigelager« eingebürgert. Bis zu den ersten Entlassungen 1948 waren die Häftlinge völlig hermetisch von der Außenwelt abgeschlossen. Mütter warteten noch auf ihre Söhne und Frauen auf ihre Männer, als diese längst nicht mehr am Leben waren. Verstöße gegen die Lagerordnung wurden mit Bunkerstrafen geahndet. Der Weg in den Bunker, wo man lediglich die halbe Essensration erhielt und auf dem blanken Betonfußboden schlafen musste, war für viele der entkräfteten Häftlinge der letzte. Lockerungen dieses strengen Lagerreglements traten erst 1948 ein.

Für die Aufrechterhaltung der »inneren Ordnung« und die interne Lagerverwaltung setzen die Sowjets eine eigens geschaffene deutsche Lagerleitung und -polizei ein. Diese Aufgaben wurden zwar von Häftlingen wahrgenommen, doch waren darunter häufig ehemalige Nazis, die sich zu Cliquen zusammenschlossen. So bestand nach Augenzeugenberichten die Lagerverwaltung in Ketschendorf überwiegend aus Polizeioffizieren, die eingefleischte Nazis waren, in Mühlberg zum Teil sogar aus Offizieren der Waffen-SS. Auch Schläger und Kriminelle, naturgemäß besser auf die Bedingungen eingestellt, befanden sich unter den Funktionsträgern. Im Kampf um den Erhalt der damit verbundenen minimalen Privilegien, zum Beispiel doppelter Essensrationen, kam es häufig zu Schikanen und Denunziationen. »Die brüchige Moral und der Hunger führten dazu, dass sich leider auch sehr oft Kreaturen fanden, die noch über die ursprünglichen Befehle hinausgingen und sich um irgendwelcher Vorteile willen brutal durchsetzten«, fasst Gerhard Finn in seinem Buch[6] zusammen. Und Hans-Peter Range schreibt über die Jahre 1945 bis 1948 im Konzentrationslager Fünfeichen: »Jeder Angehörige der aus Häftlingen bestehenden Lagerpolizei musste je Monat drei Anzeigen machen, andernfalls wurde er als normaler Häftling mit normaler Verpflegung in eine der üblichen Lagerbaracken zurückverlegt.«[7]

Der Anteil der in den Lagern eingesperrten Frauen lag bei etwa drei bis vier Prozent der Gesamtbelegung. In Sachsenhausen zum Beispiel waren es rund 200 Frauen, in Ketschendorf ungefähr 500. Neben SED-Gegnerinnen handelte es sich um Ehefrauen von Nazi-Bonzen und Wehrmachtsoffizieren, Funktionsträgerinnen in Frauenorganisationen des Dritten Reiches und KZ-Wächterinnen. Fälle von Vergewaltigungen durch das sowjetische Wachpersonal sind vor allem aus den ersten Lagermonaten bekannt. Insbesondere in Weesow soll es zu vielen Übergriffen bekommen sein. Auch Schwangere wurden in die Lager eingeliefert und brachten dort ihre Kinder zur Welt.

Ausländische Häftlinge bildeten in diesen Lagern den geringsten Anteil an Gefangenen. Außer Nazi-Kollaborateuren – in Ketschendorf wurden vor ihrem Abtransport in die UdSSR etwa 2000 Männer der im Krieg auf deutscher Seite kämpfenden Armee des Generals Wlasslow festgehalten – waren dies überwiegend Gefangene, die im Verdacht standen, »Spionage für ausländische Mächte« betrieben zu haben. In der Sowjetischen Besatzungszone und späteren DDR gab es bis zum Mauerfall verschiedene Kategorien von »Politischen Häftlingen«[8]:

- *Internierte:* Nach dem Einmarsch der sowjetischen Truppen sind etwa 150 000 Deutsche mehr oder weniger willkürlich als »aktive Faschisten« oder »Kriegsverbrecher« in den früheren NS-Konzentrationslagern interniert worden. Etwa 70 000 dieser Häftlinge sind in diesen Lagern ums Leben gekommen. Bei der Auflösung der Konzentrationslager Anfang 1950 wurden die Überlebenden bis auf etwa 3500, die der DDR-Justiz zur Aburteilung wegen Verbrechen gegen die Menschlichkeit übergeben worden waren, aus der Haft entlassen.

- *SMT-Verurteilte:* Sowjetische Militärtribunale (SMT) haben in den Jahren 1945 bis 1955 eine nicht näher bekannte Zahl Deutscher wegen tatsächlicher oder angeblicher NS- oder Kriegsverbrechen oder als politische Gegner der KPD/SED verurteilt. Die Strafe betrug in der Regel 25 Jahre Zwangsarbeit. 1950 wurden 10 513 SMT-Verurteilte den Strafvollzugsorganen der DDR übergeben. Etwa 6300 dieser Häftlinge wurden Anfang 1954, die übrigen – von wenigen Ausnahmen abgesehen – 1955/1956 aus den Strafanstalten der DDR entlassen.
- *In die Sowjetunion Deportierte:* Von 1945 bis 1955 sind etwa 40 000 Häftlinge und SMT-Verurteilte in die Sowjetunion deportiert worden, wo sie zusammen mit den Tausenden als »Kriegsverbrecher« verurteilten deutschen Kriegsgefangenen in sowjetischen Strafarbeitslagern untergebracht wurden. Mindestens 7000 bis 10 000 Deportierte sind in der Sowjetunion umgekommen. Bis auf 271 Häftlinge, die im Dezember 1955 den Strafvollzugsorganen der DDR übergeben wurden, sind die überlebenden Verurteilten, deren Zahl von der UdSSR im September 1955 mit 9626 angegeben wurde, bis 1956 nach Deutschland entlassen worden.
- *Verurteilte Kriegsverbrecher:* Von 1945 bis September 1971 sind nach Angaben des Generalstaatsanwalts der DDR 12 828 Personen wegen »Kriegsverbrechen« und »Verbrechen gegen die Menschlichkeit« verurteilt worden, die

meisten von ihnen – 12 147 – bis 1950. Zu diesen Verurteilten gehören auch die 3500 Häftlinge, die Anfang 1950 bei der Auflösung der Konzentrationslager der DDR-Justiz übergeben und in den Waldheim-Prozessen (Kriegsverbrecherprozesse) im Frühjahr 1950 abgeurteilt worden waren.

- Wegen so genannter *Staatsverbrechen* und *Republikflucht* verurteilte Häftlinge machten seit 1956 den Hauptteil der Politischen Häftlinge aus. Ihre genaue Zahl ist nicht bekannt. In den Kriminalstatistiken der DDR fehlt darüber jeder Hinweis. Es kann jedoch aufgrund der bei westlichen Stellen getroffenen Feststellungen angenommen werden, dass ab 1950 mehr als 120 000 Menschen wegen dieser politischen »Delikte« verurteilt worden waren. Besonders hoch ist der Anteil der wegen »Republikflucht« Verurteilten, der seit 1961 ständig zugenommen hatte und seit 1969 bei etwa 75 Prozent aller aus politischen Gründen Verurteilten lag.

Nach Auflösung der Konzentrationslager stieg die Zahl der Politischen Häftlinge Anfang der fünfziger Jahre bald wieder auf 20 000. 1962/1963 gab es nach westlichen Schätzungen etwa 12 000 Politische Häftlinge. Ab 1964 sind etwa 7000 Häftlinge dank materieller Gegenleistungen der Bundesregierung vorzeitig aus der Strafhaft entlassen worden, ein großer Teil von ihnen in die Bundesrepublik Deutschland.

Die Lager in der Tschechoslowakei, Polen, Ungarn, in Jugoslawien, Rumänien, Bulgarien und Albanien

Konzentrationslager Nr. 10 und sonstige Lager in der Tschechoslowakei

In der Tschechoslowakei mit ihren insgesamt neun Millionen Einwohnern wurden während der NS-Gewaltherrschaft 360 000 Menschen getötet – davon 260 000 Juden, die zum überwiegenden Teil in den NS-Vernichtungslagern starben. Als Antwort auf die extreme Brutalität, mit der die Nazis während des Krieges gegen die Tschechoslowaken vorgegangen waren, betrieben nun diese seit Kriegsende die Vertreibung der Sudetendeutschen mit sehr großer Rücksichtslosigkeit.

In den Maitagen 1945 brach sich die Welle der aufgestachelten Emotionen freie Bahn. Parolen wie »Tod allen Deutschen« sollten noch vor einer »Legalisierung« der Vertreibung durch ein Abkommen der Siegermächte vollendete Tatsachen schaffen. Wie viele Menschen von diesen »wilden Vertreibungen« bis zur Verkündung der Potsdamer Beschlüsse vom 2. 8. 1945 betroffen waren, in denen eine Überführung deutscher Bevölkerungsteile »in ordnungsgemäßer und humaner Weise« angekündigt wurde, ist bis heute ungeklärt. In das Gebiet der späteren Bundesrepublik Deutschland kamen bis Ende Juli 1945 als Vertriebene rund 71 500 Sudetendeutsche, einschließlich jener, die eine Flucht einer Vertreibung vorzogen. Der überwiegende Teil der »wilden Vertreibungen« erfolgte in Richtung sowjetisches Besatzungsgebiet. Ihre Zahl ist in keiner Statistik genannt. Unmittelbare und mittelbare Todesopfer der Vertreibung wurden 225 000 Sudetendeutsche und 13 000 Karpatendeutsche.[9]

Diese »wilden« und vom »revolutionären Geist« getragenen Vertreibungen sollten in einer Phase der aufgepeitschten Emotionen das Gebiet der Tschechoslowakei schon weitgehend von den Deutschen »säubern«. Doch diese Rechnung Stalins und auch der westlichen Exilregierung ging nicht auf. Nicht das gesamte tschechische Volk nahm an diesem Massaker teil. Es war stets nur eine verschwindende Minderheit. Die absolute Solidarisierung mit den Bösen blieb ein unerfüllter Wunschtraum des Urhebers Stalin. Ja, es gibt sogar viele Beispiele der aktiven Hilfe tschechischer und slowakischer Menschen für die leidgeprüften Opfer in jenen Unheilstagen. Das tschechische und slowakische Volk trifft keine kollektive Schuld an der Vertreibung der deutschen Mitbürger aus der gemeinsamen Heimat.

Die kollektive Vertreibung der Sudetendeutschen wird auch heute noch häufig mit der vordergründigen und ebenso unbegründeten Behauptung gerechtfertigt, dass die Sudetendeutschen in ihrer überwiegenden Zahl die Zerschlagung der Tschechoslowakei durch das nationalsozialistische Deutschland mitverschuldet hätten. Wie unbegründet jedoch eine solche pauschale Anschuldigung ist, hat der österreichische Journalist Leopold Grünwald in einer Dokumentation belegt, in der er den sudetendeutschen Widerstand gegen Hitler untersucht hat.[10] Grünwald zufolge gab es nach der Eingliederung der Grenzgebiete der Tschechoslowakei in das Deutsche Reich in den Jahren 1938 bis 1945 auf dem Gebiet des Sudetenlandes 20 000 politische Häftlinge, von denen die meisten in deutsche Konzentrationslager überführt worden waren. Allein die Zugangsliste des Konzentrationslagers Dachau verzeichnet bis 1940 mehr als 2500 Sudetendeutsche. Auf dem Gebiet des Sudetenlandes gab es damals 42 Konzentrationslager beziehungsweise Nebenlager der auf dem Reichsgebiet befindlichen Konzentrationslager. Fast 5000 Sudetendeutsche mussten aus politischen Gründen emigrieren. In allen diesen Zahlen sind die so genannten rassisch Verfolgten nicht enthalten.[11]

Es gab im Sudetenland mehr als 60 Widerstandsgruppen, die vor allem gegen Kriegsende Sabotageakte durchführten und mit tschechischen Widerstandskämpfern, mit Kriegsgefangenen und Zwangsarbeitern kooperierten. Dem Untergrund gehörten Zehntausende Sudetendeutsche an, davon etwa 80 000 Mitglieder der Deutschen Sozialdemokratischen Arbeiterpartei (DSAP). Laut Bericht Himmlers an die Reichsregierung »konnte festgestellt werden, dass die staatsfeindliche Tätigkeit in den zum Reich gekommenen ehemaligen fremdstaatlichen Gebieten – besonders Sudetenland, Protektorat – weit stärker ist als im Altreich. Es mussten dort mehr Personen in Haft genommen werden als im gesamten übrigen Reichsgebiet.«[12]

Vergleicht man den Umfang der Verfolgungen von Sudetendeutschen – rund 20 000 Häftlingen – mit jenen im Altreich (Deutschland) nach der Machtergreifung Hitlers, so muss man das Größenverhältnis von etwa 1 : 17 im Auge haben, das heißt das Sudetengebiet mit 3,4 Millionen Deutschen und Deutschland mit über 60 Millionen Einwohnern. Den 26 789 Häftlingen, die Ende Juli 1933 in Deutschland gezählt wurden, steht eine gleich große Zahl in dem weit kleineren Sudetengebiet von 1938 gegenüber. So weit die Widerlegung der Legende, die Sudetendeutschen seien größtenteils Nazis gewesen und hätten deshalb ihre Vertreibung selbst verschuldet.

Vor der eigentlichen Vertreibung konzentrierte man die Sudetendeutschen in Konzentrationslagern. Diese Lager waren zwar nicht nach dem Modell der NS-Konzentrationslager konzipiert, aber ihr Einfluss war dennoch unverkennbar. In Verbindung mit den Beschlüssen dieser vorläufigen Konzentration kam es – insbesondere in der härtesten Phase von August bis Dezember 1945 – zu Racheakten und Diskriminierungen. Man beschuldigte die Sudetendeutschen pauschal der Kollaboration mit den Nazis, sogar sudetendeutsche Juden wurden in Lager gesperrt, bevor sie nach Deutschland ausgewiesen wurden. Auch für Antifaschisten gab es keinerlei Nachsicht. Sie alle wurden enteignet und interniert.

Diese Maßnahmen, die von den tschechischen Nationalausschüssen ergriffen wurden, machte sich auch die tschechische Regierung zu Eigen. So erklärte zum Beispiel der tschechische Justizminister, er wolle »alle gefährlichen deutschen Elemente internieren und sie in Konzentrationslagern zusammenführen, damit ihre Arbeitskraft bestmöglich ausgeschöpft werden kann«.[13]

Die wichtigste Anweisung der Regierung zur Errichtung von Konzentrationslagern beinhaltete dies: Man habe so weit wie möglich auf die existierenden Baracken aus der Besatzungszeit sowie auf die Lager des NS-Reichsarbeitsdienstes zurückzugreifen, aber ebenso auf alle übrigen Lager.

Die größten Lager befanden sich in der Umgebung von Prag sowie in Böhmen, Mähren und Schlesien. Das schlimmste Lager war das Prager Strahov-Stadion – Konzentrationslager Nr. 10 –, wo 5000 bis 8000 Menschen monatelang unter verheerenden Bedingungen gefangen gehalten wurden.

Die Gefangenen in den Konzentrations- und Arbeitslagern waren zwischen 14 und 60 Jahre alt. Im Lauf des Sommers und des Herbstes 1945 verbesserten sich Verwaltung und Organisation der Lager, denn bis zu diesem Zeitpunkt wurde noch reichlich improvisiert. Gegen Ende 1945 wurde die zentrale Verwaltung der Konzentrationslager umstrukturiert. Die Lager unterstanden von nun an den nationalen Bezirksausschüssen und nicht mehr den lokalen Ausschüssen. Zwangsarbeit betraf offiziell nur noch diejenigen, denen »die tschechische Staatsbürgerschaft aberkannt« worden war. Man ergriff Maßnahmen zur Verbesserung der Haft- und der Arbeitsbedingungen.

Da die Aussiedlung der Sudetendeutschen unmittelbar bevorstand, gab es nun keine Konzentrationslager mehr, sondern »Arbeits- oder Transitlager«, in denen die Anwendung von Gewalt eingeschränkt und die Verpflegung verbessert wurde. Das war auch dringend erforderlich und hoch an der Zeit, denn im Lager Ruzyné zählte man zum Beispiel 765 Todesopfer, darunter 64 Kinder und schwangere Frauen. In Ostrava starben innerhalb von drei Monaten 300 Menschen. Sogar in den offiziellen Berichten wurde ein Vergleich mit Dachau und Buchenwald gezogen. Mit Ausnahme der Lager in den Industrie- und Bergbaugebieten wurden die Lager Zug um Zug geschlossen. Im April 1946 waren »nur« noch 80 000 Menschen interniert.

Die »Übersiedlung« nach Deutschland begann im Juni 1946. Die Amerikaner widersetzten sich der Aussiedlung ganzer Bevölkerungsgruppen zwar nicht, aber sie forderten, dass die Menschen befördert wurden und dass sie Kleidung, Schuhe, Nahrung für sieben Tage und 1000 Mark von ihrem Bankkonto erhielten. Der massive »Transfer« von drei Millionen Betroffenen fand im Winter 1946/1947 statt, weitere Aussiedlungen folgten. Nach Abschluss dieser Aussiedlungen endete in der Tschechoslowakei die politisch-revolutionäre Phase, und ein Rechtssystem trat in Kraft, in dessen Rahmen Zwangsarbeitslager legitimiert wurden.

Nach der Abstimmung über das berüchtigte Gesetz 231/48 zum Schutz der Republik trat nach einem Parlamentsbeschluss vom 25.10.1948 ein Gesetz zur Zwangsarbeit in Kraft, unter das ab sofort jede noch so kleine Straftat fiel.

Diese legalen Lager richteten sich gegen so genannte Konterrevolutionäre, die »den Aufbau des Staates im Sinne der Volksdemokratie bedrohen«, und sie dienten als Zwangsarbeitslager dem totalitären und nunmehr kommunistischen Staat als Grundlage für massive Verfolgungen.

Die häufigsten Begründungen für Verhaftungen und Internierungen in diesen Lagern waren Abwesenheit vom Arbeitsplatz oder angeblich mangelnde Arbeitsmoral, die Weigerung, an einem bestimmten Arbeitsplatz zu bleiben, die Weigerung, »seine Arbeitskraft voll einzusetzen«, außerdem die Verbreitung falscher Nachrichten, Beleidigung von Partei- und Staatsvertretern, Beleidigung der Parteiherrschaft, eine negative Haltung zur »Herrschaft der Volksdemokratie« usw. Damit war Denunziationen Tür und Tor geöffnet.

Das erklärte Ziel der kommunistischen Machthaber stalinistischer Prägung war, die »Klassenfeinde« zu isolieren, die dem Aufbau des Sozialismus potenziell im Weg standen und im Kriegsfall wenig vertrauenswürdig erschienen. Aber auch wirtschaftliche Gründe spielten selbstverständlich eine Rolle. Die Vertreibung der Deutschen hatte zu einem Mangel an Arbeitskräften im Stahl- und Bergbau geführt, den nun die Häftlinge in den Lagern ausgleichen mussten. Auch der Druck von Unternehmen, die billige Arbeitskräfte anforderten, tat das Seine.

Insgesamt wurden mehr als 30 000 Menschen eingesperrt. Vorgesehen waren sogar bis zu 150 000. In jedem Lager waren zwischen 300 und 600 Menschen untergebracht. Am größten war die Gesamtzahl aller Häftlinge Ende 1949. Zwischen 1949 und 1953 gab es rund um die Uranminen in der Region um Jáchymov, Pribram und Slavkov insgesamt 18 Konzentrationslager. Die Häftlinge – insbesondere politische – arbeiteten entweder in den Steinbrüchen oder in den Minen Vojna 1 und Vojna 2, wo sie für die sowjetischen Bomben Uranpecherz abbauten. Václav Chaloupek, ein Überlebender, berichtet: »Auf dem Weg in meine Mine mussten wir an Messgeräten für Radioaktivität vorbeilaufen. Damit sollte sichergestellt werden, dass wir nicht ein Stück Erz mit hinausnahmen. Alles andere war unwichtig.« Natürlich war die ganze Kleidung radioaktiv verseucht, dennoch durften sich die Gefangenen nicht umziehen. Ein anderer ehemaliger Gefangener, der im Februar 1949 als 23-Jähriger verhaftet wurde, erinnert sich an eine Art Kasematte ohne Fenster – dreimal 3,5 Meter groß und 1,7 Meter hoch –, in der mehr als 20 Menschen zusammengepfercht waren. »Wir gingen abwechselnd an die Luke, um etwas durchatmen zu können.«

1950 gab es in der Tschechoslowakei 350 Lager und Sondergefängnisse, in denen rund 120000 Häftlinge eingesperrt waren. Die Hälfte von ihnen war durch ein Lager gegangen, das im Zusammenhang mit dem Erzabbau stand. Diese Lager an den Minen wurden 1956 geschlossen, die allgemeinen Lager erst im Jahr 1961.

Die Lager der Kommunisten in Polen

Über die kommunistischen Lager in Polen existieren weitaus weniger Informationen, obwohl in der Endphase des Krieges über 30 Lager errichtet worden waren, die etwa 60000 deutsche Kriegsgefangene aufnahmen, aber auch Ukrainer, die unter den Plan W fielen[14], Partisanen des AK – des bewaffneten antikommunistischen Widerstands in Polen – sowie rund 100000 »Volksdeutsche«. Die Kriegsgefangenen und die Volksdeutschen kamen 1948 und 1949 frei.

In der überwiegenden Zahl waren diese Lager Internierungslager, einige davon waren Arbeitslager. Dazu zählen die ehemaligen NS-Lager Majdanek, Skrobów und Jaworzno, die die Rote Armee wieder eröffnete, um dort die Widerstandskämpfer des AK einzusperren. Die größten Lager waren Jaworzno, Chrusty, Sikawa, Myslowice, Libiaz und Mielecien. In Jaworzno wurde über zehn Jahre lang ein Kohlebergwerk betrieben, bevor dort ein »Umerziehungslager« für Jugendliche eingerichtet wurde.

Am 16.11.1945 wurde unter der Führung des polnischen Parteiideologen Roman Zambrowski die »Spezialkommission für den Kampf gegen ökonomischen Missbrauch und

Vandalismus«[15] gegründet. Aufgrund der vielen Verurteilungen durch dieses Gremium wurden von der Parteiführung ehemalige NS-Lager wieder in Betrieb genommen. Die polnischen Archive enthüllten dazu einen aufschlussreichen Gedankengang Gomulkas aus dem Jahr 1946: »Hitler hat Arbeitslager gegründet. Ihr haltet das für eine Idee des Faschismus. Hitler hat eben eine faschistische Idee hineingelegt, und wir können ebenso gut eine volksdemokratische Idee hineinlegen.«[16]

Zu den Wirtschaftshäftlingen gesellten sich sehr bald »Politische Häftlinge«. Nach amtlichen Angaben machten die »Politischen« im eigentlichen Sinn fünf Prozent aller Häftlinge aus. »Delikte« wie das Hören eines ausländischen Radiosenders reichten schon aus, um in einem solchen Lager eingesperrt zu werden. Auch Leute, die man für »allzu reich« hielt, wurden interniert. Sie alle sollten »umerzogen« werden. Auch sie sollten ein »richtigeres Bild« von der Volksdemokratie vermittelt bekommen, außerdem Gesetzestreue und Arbeitsfreude.

Die kommunistischen polnischen Lager wurden nach folgendem Muster errichtet: Stacheldraht, überragt hin und wieder von einem Wachturm, umgab Baracken aus Holz oder Leichtbeton. Gearbeitet wurde von morgens sieben bis 17 Uhr, überwiegend in den Kohlebergwerken, besonders in der Region von Katowice in Schlesien, der »Lagerregion«. Nahezu jeder dritte Bergarbeiter war ein Häftling. Es herrschte eine eiserne Disziplin, aufrechterhalten durch häufige Bunkerstrafen – das waren Strafen mit Unterbringung in einer kleinen fensterlosen Baracke, wo man nur eine minimale Verpflegung erhielt.

Das Lager mit den meisten »politischen Häftlingen« war das Lager Nr. 1 in Warschau. Über 10 000 Menschen waren dort mehr oder weniger lange Zeit eingesperrt. Viele dieser Häftlinge wurden verstärkt zum Bau des Kulturpalastes herangezogen.

In Abwandlung der sowjetischen »Scharaschkas« gab es in Polen ein Architekturbüro – BAK –, besetzt mit inhaftierten Ingenieuren und Architekten, die in erster Linie Kasernen bauen mussten. Geleitet wurde das Büro von einem Gefangenen auf Lebenszeit, und die Mitarbeiter erhielten 20 Prozent des üblichen Monatsgehalts, sofern diese geringe Summe nicht vom Wachpersonal einbehalten wurde. Die Zahl der Häftlinge, verurteilt durch die Spezialkommission, nahm von 1946 bis 1952 von zunächst 1400 auf insgesamt 22 400 zu. Nach Stalins Tod im Jahr 1953 sanken diese Zahlen wieder. Die Kommission wurde im Dezember 1954 aufgelöst. Schätzungen zufolge hatte sie insgesamt über 90 000 Menschen einsperren lassen.

Die Lager der ungarischen Kommunisten

Nachdem die Rote Armee im Oktober 1944 in Ungarn einmarschiert war, wurde bereits am 21. 12. 1944 im ostungarischen Debrecen eine Provisorische Nationalversammlung konstituiert. Sie beauftragte Generaloberst Miklós mit der Bildung einer Provisorischen Regierung aus Kommunisten und Vertretern der Sozialdemokraten, der Kleinlandwirte und der Bauernpartei (22. 12. 1944).

Obwohl in den Parlamentswahlen vom 7. 11. 1945 die gemäßigte Kleinlandwirtepartei die absolute Mehrheit von 57 Prozent erreicht hatte und mit Tildy den ersten Präsidenten der am 1.2.1946 proklamierten Ungarischen Republik stellte, gewannen die Kommunisten unter ihrem Generalsekretär Rákosi rasch die Oberhand und leiteten die Sowjetisierung des Landes nach stalinistischer Prägung ein. Die Kommunisten hatten noch im März 1945 eine radikale Bodenreform durchgesetzt und nutzten ihre Stellung im Innenministerium zur Zerschlagung der bürgerlichen Parteien. Sie ließen viele politische Gegner verhaften und hinrichten.

Die Sozialdemokraten wurden auf dem Vereinigungsparteitag vom 12. bis 14.6.1948 zur Fusion gezwungen. Rákosi baute sich eine diktatorische Machtposition auf, in einem rigorosen stalinistischen System, das auch den Konflikt mit der katholischen Kirche nicht scheute – erinnert sei in diesem Zusammenhang an den Schauprozess gegen den Primas von Ungarn, Kardinal Mindszenty, vom 3.1. bis 8.2.1949 – und jegliche innerparteiliche oppositionelle Regung brutal unterdrückte.

Im Zuge dieser brutalen Unterdrückung entstanden auch in Ungarn Lager nach sowjetischem Vorbild. Recsk war das gefürchtetste Konzentrationslager. Es hatte geradezu Modellcharakter für den ungarischen Kommunismus. Der Haft in Recsk[17] ging häufig ein mehrwöchiger Aufenthalt im Durchgangslager Kistarcsa voraus, einem Konzentrationslager mit Wachtürmen und Baracken. Von hier aus wurden die Häftlinge per Eisenbahn nach Recsk gebracht.

Im Jahr 1950 befanden sich in Recsk insgesamt etwa 1200 Häftlinge. Die größte Gruppe bestand aus Sozialdemokraten, darunter vielen Gewerkschaftern, aber auch aus ehemaligen Offizieren, selbst solchen, die 1944 zu den Russen übergelaufen waren, Funktionären verschiedener Parteien, die bisher mit den Kommunisten verbündet waren, nun aber gegen sie opponierten, außerdem so genannten undisziplinierten Bauern und Arbeitern.

In diesem berüchtigten Lager wurden die Häftlinge vorwiegend zu Arbeiten im Steinbruch und Wald gezwungen. Es kam dort immer wieder zu Verzweiflungstaten: Häftlinge verschluckten Nägel, einen Löffel oder eine Rasierklinge, um auf die Krankenstation verlegt zu werden und dort zur Ruhe und in den Genuss einer etwas besseren Ernährung zu kommen.

Dieser »Trick« half zwar gegen den brutalen Arbeitseinsatz, aber nicht gegen den Hunger. »Bei den derzeitigen Rationen«, so einer der Ärzte, »und bei den herrschenden arbeitstechnischen und psychologischen Umständen werden in diesem Lager in einem Jahr alle verhungert sein. Mit Ausnahme derer natürlich, die nicht arbeiten. Die Jüngeren halten vielleicht zwei oder drei Jahre durch. Aber in zwölf Monaten werden 95 Prozent der Häftlinge tot sein [...]. In einem halben Jahr werden wir die ersten Verluste haben. In neun Monaten werden die Leute sterben wie die Fliegen.«[18]

Recsk war ein Lager des schleichenden Todes. Anders als im Nazi-Terror gab es offiziell zwar keine offene Kriegserklärung gegen die Häftlinge, keine Drohung mit Vernichtung, offiziell nicht einmal entsprechende Pläne der Behörden, sondern ganz einfach eine Mischung aus Arbeit und Unterernährung in Verbindung mit körperlicher Gewalt.

Die hygienischen Verhältnisse waren ebenso katastrophal, Waschen war nur selten möglich. Die Häftlinge waren außerdem von der Außenwelt vollkommen abgeschnitten und hatten keine andere Informationsquelle als das rasch überflogene Zeitungspapier, das die Wachen als Toilettenpapier verwendeten. Über die Lautsprecher wurden nur Informationen zum Lagerbetrieb verbreitet und vorwiegend zur Einschüchterung über die jeweils anstehenden Strafaktionen. Diese bestanden aus Schlägen und Bunkerhaft. Auf eine Flucht, die fast immer ein paar Wochen später mit der Rückkehr fast aller Entkommenen endete, folgte stets eine Gräuelszene: Die Lagerleitung setzte »Freiwillige« ein, die die Flüchtigen zusammenschlagen mussten. Sie waren die »Kapos« im Lager: Brigadechefs, die selbst nicht arbeiteten, Barackenchefs oder auch »Latrinenchefs«, die exakt notierten, wie oft ein Häftling die Latrinen benutzte.

Eine weitere Bestrafung bestand darin, die Gefangenen zum Kriechen oder Krabbeln auf allen vieren zu zwingen. Noch schlimmer war jedoch die Einzelhaft im Bunker, einem ungeheizten Raum von vier Quadratmetern, wo die Häftlinge in einer äußerst unbequemen Haltung gefesselt und je nach Laune der Bewacher geschlagen oder mit eiskaltem Wasser überschüttet wurden. In der Regel wurden sie dort zwei Stunden drangsaliert, aber es konnten auch fünf Stunden werden.[19]

In diesem Bunker, der von Flöhen wimmelte, bekam der Sträfling einen Napf voll Brei und ein Stück Brot, gerade einmal 450 Kalorien pro Tag. Die Anzahl der Flöhe nahm solche Ausmaße an, dass die Lagerleitung einen Wettbewerb ausschrieb. Für das Abliefern von mindestens 50 Flohkadavern gab es einen kleinen Nahrungsaufschlag.

Viele Häftlinge bewahrten sich die Hoffnung auf eine Intervention des Westens. 1951 reagierten sie auf die Wahl Churchills zum Premierminister mit einer wahren Explosion der Freude und mit der Zuversicht, ihre Haft werde nun nicht mehr länger als ein paar Monate dauern.[20]

Auch der Arbeiteraufstand in der DDR vom 17.6.1953 war für sie ein Grund zur Zuversicht. Der Gedanke an eine US-amerikanische Intervention war schon beim Tod Stalins im März 1953 aufgekommen. Was für die Häftlinge eine Hoffnung war, bedeutete jedoch für die Wachen eine Bedrohung. Und beide – die Häftlinge wie die Wachen – täuschten sich.

Der Westen intervenierte nicht, und je mehr Zeit verstrich, desto schwächer wurden die Menschen. Auch hier wirkte der bereits bekannte Mechanismus: Wer die Arbeitsnorm nicht erfüllte, wurde umgehend mit Bunkerhaft bestraft, wo es weniger zu essen gab, was noch größere Entkräftung zur Folge hatte, worauf wiederum die Erfüllung der Norm behindert wurde usw. – ein Teufelskreis.

Unterernährung und Hygienemangel führten zur Verbreitung von Krankheiten, sodass fast alle Häftlinge unter Geschwüren litten. Die Kranken konnten sich an das kleine Lagerkrankenhaus wenden, das bei denkbar schlechter Ausstattung von internierten Ärzten geführt wurde. Die Toten wurden unter schmutziger Wäsche versteckt und unauffällig hinausgetragen. Schwerkranke verlegte man nach Budapest. Ein ehemaliger Häftling berichtet von einem alten Mann, der wegen fehlender Behandlung starb: Das benötigte Penicillin hatte man einem Wachhund verabreicht.[21]

Erst nach dem Tod Stalins im Jahr 1953 traten Verbesserungen ein. So kam es zur Auflösung der »Disziplinarbrigade« des Lagers, dem Strafbataillon der Aufständischen, der »Faulenzer« und der »Verbreiter falscher Nachrichten«, die in einer besonderen Baracke auf dem blanken Boden schlafen und sich jedes Mal flach auf den Bauch legen mussten, wenn sie einer anderen Häftlingsbrigade begegneten.

Die politische Polizei ging jedoch weiter gegen »imperialistische Saboteure« vor, die die kommunistische Institution von innen heraus »verdorben« hätten. Prozesse wurden neu aufgerollt.

Schließlich kam die Wende im Lagersystem der ungarischen Lager. Nach Stalins Tod ordnete der zum ungarischen Ministerpräsidenten ernannte Imre Nagy die sofortige und vollständige Auflösung des Lagers Recsk und aller anderen Lager an.

Im Zuge dieser Anordnung leerten sich im Lauf des Jahres 1953 alle Konzentrationslager. Insgesamt hatte es rund 100 Lager gegeben, die vom Innenministerium kontrolliert wurden. Eingesperrt waren dort etwa 44 000 Häftlinge. 10 000 von ihnen waren zur Zwangsarbeit im Wohnungs- und Straßenbau verurteilt. Zusätzlich hatte es – wie in den meisten Ostblockländern – so genannte innere Deportationen gegeben, das heißt, diesen Menschen wurde per Gerichtsbeschluss ein bestimmter Aufenthaltsort diktiert.

Konzentrationslager in Jugoslawien unter Tito

Obwohl Tito 1948 mit Stalin gebrochen hatte, häuften sich dennoch die Internierungen in Gefängnissen und Konzentrationslagern. In den Gefängnissen und den beiden Konzentrationslagern auf der Insel Goli Otok im Golf von Karvner, bei Senj, aber auch auf Sveti Grgur, in Bileca und Ugljan waren die Gegner des Regimes eingesperrt – Mitglieder der Ustascha, Tschetniks, Liberale, Nationalisten, Anhänger der Kirche sowie »Anarchisten«. Der serbische Schriftsteller und Historiker Dragoslav Mihailovic über das Konzentrationslager auf Goli Otok: »1949 gab Innenminister Aleksandar Rankovic auf Befehl von Josip Broz Tito folgende Anordnung, die sich wahrscheinlich an den jugoslawischen Sicherheitsdienst (UDBA) richtete: Männer im waffenfähigen Alter, egal ob Kommunisten oder nicht, seien zu verhaften, sobald gegen sie auch nur der geringste Verdacht auf einen Konflikt mit der UdSSR bestand.«[22]

Im Konzentrationslager auf der Insel Grgur waren Frauen eingesperrt. Grgur war ein verfallenes italienisches Kriegsgefangenenlager. Die Frauen mussten hier ihr eigenes Lager erst aufbauen. Schwerste Arbeit war das, die häufig mit Hilfe von Bohrstangen verrichtet werden musste oder mit riesigen Hämmern, mit denen die Felsen zerhauen werden mussten. Zum Transport wurden die schweren Steinblöcke auf eine Art Tragbahre gelegt. Unerträglicher Durst plagte die Häftlinge. Wenn sie an einer Stelle fertig waren, fing dieselbe Arbeit an einem anderen Ende der Insel von neuem an. Die Einhaltung der Disziplin mussten die Häftlinge selbst garantieren, wobei eine raffinierte Hierarchisierung angewendet wurde.

Die Frauen, die als bereits »umerzogen« galten, betätigten sich als »Kapos« und überwachten nun die Häftlinge, die das anzustrebende »Bewusstseinsniveau« noch nicht erreicht hatten.

In diesem Konzentrationslager gab es weder Ärzte noch irgendwelche hygienischen Maßnahmen. Und all das inmitten des Gestanks von Fäulnis und Schimmel und der Ausdünstungen von arbeitenden Frauen, die sich erst waschen durften, wenn sie »umerzogen« waren.

Das ganze Ausmaß an KZ-Inhaftierungen in Jugoslawien ist noch immer kaum bekannt – und wenn, dann wird es weit unterschätzt. Zwischen 1948 und 1954 wurden jedoch »mindestens eine Million Menschen dem Terror ausgesetzt« – ein Terror, der von der Kündigung der Arbeitsstelle über Prügel bis zur Verhaftung reichen konnte, wie Dragoslav Mihailovic erklärt. Zwischen 200 000 und 250 000 Menschen wurden für unterschiedlich lange Zeit festgehalten, und »40 000 bis 60 000 Menschen in Lagern und Zuchthäusern interniert, und das aufgrund von Verwaltungsentscheiden durch Strafkommissionen oder nach inszenierten Prozessen«. Im »Schwarzbuch des Kommunismus« verweist Karel Bartosek auf die Schätzungen des Tito-Biografen Vladimir Dedijer: Bis zu 32 000 Menschen seien allein im Lager von Goli Otok eingesperrt gewesen.[23]

Nach Schätzungen sollen in den Konzentrationslagern Titos zwischen 5000 und 20 000 Menschen umgekommen sein. Mihailovic betont, dass Serben und Montenegriner unter einem besonderen Druck standen. Diese beiden »Nationen machten zwei Drittel der Lagerinsassen aus, während sie nur 40 Prozent der Gesamtbevölkerung stellten«. Vor allem im Westen des Landes gab es Lager: im serbischen Ram, in Stara Gradiska und Bileca in Bosnien-Herzegowina, in Kroatien auf der Insel Grgur sowie in Ugljan, auf Rab und Goli Otok.

Charakteristisch für alle Lager war die meist unbegrenzte Haftdauer. Sogar nach der Verurteilung wurden die Verhöre im Lager häufig weitergeführt. Außerdem wurde während der Verhöre und auch danach meistens und äußerst brutal gefoltert. Dabei wurde unaufhörlich geschlagen, und die Häftlinge wurden gewaltsam wach gehalten.

Der jugoslawische Sicherheitsdienst (UDBA) war der Erste, der in Europa diese KZ-Methoden bei der Lagerhaft anwendete: Selbstanklage, Selbsterniedrigung, Umwandlung vom Opfer zum Henker, Selbstentsagung jeglichen Ehrgefühls und jeglicher Moral – ja sogar die Selbstvernichtung – auf einen einfachen »Rat« der Wachleute hin, die sich damit begnügten, die Szene von weitem zu beobachten.[24]

Die Gewaltanwendung und die Sorgfalt, mit der man sich bemühte, die Häftlinge untereinander zu verfeinden und sie mit den eigenen Unterdrückern zu kompromittieren, erreichten Ausmaße, wie sie aus anderen kommunistischen Lagern nicht bekannt wurden.

Die ausführlichsten Informationen liegen über das Lager Goli Otok vor. Eröffnet wurde das Konzentrationslager 1949, die Entlassung des letzten »Stalinisten« erfolgte 1956. Seither unterlag die Insel nicht mehr der Kontrolle der Föderation, und die Kroaten setzten dort noch bis 1963 »Nationalisten« fest.

In den siebziger Jahren wurde die Insel Ferienziel vieler Touristen. Wer von ihnen konnte ahnen, dass dort Tausende von Menschen inhaftiert waren und ein Zehntel von ihnen umgekommen ist? Der Historiker Mihailovic weist darauf hin, dass »Goli Otok für die Jugoslawen zu einem Mythos geworden ist, genauso wie die Schlacht auf dem Amselfeld.

Sie ist erfüllt von Gräueltaten, die man sich so wenig vorstellen kann, dass es schwierig wird, in diesem Mythos das Wahre vom Falschen zu unterscheiden.« Und so fährt der Historiker und ehemalige KZ-Insasse fort: »Im großen Männerlager gab es 6000 bis 7000 Häftlinge. Es lag auf felsigem Gelände und war mehrere Hektar groß. In den Baracken von 180 Quadratmetern waren jeweils 300 bis 350 Häftlinge untergebracht. Sie schliefen ohne Decken auf den Pritschen und waren von Läusen, Flöhen, Wanzen und Tausendfüßlern übersät. Hygiene war unmöglich, Seife gab es nicht.«

Auch in Goli Otok standen am unteren Ende der Hierarchieleiter die »Boykottierten«, die Gefangenen, die im Lager als »vogelfrei« galten. Sie kamen nicht zu Wort, mussten mehr als die anderen arbeiten und konnten von jedem gefahrlos geschlagen, angespuckt oder auf sonstige Weise misshandelt werden. Zu erkennen waren die »Boykottierten« an einem roten Streifen auf ihrer Hose.

Dann gab es die »Bewährer«. Sie hatten eine bestimmte Frist, um ihre Bekenntnisse vollständig abzulegen, woraufhin sie in das Kollektiv aufgenommen wurden – das heißt in die Barackengemeinschaft, aus der nur die »Boykottierten« ausgeschlossen waren. Ganz oben in der Hierarchie standen die »Aktivisten« in dieser absurden Selbstverwaltung, die der Sicherheitsdienst nach dem Modell der Parteizellen organisiert hatte.

Schon die normale Arbeit war sehr anstrengend, die Zwangsarbeit jedoch, zu der die Häftlinge innerhalb des Lagers als Strafmaßnahme verdammt werden konnten, war die reinste Folter. Miroslav Popovic berichtet von der Abhaltung einer »Treibjagd«, bei der zwei Männer auf einer mit Stielen versehen Platte große Steinbrocken transportieren mussten, und das natürlich so schnell wie möglich. »Selbst die Russen«, so Popovic[25], »haben in ihren Lagern nie solche ›Geniestreiche‹ vollbracht. Um diese Treibjagd zu erfinden, genügte es nicht, die sozialistischen Führer auf seiner Seite zu haben. Dafür musste man auch auf dem Balkan sein [...]«

Die Lager der Kommunisten in Rumänien

Die Geschichte der rumänischen Lager ist durch vier deutlich getrennte Phasen gekennzeichnet:

Die erste Phase von 1945 bis 1947 war die Vorbereitungszeit auf die geplante Errichtung von Lagern. Von Deportationen betroffen waren zunächst vorwiegend die deutschstämmige Bevölkerung Rumäniens, Mitglieder von Ion Antonescus faschistischer Verwaltung und Regierung sowie im weiteren Sinne alle, die am Krieg gegen die Sowjetunion teilgenommen oder ihn unterstützt hatten.

Die zweite Phase von 1948 bis 1953 bildete den Höhepunkt der Unterdrückung und des Terrors, als die Kommunisten alle Hebel der Macht besetzt hielten und uneingeschränkt über das Land herrschten. Am 30.8.1948 wurde die berüchtigte Securitate gegründet. Deren Truppen, die im Februar 1949 ausgehoben und bewaffnet wurden, sollten vor allem gegen den letzten noch aktiven antikommunistischen Widerstand vorgehen und gegebenenfalls Bauernaufstände niederschlagen. In diesem speziellen Zusammenhang sah man besondere Haftanstalten vor. Gleichzeitig trat ein neues, äußerst strenges Strafgesetzbuch in Kraft, nach dem bei »Hochverrat« von da an die Todesstrafe verhängt werden konnte. Unter »Hochverrat« fielen laut Gesetz Nr. 16/1949 die Verbreitung oder Beschaffung von Staatsgeheimnissen im Auftrag eines ausländischen Staates, Verschwörung gegen die innere oder äußere Sicherheit sowie terroristische Aktivitäten Einzelner oder von Gruppen. Der Repressionsapparat hatte es auf das gesamte politische Spektrum des Landes abgesehen, angefangen bei bestimmten Kommunisten, die man loswerden wollte, bis hin zu ehemaligen Mitgliedern der Eisernen Garde. Erhebungen gegen die Kollektivierung der Landwirtschaft und der antikommunistische Widerstand sorgten ebenso regelmäßig für neue Verhaftungswellen. Angsichts der mangelnden Kapazitäten von Militärgerichten stattete die Regierung die Securitate mit uneingeschränkten Machtbefugnissen aus. Während dieser fünf Jahre wurde das System von Hafteinweisungen in Arbeitslager und Zuchthäuser aufgebaut.

Die dritte Phase, die Jahre 1954 bis 1957, war relativ friedlich. Verhaftungen nach Verwaltungsentscheid fanden nicht mehr statt. Im September 1955 kam es infolge des Erlasses Nr. 421 zu einer Amnestie für alle, die wegen Kriegsverbrechen verhaftet und zu mehr als zehn Jahren verurteilt worden waren. Von diesen Begnadigungen profitierten vor allem die Offiziere, die aktiv am Krieg gegen die UdSSR teilgenommen hatten. In einem weiteren Erlass wurden 1956 die Bedingungen fixiert, unter denen andere Häftlinge vorzeitig entlassen werden konnten. In den Genuss dieser Entlassungen kamen Arbeiter vom Bau, aus den Minen, dem Handwerk, der Landwirtschaft, von technischen Instituten sowie aus Berufen, die eine gewisse Kontinuität erfordern und als »gemeinnützig« galten. Diese Vorschläge wurden in Spezialkommissionen formuliert und den Volksgerichten vorgelegt.

Die vierte und letzte Phase in den Jahren 1958 bis 1962 war erneut von blindwütigen Verhaftungen geprägt. Wieder lief wie in früheren Jahren die Verhaftungsmaschinerie auf Hochtouren: Anklagen, Verschleppungen, Hinrichtungen. Ab 1963 wurden die politischen Gefangenen dann allmählich freigelassen und die Arbeitslager nach und nach geschlossen.

Die Erlasse zur Amnestie vom April und Juli 1964 gaben schließlich den letzten 10014 politischen Gefangenen die Freiheit wieder. Sie wurden in bestimmten Abständen und jeweils in kleinen Gruppen entlassen, sodass die Securitate gleichzeitig ein möglichst effektives Überwachungssystem aufbauen konnte.

Wie in den kommunistischen Staaten üblich, mussten die Häftlinge bei der Entlassung aus dem Gefängnis ein Schriftstück unterzeichnen, in dem sie versicherten, niemals davon zu sprechen, was sie während ihrer Haft erlebt, gesehen oder gehört hatten.

Die Schätzungen über die Häftlingszahlen in den rumänischen Konzentrations- und Arbeitslagern variieren sehr stark – je nachdem, ob sie auf historischer Forschung beruhen oder von Augenzeugen stammen. Historiker[26] schätzen die Zahl der Häftlinge auf eine Million. Augenzeugen geben die dreifache Höhe an.

Sicher bezeugt sind hingegen die harten Haftbedingungen. Sobald die Häftlinge im Konzentrationslager ankamen, unterlagen sie dem Prozess der »Umerziehung durch Arbeit«. Die Anklageschrift Nr. 7 vom 27.2.1954, die die Militärstaatsanwaltschaft für Einheiten des Innenministeriums verfasste, nennt die in den Lagern angewandten Methoden: »Viele Häftlinge wurden mit Eisenstangen oder Schaufeln geschlagen oder mit der Reitgerte ausgepeitscht. Unter den Schlägen kamen manche um, andere blieben für den Rest ihrer Tage schwer behindert.« Außerdem sind folgende Vorgehensweisen dokumentiert:

- Mord durch Erschießen.
- Unterlassen medizinischer Behandlung kranker Häftlinge, die entgegen den ärztlichen Anweisungen zur Zwangsarbeit eingesetzt wurden.
- Auch in den kalten Jahreszeiten waren Häftlinge gezwungen, bis in Hüfthöhe ins Wasser zu steigen, um Schilf und Binsen zu schneiden.
- Die Häftlinge wurden von berittenen Wächtern verfolgt und getreten.
- Häftlinge wurden im Winter völlig unbekleidet zur Arbeit am Dammbau geschickt und mussten zur Bestrafung bis mittags im eiskalten Wasser bleiben.
- Im Sommer wurden Häftlinge mit gefesselten Händen völlig unbekleidet Tag und Nacht den Stechmücken ausgesetzt.
- Schändung der Leichen von Häftlingen.
- Begraben von Häftlingen bei lebendigem Leib.[27]

Aus Zeugenaussagen ehemaliger Häftlinge im KZ-System Bulgariens, das von 1945 bis zu Beginn der siebziger Jahre existierte, lässt sich rekonstruieren, dass in diesen Konzentrationslagern mehr ausgepeitscht, geschlagen und geprügelt wurde als in den anderen kommunistischen Ländern Osteuropas.[28]

Unter der Bezeichnung »Heim zur Erziehung durch Arbeit« existierten in Bulgarien etwa 30 Lager, viele von ihnen in der Gegend von Dobrudscha. Anfang der fünfziger Jahre waren es mit den angegliederten Lagern 76. Das erste Lager im bulgarischen KZ-System, das eröffnet wurde, war Zelenidol nahe der griechischen Grenze. Inhaftiert waren dort Ausländer aus den mit NS-Deutschland verbündeten Staaten sowie Bulgaren, die Verbindung in diese Länder hatten. In diesem Lager waren nahezu 1000 Häftlinge, Männer, Frauen und Kinder eingesperrt.

Im Lager Sveti Vrac – heute Sandanski, ebenfalls an der Grenze zu Griechenland – waren zu Zwangsarbeit beim Bau einer Eisenbahnlinie Verurteilte inhaftiert.

In Bobovdol arbeiteten im April 1945 über 1600 Menschen. Zu ihnen zählten auch die Häftlinge des Vorgängerlagers, die hierher verlegt worden waren.

Als weitere Konzentrationslager entstanden die Lager Kutsian und Bogdanovdol, die beide derselben Leitung unterstanden. Die Häftlinge dort waren zu Zwangsarbeiten in der Produktion von Ziegelsteinen für den Bau von Bergarbeitersiedlungen gezwungen oder mussten in Kohlebergwerken arbeiten.

Ab April 1945 war das Lager Rosica im Norden Bulgariens in Betrieb, wo überwiegend Menschen aus dem Osten des Landes eingesperrt waren. Etwa 900 Häftlinge arbeiteten hier am Bau einer Talsperre.

Das schlimmste Konzentrationslager in Bulgarien war das Lager Lowetsch. Hier wurden die meisten Häftlinge ermordet. Nach seiner Gründung im Jahr 1958 ging es 1959 in Betrieb und nahm mehrere hundert so genannte Unbelehrbare aus Belene auf, das zu diesem Zeitpunkt offiziell geschlossen wurde. Bald waren in Lowetsch über 1000 Menschen eingesperrt. Geplant war dieses Konzentrationslager ursprünglich für 120 Häftlinge.[29] Die politischen Häftlinge waren häufig mit den Strafgefangenen vermischt, die der Verwaltung als Hilfskräfte dienten. Die Unterbringung erfolgte in Baracken in Form von unterirdischen Schlupflöchern. Auf beiden Seiten standen in zwei Stockwerken die Pritschen. Das Stroh war dünn und schimmlig, die Militärdecken völlig zerfetzt. Etwa 100 Menschen schliefen in jeder Baracke, inmitten von Tausenden von Wanzen und unter unerträglichem Gestank. Das Lager war von über zwei Meter hohem Stacheldraht umgeben, etwa alle 50 Meter stand ein Wachturm.

Im Konzentrationslager Lowetsch wurde an sechs Tagen pro Woche jeweils 15 Stunden am Tag hart gearbeitet, sonntags sogar sieben Stunden. Wer die Arbeitsnorm nicht erfüllte, zum Beispiel die Umsetzung von zehn Kubikmetern Sand, durfte danach noch zum »Tanzabend«. Im Lagerjargon bedeutete das, nach dem Abendessen bis spät nachts noch Holz hacken oder Tierfutter in Silos schaufeln zu müssen.

Generell zum KZ-System in Bulgarien sei noch angemerkt, dass es vorwiegend zwischen 1946 und 1950 zu erzwungenen Arbeitseinsätzen kam. Betroffen davon waren Tausende von Menschen, die als »arbeitsscheu« eingestuft wurden. In der Regel hatte man es mit diesen Maßnahmen auf Verwandte von politischen Häftlingen abgesehen, die man mit Zwangsarbeit – Gleis-, Kanal- und Straßenbau – für ihre Bindungen zu einem Volksfeind bezahlen ließ.[30]

Die Konzentrationslager in Albanien

Die ersten albanischen Lager entstanden sofort nach der Machtübernahme durch die Kommunisten im Jahr 1946. In diesen Konzentrationslagern waren Unterdrückung und Ausbeutung der Arbeitskraft eng miteinander verwoben. Man traf dort alle sozialen Klassen an: unter anderem Bauern, die sich der Kollektivierung widersetzten, Arbeiter, die gegen die neuen Arbeitsnormen protestierten, Angehörige der alten Eliten, Intellektuelle und Facharbeiter, Repräsentanten der katholischen Kirche, die besonders verfolgt und gedemütigt wurden. Alle diese Häftlinge wurden ausnahmslos zu Zwangsarbeit verurteilt.

Ebenso wurden zur Trockenlegung von Sümpfen Arbeitskräfte aus den Konzentrationslagern herangezogen, wie etwa Häftlinge aus dem Lager Maliq in der Nähe der Küste. Dieses Lager war lange Zeit das Symbol der stalinistischen Unterdrückung, bevor diese unrühmliche und traurige Ehre auf das Lager Spaç im Zentrum Albaniens überging.[31]

Die Häftlinge aus Maliq wurden bei der Trockenlegung

der Devol-Ebene eingesetzt. Dort gab es fünf Brigaden, das heißt über 2500 Gefangene. Zusätzlich kümmerten sich etwa 500 Personen um Versorgung und Verwaltung. Die Bewacher, der Hunger und die schwere Arbeit sorgten für grausame Haftbedingungen. »Das war schon beinahe ein Vernichtungslager«, meinte Jusuf Vrioni, heute Vertreter Albaniens bei der UNESCO.[32] Und dennoch waren in seinen Augen die Bedingungen – so schlecht sie auch waren – immer noch besser als im Gefängnis: »Während der Isolierung in der Untersuchungshaft hätte man jeden vor die Wahl stellen können zwischen der Zellenhaft mit ihrer nie endenden Angst vor der Erschießung und der Verschickung ins Arbeitslager, und niemand hätte auch nur einen Moment gezögert: Jeder hätte sich für das Lager und das dortige Leid entschieden.«[33] Und auch dies meint Vrioni vollkommen ernst: Sogar die Kranken hielten im Lager durch, »trotz der anstrengenden Arbeit«. Dass sie nicht starben, lag nur daran, dass sie an der frischen Luft lebten und nicht »in diesen feuchten Räumen, in der knappen Luft, wo wir das Gefühl hatten zu ersticken und das Böse nur so auf uns lauerte. [...]« Im Lager dagegen »fehlte es uns im Gegensatz zu den Zellen in Tirana oder in Burrel wenigstens nicht an Sauerstoff. [...] Immerhin versauerten wir da nicht im widerlichen Gestank!«[34]

Vor allem das Gefängnis von Burrel war besonders gefürchtet. Aus diesem alten Zuchthaus, das noch aus der Zeit des Königs Zogu Ende der zwanziger Jahre stammte, kam selten jemand lebend heraus. Dort sperrte man die gefährlichsten »Politischen« ein, außerdem diejenigen, die am weitesten oben in der Hierarchie standen, bevor sie den Säuberungsaktionen zum Opfer fielen.

Die Haftbedingungen waren extrem schlecht: Häftlinge starben in ihren Zellen, sie waren von der Außenwelt völlig abgeschnitten. Jederzeit konnte es Knüppelschläge setzen, die Gemeinschaftszellen waren überfüllt – in einem Raum von fünf mal sieben Metern konnten bis zu 38 Menschen eingepfercht sein.

Jusuf Vrioni berichtet außerdem noch vom Lager Shtyllas. Auch dieses Konzentrationslager war an eine Baustelle gebunden. Zwei Kanäle sollten ausgehoben werden, einer zur Bewässerung und einer zur Entwässerung. Die Arbeitsbedingungen waren insofern besonders erschwert, als man sich ständig mit dafür völlig ungeeigneter Kleidung im Schlamm aufhalten musste. »Wir mussten graben und graben, dann diese schwere Erde auf Karren fortschaffen. Schaufel, Schubkarre, Hacke, monatelang nichts als das. Absolute Monotonie. Erinnerungen an Schlamm.«

Das schlimmste Konzentrationslager Albaniens war das Lager Nr. 303 in Spaç bei Shkodër (Skutari). Die Häftlinge aus Spaç arbeiteten in einer Pyritmine, die an einem Berghang innerhalb des Lagers terrrassenförmig angelegt war. Die Grenze des Lagers markierten Stacheldraht und Wachtürme. Dahinter patrouillierten Soldaten mit Hunden. Einzelne Schätzungen sprechen von 1500 bis 4000 Häftlingen, davon 600 politsche Häftlinge. Der albanische Maler Maks Velo hingegen, der dort einsaß, berichtet, dass das Lager mit »über 1200 Menschen völlig überfüllt« war.[35]

Die Baracken, in denen 300 bis 400 Häftlinge eingesperrt waren, waren in 12 bis 15 »Stuben« unterteilt. In diesen unbeheizten Betonbauten mussten die Gefangenen auf Strohsäcken schlafen. Die Verpflegung bestand aus Suppe mit

Reis, Bohnen oder Makkaroni, kein Fleisch. Immerhin gab es ein Glas Trockenmilch und Brot.

Gearbeitet wurde acht Stunden täglich – und das sechs Tage pro Woche, sofern nicht auch am siebten Tag Strafen angetreten werden mussten. Die Sicherheitsvorkehrungen waren mangelhaft, es kam häufig zu Unfällen. Auch das klassische sowjetische System der Arbeitsnorm kam zur Anwendung. Wer die Norm erfüllte, bekam einen sehr niedrigen Arbeitslohn, der ungefähr einem Sechstel dessen entsprach, was man beim Einsatz außerhalb des Lagers verdiente.

Die meisten Häftlinge hatten in Spaç mehr als acht Jahre abzusitzen. Eine Art der Strafe bestand in ein- bis dreimonatiger Einzelhaft in einer kleinen, fensterlosen Zelle bei reduzierten Essensrationen. Im Jahr 1973 kam es in Spaç zu einem Streik, der als Protestaktion gegen die brutalen Methoden der Wachleute begann und mit einem gewaltigen Armeeeinsatz beendet wurde. Die Aktion forderte zwei Todesopfer auf Seiten der Polizei. Vier Häftlinge wurden zum Tod verurteilt und hingerichtet. Drei Intellektuelle, die 1978 in einem Brief die »Öffnung« des Landes gefordert hatten, wurden ohne weitere Anhörung erschossen.

Der Franziskanermönch Zef Pllumi, Jahrgang 1924, ist ein Überlebender des »albanischen GULAG«. Von seinen langen Aufenthalten – insgesamt 28 Jahre – in den Lagern und Gefängnissen des kommunistischen Regimes berichtet er in seinen Memoiren.[36] In diesem Zusammenhang sei angemerkt, dass das kommunistische Albanien den Atheismus in seiner Verfassung verankert hatte. Nach den gefälschten Wahlen vom Dezember 1945 wurden groß angelegte »Säuberungen« durchgeführt. Im ganzen Land fanden Prozesse statt. Häufig ließ man zur Abschreckung die Leichen der zum Tod Verurteilten nach ihrer Erschießung einfach liegen. Besonders betroffen war damals von diesem Terror der katholische Klerus, aber es traf auch Intellektuelle, Facharbeiter und die griechische Minderheit. Alle Anzeichen von Widerstand wurden brutal unterdrückt. Wer in den Untergrund ging, dessen Haus wurde niedergebrannt und seine Familie in ein Konzentrationslager gesperrt. Ebenso wurde der Franziskanermönch Pllumi kurz nach der Machtübernahme der Kommunisten verhaftet. Die Verwechslung der Begriffe »Franziskaner« und »Franzose« führte dazu, dass man ihm Geständnisse über Spionagetätigkeiten abpressen wollte. Er wurde mehrfach verhört und gefoltert – Brandmarkung mit glühendem Metall, Elektroschocks –, geschlagen und 1948 zum ersten Mal zu drei Jahren Zwangsarbeit verurteilt. Zunächst brachte man ihn in das Lager Beden bei Durrës, wo Tausende Häftlinge unter der Leitung von »Brigadieren« und Ingenieuren – die selbst Häftlinge waren – mit der Trockenlegung der küstennahen Sümpfe zu Zwangsarbeit verurteilt waren. Für die einfachen Gefangenen hatte es katastrophale Auswirkungen, dass einzelnen Häftlingen ein gewisser Einfluss zugestanden wurde. Konkret: Wenn sie auch nur über eine minimale Macht verfügten und gerade zwei Löffel Suppe mehr bekamen als die anderen, schreckten sie nicht davor zurück, brutal Prügel zu verabreichen. Diese »Kapos« waren dort am meisten gefürchtet.

Unter diesen Bedingungen, zu denen sich auch noch Blutegel und Mückenplage gesellten, gruben die Häftlinge einen Kanal. »Arbeit macht den Menschen« wiederholten dabei ihre Bewacher in Sprechchören. Für diese Schwerstarbeit standen nur primitivste Hilfsmittel zur Verfügung. Die Häftlinge waren derart ausgehungert, dass sie häufig unverträgliche Gräser und Kräuter aßen, Schildkröten und alles, was ihnen über den Weg lief. Viele zogen sich Krankheiten zu, andere starben infolge von Erschöpfung und Unterernährung. Pater Pllumi nennt Beden in seinen Erinnerungen ein »Vernichtungslager«.

Konzentrationslager in Griechenland und Ex-Jugoslawien

Die Qualen auf Makronissos und auf anderen griechischen Inseln

Zum besseren Verständnis vorab ein kleiner Exkurs in die neuere Geschichte Griechenlands.

Nach dem Wahlsieg der Royalisten im Jahr 1935 wurde in Griechenland die Monarchie wieder eingeführt. General Joannis Metaxas errichtete mit Billigung des aus dem Exil zurückgekehrten Königs Georg II. in den Jahren 1936 bis 1941 ein diktatorisches Regime nach italienischem und deutschem Vorbild. Diese »Diktatur des 4. August 1936« ging jedoch in den Wirren der folgenden Kriegsereignisse unter. Den italienischen Vorstoß im Epirus am 28.10.1940 hatte die griechische Armee zwar abgewehrt, doch der Einmarsch deutscher und bulgarischer Verbände am 6.4.1941 zwang die Griechen zur Kapitulation. Der König und die Regierung wichen zunächst nach Kreta aus, das aber gegen deutsche Luftlandetruppen nicht gehalten werden konnte.

Gegen die italienische – bis 1943 – und die deutsche Besatzung, unter der es zu Massenerschießungen und Judendeportationen kam, trugen kommunistische und republikanische Widerstandsgruppen einen erbitterten Kleinkrieg aus. Er mündete nach dem Abzug der deutschen Truppen in einen blutigen Bürgerkrieg von 1946 bis 1949, in dessen Verlauf jede Chance auf einen tragfähigen nationalen Konsens verspielt wurde.

König Georg II. kehrte nach einem Volksentscheid für die Monarchie im September 1946 aus dem Exil zurück. Im Pariser Frieden vom 10.2.1947 erhielt Georg II. den Dodekanes zurück. Im Zeichen der Truman-Doktrin von 1947 und des beginnenden Kalten Krieges wurde die griechische Linke aus dem politischen Leben der Nachkriegsjahre brutal ausgegrenzt. Unter der Führung der Konservativen »Griechischen Sammlung« des Marschalls Alexandros Papagos wurde Griechenland in die westliche Verteidigungs- (NATO) und Wirtschaftsgemeinschaft (EWG) integriert.

In den Jahren 1955 bis 1963 suchte die beherrschende politische Bewegung, die »Nationalradikale Union« (ERE) unter Konstantin Karamanlis, Antikommunismus und Westorientierung mit einem vorausschauenden Wirtschaftsförderungsprogramm zu verbinden. Sie hatte Erfolge in der Modernisierung der unterentwickelten Infrastruktur des Landes, versagte jedoch bei der Einlösung der immer stürmischer eingeforderten Demokratisierung.

Nach ihrem Wahlsieg 1964 stellte die »Zentrumsunion«, zu der sich liberale und sozialdemokratisch orientierte Gruppierungen 1961 zusammengeschlossen hatten, mit Georgios Papandreou den Ministerpräsidenten. Sie geriet 1963 mit König Paul I. – 1947 bis 1964 – in einen Verfassungskonflikt, der im Jahr 1967 den Putsch konservativer Offiziere unter Oberst Georgios Papadopoulos provozierte. Die Militärjunta zwang König Konstanin II. – seit 1964 – in die Emigration und rief am 1.6.1973 die Republik aus.

Im Juli 1974 leiteten die Verschärfung des Zypern-Konfliktes und die Invasion türkischer Truppen in Nordzypern, die Griechenland vorübergehend – bis 1980 – wieder aus der Kommandostruktur der NATO ausscheiden ließ, das Ende des Obristenregimes ein. Der aus dem Exil zurückgekehrte Karamanlis gründete die Sammlungsbewegung »Neue Demokratie« (ND) und führte als Ministerpräsident – 1974 bis 1980 – und als Staatspräsident – 1980 bis 1985 – Griechenland zur Demokratie zurück. Ein Volksbeschluss bestätigte am 8.12.1974 die republikanische Staatsform.

Vor diesem Hintergrund der historischen und politischen Entwicklung gab es in Griechenland drei größere Phasen von Verhaftungen und Internierungen in Konzentrationslagern. Erstmals erfolgten Verhaftungen und Deportationen in Konzentrationslager während der Metaxas-Diktatur in den Jahren 1936 bis 1941, nachdem alle politischen Parteien verboten worden waren und Abweichler in Lagern zum Zweck der Internierung konzentriert wurden.

Zwei weitere Phasen von Verhaftungen folgten nach dem Krieg. Die erste Phase setzte 1947 ein, als sich die Monarchisten und die griechische Linke einen erbitterten Bürgerkrieg lieferten. Kommunisten, Demokraten und Pazifisten wurden verhaftet. 50 000 Menschen wurden während dieser Phase in Konzentrationslager verschleppt. Das schlimmste Lager befand sich auf der Insel Makronissos. Auf dieser Insel errichteten die griechischen Royalisten ein mit Stacheldraht umgebenes Konzentrationslager. Hierher wurden Soldaten verschleppt, die im Krieg auf der Seite der Kommunisten gekämpft hatten, ebenso Anhänger der Linken sowie Dorfbewohner, die in einem von der Guerilla kontrollierten Gebiet gelebt hatten und deshalb »verdächtig« erschienen. Insgesamt waren fast 20000 Häftlinge auf Makronissos eingesperrt, mehr als die Hälfte aller Deportierten der damaligen Zeit.

Die Befehlshaber der monarchistischen Streitkräfte betrieben mit diesen Inhaftierungen den Zwang der »Umkehr« der Häftlinge. Ein inhaftierter Kommunist sah dies so: »Sich zu unterwerfen bedeutete nicht nur, dass man eine Reueerklärung unterschrieb, sondern man musste seinen Geist nach ihrem Vorbild umformen. [...] In ihrer Sprache hieß das ›staatsbürgerliche Neuanpassung‹.«[1]

Die Mittel dieser »Erziehung zur Umkehr« waren grob und brutal. Man quetschte den Häftlingen die Hoden, bis sie ohnmächtig wurden. Man zwang sie zu völlig unsinnigen Arbeiten, zum Beispiel völlig sinnlos Steine vom Meer ins Innere der Insel zu tragen und wieder zurück – all das unter Schlägen mit Knüppeln oder Peitschen. Wie in allen Konzentrationslagern ließen die Wächter die Häftlinge sich gegenseitig schlagen. Ein besonderer Teil des Lagers, umgeben von Stacheldrahtzaun, war für besonders »resistente« Häftlinge vorgesehen, die sich hartnäckig weigerten, eine Unterwerfungserklärung zu unterschreiben, mit der sie dem Kommunismus abschwören und sich dem König unterwerfen sollten. Diese Häftlinge wurden mit Zangen gequält oder mussten mit schweren Steinen in den Händen rennen.

Angesichts solcher Qualen wird verständlich, weshalb viele Häftlinge irgendwann alles unterschrieben, was man ihnen vorlegte, wenn sie nur diese Stätte der Qualen verlassen konnten. Sobald sie die Erklärung unterschrieben hatten, wurde sie veröffentlicht. Tausende von Loyalitätsbekundungen zum König erschienen in den Zeitungen.

Ähnlicher Zwang wurde auch in den Konzentrationslagern auf den anderen griechischen Inseln ausgeübt. Auf Jaros wurden Häftlinge zum Beispiel so lange immer wieder geschlagen und gequält, bis sie die Unterwerfungserklärung unterschrieben.

1951 wurden die männlichen Häftlinge von Jaros auf die Insel Agios Evstratios verlegt, die Frauen auf die griechische Insel Trikeri.

Am schwersten wogen die Tatsache, dass die Inhaftierungen auf einem Verwaltungsakt beruhten – der Entscheidung einer Kommission für öffentliche Sicherheit – und die Isolation der Häftlinge. 70 Prozent der Häftlinge waren krank, viele litten an Tuberkulose und starben.

Zwanzig Jahre später – in der dritten Phase von Verhaftungen – wurden nach dem so genannten Obristenputsch im April 1967 wieder Menschen auf die Inseln verschleppt. Mehr als 6000 Regimegegner von der politischen Mitte bis zur extremen Linken wurden auf Jaros und Leros in Konzentrationslagern eingesperrt.

Zuvor wurden die Häftlinge in der Pferderennbahn von Athen oder im Stadion des Athener Fußballclubs AEK zusammengetrieben, Ende April 1967 begannen die ersten Transporte nach Jaros.

General Pattakos, einer der starken Männer der Junta, behauptete zum Schutz nach außen von der Insel Jaros: »Der Ort ist idyllisch, die Häftlinge leben in Zelten oder kleinen reparaturbedürftigen Häusern. Um die Gesundheitsfürsorge kümmert sich eine Ambulanz.«[2] Tatsächlich aber war Jaros alles andere als ein idyllischer Ort, sondern vielmehr ein größeres Felsengebiet im Meer ohne einen Baum, ohne Wasser, bevölkert von Ratten. Als die Häftlinge dort eintrafen, war nichts oder so gut wie nichts vorbereitet. Die hygienischen Verhältnisse waren katastrophal.

Während dieser dritten Phase von Verhaftungen waren die Häftlinge weder angeklagt noch zu bestimmten Strafen verurteilt worden. Sie wurden nicht für Taten verhaftet, die sie begangen hatten, sondern vielmehr für Taten, die sie – wie es im »Schwarzbuch über die Diktatur in Griechenland« steht –, möglicherweise hätten begehen können.[3] Wie zwischen 1947 und 1950 verlangten die Machthaber eine unterzeichnete Erklärung der Häftlinge, dass sie künftig auf jegliche politische Betätigung verzichten würden.

Zwei Konzentrationslager wurden außerdem auf Leros errichtet – Laki und Partheni. In zwei weiteren Lagern waren hauptsächlich junge Leute eingesperrt: in Dionysos, rund 20 Kilometer von Athen entfernt, und in Oropos. In Saloniki gab es Verhörräume und Folterkeller, ebenso in den Lagern, wo die Häftlinge physisch und psychisch gequält wurden. Ein Opfer schrieb, »das ganze Land hat sich in ein riesiges Konzentrations- und Folterlager verwandelt, in ein faschistisches Dachau«.[4]

Knapp zwei Jahre nach dem Putsch der Obristen im Jahr 1967 waren nach Angaben des Roten Kreuzes von ursprünglich rund 6500 Verhafteten immer noch 1900 in Konzentrationslagern. Die Zahl der Häftlinge ging nur sehr langsam weiter zurück, und die letzten Gefangenen wurden erst nach dem Sturz der Obristen 1974 freigelassen.

Als Bosnien 1992 seine Unabhängigkeit proklamierte, war zwar vorhersehbar, dass Serbien diesen Verlust von Macht- und Einflusssphäre nicht tatenlos hinnehmen würde, aber niemand vermochte sich vorzustellen, mit welcher Brutalität und Grausamkeit der Krieg gegen Muslime und Kroaten geführt werden würde. Was in der Sprache der serbischen Propaganda euphemistisch als »ethnische Säuberung« bezeichnet wurde, war de facto Völkermord. Der Krieg in Bosnien-Herzegowina, der im April 1992 begann und im November 1995 endete, ist deshalb zum Inbegriff des Völkermordes im letzten Jahrzehnt des ausgehenden 20. Jahrhunderts geworden.

Es war das Brutalste, was sich seit der NS-Diktatur in Europa abgespielt hatte, und die Zerstörung des kleinen Vielvölkerstaates rief die Erinnerung an die Ruinen nach den Bombardierungen im Zweiten Weltkrieg wach. Die Methoden der »ethnischen Säuberung«, die zur Gebietseroberung angewandt wurden, ließen sämtliche Lektionen des Zweiten Weltkriegs außer Acht, die in den Genfer Konventionen ihren Niederschlag gefunden hatten.

Als Jugoslawien nach Titos Tod zusammenbrach, war der Ruf der jugoslawischen Bundesarmee irreparabel beschmutzt, denn unter Milosevics Führung koordinierte und unterstützte die Armee viele der Milizen, die die schmutzige Arbeit des Mordens erledigten. Das waren keine isolierten, sporadischen Akte, begangen von Amok laufenden Milizgruppen. Im Gegenteil – die Art und Weise, in der sie begangen wurden, ihre Ritualisierung, ihre Dauer und schließlich

die Form, in der sie im gesamten Gebiet unter der Kontrolle der Armee ausgeführt wurden, lassen nur den Schluss zu, dass diese Verbrechen das Ergebnis einer systematischen und gezielten Politik sind, geplant und koordiniert auf den höchsten politischen und militärischen Ebenen der jugoslawischen Regierung.

Der Krieg begann am 6. April 1992 mit dem Angriff auf bedeutende Städte wie Bijeljina und Zvornik an der bosnisch-serbischen Grenze durch die jugoslawische Armee und mit ihr verbündete paramilitärische Gruppen, gefolgt von der Belagerung Sarajewos. Von Kriegsbeginn an wurde Terror angewandt, um die Völkergemeinschaften voneinander zu trennen. Die im Folgenden aufgelisteten Verbrechen belegen die eklatanten Verstöße der Serben gegen das humanitäre Völkerrecht und Kriegsrecht:

- Beschießung der Zivilbevölkerung, erst in Sarajewo, dann in den belagerten Dörfern,
- Massaker während der Eroberung, dann die zwangsweise Evakuierung von Zivilpersonen, um die ethnische Struktur dieses bestimmten Gebiets zu verändern,
- illegale Internierung der Zivilbevölkerung in Konzentrationslagern, Folterung, systematische Vergewaltigung, summarische Hinrichtungen,
- Aneignung und Plünderung von Zivileigentum,
- systematische Zerstörung des kulturellen und religiösen

Gegenüberliegende Seite: Die meisten Überlebenden im Bosnienkrieg wurden wie hier in ein Konzentrationslager gebracht, wo sie auf dem Fußboden in offenen Viehställen von August bis Dezember 1992 festgehalten wurden.

Soeben festgenommene muslimische Gefangene werden im Juli 1992 in einem Konzentrationslager im serbisch kontrollierten Nordbosnien von den serbischen Wachen wie Schafe geschoren.

Erbes mit dem alleinigen Ziel, jede Spur von Nicht-Serben in den eroberten Gebieten auszulöschen,
- die Verwendung von Gefangenen als menschliche Schutzschilde an der Front und in Minenfeldern sowie die Aushungerung von Zivilpersonen, die Widerstand leisteten.

Gewalt erzeugt Gewalt. 1993 traten die Kroaten, ermutigt durch Milosevics Terrorkampagne gegen die Muslime und das konsequente Leugnen eines Völkermords durch die westlichen Mächte, in den Krieg gegen ihre ehemaligen muslimischen Verbündeten ein, wobei sie viele Methoden der Serben übernahmen – Terror, Deportationen, Konzentrationslager, unterschiedsloses Bombardement von Zivilpersonen, Massaker, Blockierung humanitärer Hilfe, Zerstörung religiöser Heiligtümer und Aneigung von Eigentum. Diese schweren Verstöße fanden allerdings in einem kleineren Maß statt als durch die Serben.

In einem umfänglichen Bericht an die Vereinten Nationen kam eine Expertenkommission unter Vorsitz von Cherif Bassiouni von der DePaul University in Chicago zu dem Schluss, dass global 90 Prozent der Verbrechen, die in Bosnien-Herzegowina begangen wurden, serbischen Extremisten zuzuschreiben seien, sechs Prozent kroatischen Extremisten und vier Prozent muslimischen Extremisten. Dies entspricht im Großen und Ganzen ebenso einer Bewertung des CIA.

»Die Leichen häufen sich« – Berichte aus den Konzentrationslagern

»Die Leichen häufen sich. Es gibt nichts zu essen. Man kann nicht atmen. Keine medizinische Versorgung, katastrophale hygienische Verhältnisse« – so und ähnlich lauten die Berichte von Überlebenden.[5]

Die serbischen Eroberer haben Konzentrationslager errichtet, in denen viele Zivilisten hingerichtet wurden oder verhungerten. Weitere Tausende wurden gefangen gehalten, bis sie starben.

In einem der Konzentrationslager, einem ehemaligen Eisenerzkombinat in Omarska in Nordwestbosnien, wurden mehr als 1000 muslimische und kroatische Zivilisten in Metallkäfigen ohne sanitäre Anlagen, ohne angemessene Verpflegung, ohne körperliche Bewegung oder Verbindung mit der Außenwelt gefangen gehalten, wie ein ehemaliger Gefangener berichtet, der die Hilfsorganisationen bat, seinen Namen nur mit »Meho« anzugeben.

Unter den Gefangenen im Lager, sagte er, habe sich die gesamte politische und kulturelle Elite der Stadt Prijedor befunden. Bewaffnete serbische Wachen hätten alle paar Tage Gefangene in Gruppen von zehn oder 15 hingerichtet, berichtete er.

»Sie führten sie zu einem nahe gelegenen See. Man hörte eine Gewehrsalve, und dann kamen sie nicht mehr zurück« – so weiter Meho.

»Ich glaube, wenn diese Orte keine Todeslager wären, bekämen wir auch Zugang zu ihnen«, sagte seinerzeit Pierre André Conod, Leiter der Delegation des Internationalen Komitees des Roten Kreuzes in Zagreb, die die Lage in Nordbosnien beobachtete. »Wenn die Bedingungen in den Lagern akzeptabel wären, würde das ein Grund sein, sie uns zu zeigen.« Das Rote Kreuz konnte sich zweimal Zugang zu dem Lager in Manjaca verschaffen, das die bosnischen Serben als »Kriegsgefangenenlager« bezeichneten, tatsächlich aber ein Konzentrationslager war.

In einem weiteren Konzentrationslager in einem Zollspeicher am Ufer der Sava – in der Stadt Brcko in Nordostbosnien – wurden nach Angaben von Alija Lujinovic, einem Verkehrsplaner, der Gefangener dieses Lagers war, allein zwischen Mitte Mai und Mitte Juni 1992 1350 Menschen ermordet. »Den Häftlingen in Brcko wurden von den Wachen die Kehle durchschnitten, oder sie wurden erschossen«, berichtete er.

Meho, damals 63 Jahre alt, ein Bauunternehmer aus der nahe gelegenen Stadt Kozarac, wurde von einem Arzt aus seiner Heimatstadt überredet, für ein zweistündiges Gespräch mit Leuten vom Roten Kreuz sein Versteck zu verlassen. Meho sagte, dass er im Juni (1992) eine Woche lang in Omarska gefangen gehalten worden sei, bevor man ihn wegen seines Alters, wie er glaubte, entlassen habe. Er wurde in einem Eisenerzverlader gefangen gehalten, in einem 60 bis 70 Quadratmeter großen Käfig, zusammen mit 300 anderen Männern, die darauf warteten, von der Lagerleitung abgefertigt zu werden – so der Bericht Mehos. »Die Metallaufbauten enthielten Käfige, von denen jeweils vier übereinander gestapelt und durch Gitter getrennt waren. Es gab keine Toiletten, und die Gefangenen mussten in ihrem eigenen Unrat leben, der durch die Gitter tropfte.«

Meho berichtete außerdem, drei Leute hätten zu fliehen versucht, indem sie durch ein offenes Rohr vom obersten Käfig auf den Boden gesprungen seien, aber nach ihrem Sturz aus 20 Meter Höhe seien alle erschossen worden. Meho sagte außerdem, er habe auch von anderen Gefangenen gehört, dass während der einen Woche, die er im Konzentrationslager Omarska war, 35 bis 40 Männer einen qualvollen Tod gestorben seien, nachdem sie brutal zusammengeschlagen worden waren.

Die internationalen Hilfsorganisationen erklärten, die Aussage Mehos in Gegenwart von Vertretern des bosnischen Roten Kreuzes/Roten Halbmonds sei die erste Bestätigung ihres Verdachts gewesen, dass Omarska als Konzentrations- und Vernichtungslager fungiert habe. Sie erklärten damals, sie hätten schon seit über einem Monat Gerüchte über solche Lager gehört, aber niemand habe bislang mit einem Überlebenden gesprochen.

Als er vom 3. bis 10. Juni in Omarska war, sagte Meho, sei jeder der vier Käfige in dem Eisenerzverlader voller Gefangener gewesen, und andere Gefangene schätzten die Zahl der Häftlinge dort auf etwa 8000. Die offizielle bosnische Staatliche Kommission für Kriegsverbrechen, eine Regierungsstelle, die eingerichtet worden war, um Kriegsverbrechen zu dokumentieren, schätzte in einem Bericht an den UN-Hochkommissar für Flüchtlinge die Zahl der Gefangenen in Omarska auf 11 000. Omarska war damit das größte der 94 Lager, die der Kommission bekannt wurden.

Nach Angaben eines weiteren Augenzeugen, den die bosnische muslimische Wohlfahrtsorganisation *Merhamet* zitiert hatte, wurden auch in einer ehemaligen Eisenerzgrube im Tagebau Tausende Männer unter freiem Himmel gefangen gehalten.

Der UN-Hochkommissar für Flüchtlinge veröffentlichte einen weiteren Bericht, in dem ein Wachposten in Omarska zitiert wird, der einem UN-Beobachter mitgeteilt hatte, dass die Behörden planen, die Häftlinge in Omarska umzubringen, indem sie sie schutzlos den Elementen aussetzten. »Wir werden unsere Kugeln nicht an sie verschwenden. Sie haben kein Dach über dem Kopf, aber Sonne und Regen, kalte Nächte und zweimal am Tag Schläge. Wir geben ihnen nichts zu essen und kein Wasser. Sie werden wie Tiere verhungern«, hieß es in dem Notstandsbericht des UN-Hochkommissars für Flüchtlinge, der anlässlich einer Sonderkonferenz über die bosnischen Flüchtlinge veröffentlicht wurde.

Wie so viele andere Flüchtlinge erklärte auch Meho, dass er regelmäßig geschlagen wurde und Zeuge von Gräueltaten wurde, als er in Omarska und für kurze Zeit in zwei anderen

Im Zuge der »ethnischen Säuberungen« deportierten serbische Behörden Tausende von Bosniern in verschlossenen Güterwagen. Began Fazlic hat sich in Zagreb für den Fotografen in einen Güterwagen gesetzt, der dem ähnelt, in dem er drei Tage und Nächte gefahren war.

Lagern auf dem Weg dorthin gefangen gehalten wurde. Als er nun hier befragt wurde, sagte er, er könne kaum seinen linken Arm heben, und wenn er lachte, zeigte er einen fast zahnlosen Mund. Sieben Zähne waren ihm bei den von ihm beschriebenen Misshandlungen ausgeschlagen worden. Meho sagte, die bosnische serbische Armee habe ihn am 27. Mai (1992) in seiner Heimatstadt Kozarac verhaftet. »Sie befestigten rote Kreuze auf ihren Ärmeln und an den Panzern und riefen: ›Gebt auf! Das Rote Kreuz wartet auf euch. Man wird euch schützen‹«, erinnerte sich Meho. Aber als sie zu den Bussen gingen, sagte er, hätten Soldaten mit Schlagstöcken an der Tür gestanden. »In jedem Bus waren drei bewaffnete Wachen. Sie sagten einem, wenn man den Kopf heben würde, würden sie ihn mit einer Kugel durchbohren.«

Muslimische Vergewaltigungsopfer in Tuzla.

Die Konzentrationslager waren in aller Hast errichtet worden. Meho wurde zuerst nach Keraterm gebracht, einer Keramikfabrik in der Stadt Prijedor, und dann nach Ziglana, einer benachbarten Ziegelei, bevor man ihn in Omarska einsperrte. Er sagte, er sei herausgegriffen worden, weil die Behörden den Vedacht gehabt hätten, seine zwei Söhne hätten gegen die Serben gekämpft. »Ihre Methode war die, dich für ein Verhör zu holen und dann zu sagen, dass man dich freilassen würde, wenn du etwas über die anderen verrätst. Jeder beschuldigte die anderen, um sich zu retten. Aber sie entließen niemanden«, sagte er.

In dem Eisenerzverlader in Omarska waren die Menschen so eng zusammengedrängt, dass »es keinen Platz gab, um

Ihre Väter und Brüder wurden in Konzentrationslager verschleppt. Ihre Mütter wurden allein durch ein Kriegsgebiet geschickt. Dann wurden die Töchter systematisch vergewaltigt und entlassen. Das Bild zeigt die Vergewaltigungsopfer zusammen mit ihren Müttern.

sich hinzulegen. Man schlief langsam ein und fiel dann gegen seinen Nebenmann.« Brot wurde alle drei Tage verteilt, ein Zweipfundbrot für drei Personen, und nach einer Woche bekamen die Gefangenen einmal am Tag eine kleine Tasse dünner Suppe.

Meho erklärte in dem zweistündigen Gespräch, die Wachen hätten ihn jede zweite Nacht zu Verhören geholt und geschlagen. Er habe den Mann, der ihn verhörte, einen Lehrer aus Bosanski Novi, und zwei andere Wächter, einer von ihnen ein Kellner in einem Restaurant, gekannt, aber alle hätten so getan, als würden sie ihn nicht kennen.

»Die Serben richteten einige der Bosnier, die sie gefangen

genommen hatten, mit Pistolen hin, aber sie bevorzugten die Methode, ihnen die Kehle durchzuschneiden«, berichtete ein weiterer Überlebender, Alija Lujinovic. Dann seien die bestialisch Hingerichteten nackt ausgezogen und in die Sava geworfen worden.

»Sie sagten immer, sie füttern die Fische«, erinnerte sich Alija Lujinovic.

So kam es nach Angaben der bosnischen Staatlichen Kommission für Kriegsverbrechen zu einem der schrecklichsten der dokumentierten Massaker in diesem von den Serben geführten Krieg in Bosnien. Bei einem sechswöchigen Massaker von Anfang Mai 1992 bis in die ersten Juniwochen im Konzentrationslager Brcko und den umliegenden Regionen wurden mindestens 3000 Menschen ermordet, die höchste Zahl von Toten in einem der 94 Lager, die die Kommission dokumentiert hat.

Lujinovic, ein damals 53 Jahre alter Muslim, sagte, dass er einer der nur 150 überlebenden Gefangenen sei, von 1500, die Anfang Mai in das Lager gekommen waren. »Nachdem sie neun Zehntel der Gefangenen massakriert hatten, wandten sich die Wachen gegen die Einwohner der Stadt, die noch nicht gefangen genommen worden waren«, berichtete er. »Statt die Leichen in die Sava zu werfen, befahlen sie später Gefangenen, sie zu einer Tierfutterfabrik zu fahren« – so Lujinovic. Die Gefangenen hätten die Leichen nicht selbst in den Ofen geworfen, aber sie hatten allen Grund zu der Annahme, dass die Leichen für Tierfutter verbrannt wurden, weil die Luft in Brcko an jenem Tag so fürchterlich gestunken habe, dass man die Fenster nicht habe öffnen können. Lujinovic berichtete außerdem, dass er Zeuge fast aller Formen von Demütigung geworden sei, die die Serben ihren muslimischen Gefangenen antaten – von der Entweihung der dortigen Moschee in Brcko bis zur Ermordung und Verstümmelung männlicher Gefangener und der Massenvergewaltigung muslimischer Frauen.

»Manchmal wurden die Gefangenen schrecklich verstümmelt, bevor man sie in die Sava warf. Der allerschlimmste Tag – und ich habe es mit eigenen Augen gesehen – war der, als ich zehn junge Männer in einer Reihe liegen sah. Man hatte ihnen die Kehle aufgeschlitzt, die Nase abgeschnitten und die Genitalien ausgerissen. Das war das Schlimmste, was ich je gesehen habe.« Ein serbischer Wachposten sei vor die Gefangenen getreten, die gezwungen worden waren, dem Morden zuzuschauen. Er hätte ein selbst gebasteltes Drahgerät gehabt, an dessem langen Griff drei Zacken befestigt waren. »Er drohte, uns zu kastrieren«, sagte Lujinovic.

»Die ersten, die hingerichtet wurden, waren die Mitglieder der muslimischen politischen Partei und die bosnische Bürgerwehr«, sagte er. »Sie haben Namen gerufen, die Gefangenen herausgeholt und mit dem Morden begonnen. Wir haben dann immer drei Schüsse gehört, und der Mann kam nicht zurück«, erinnerte sich Lujinovic.

»Aber sie änderten bald ihre Methode und fingen an, den Gefangenen die Kehle durchzuschneiden«, sagte er. »Sie befahlen ihnen, sich hinzulegen, und legten ihren Kopf auf einen Betonblock. Die Wachen schnitten ihnen dann die Kehlen durch. Ich habe es mit eigenen Augen gesehen.«

Lujinovic erklärte, dass er aus Bosnien habe entkommen können, weil er seine gesamten Besitztümer den neu eta-

blierten serbischen Behörden in einem eigens für diese Zwecke eingerichteten Amt überschrieb. Dort traf er einen Serben, den er kannte und der erstaunt zu sein schien, ihn zu sehen. Er erinnerte sich, wie dieser Serbe sagte: »Großer Gott! Bist du noch immer am Leben?« Nachdem er vier Stunden gewartet hatte, bekam Lujinovic einen Pass, mit dem er Bosnien verlassen konnte, und am 13. Juli 1992 nahm er den Bus nach Nordserbien und fuhr dann über Ungarn nach Kroatien.

Niemand aus der Generation nach dem Zweiten Weltkrieg hätte sich vor Kriegsbeginn in Bosnien vorstellen können, dass in Europa noch einmal Konzentrations- und Vernichtungslager dieses Ausmaßes errichtet werden könnten. Zusammenfassend sei aus dem Bericht von Ed Vulliamy[6] zitiert, der als einer der ersten Journalisten die Existenz von Konzentrations- und Vernichtungslagern in Ex-Jugoslawien öffentlich machte:

»In jenem August 1992, als meine Kollegen und ich vom britischen Fernsehsender ITN aus unseren Fahrzeugen stiegen, ließ sich schwer sagen, wer von uns mehr überrascht war, den anderen zu sehen. Vor uns lag eine Landschaft menschlichen Elends, die aus einer anderen Zeit zu stammen schien: Hinter einem Stacheldrahtzaun drängten sich Männer, manche bis zum Skelett abgemagert, hohlwangig, jede einzelne Rippe unter der faulenden Haut zu erkennen. Sie hingegen erblickten ein Kamerateam und eine Schar Re-

Gegenüberliegende Seite: Nachdem die serbischen Behörden das Konzentrationslager Omarska im August 1992 geschlossen hatten, verlegten sie 1571 Gefangene in dieses Lager in einem Schulgebäude.

porter, die über das vertrocknete Sommergras auf sie zukamen.

Dies war Logor Trnopolje, eine riesige Ansammlung von Menschen im Elend – verängstigt, von der Sonne verbrannt, von Haus und Hof vertrieben. Einer davon war Fikret Alic, dessen ausgezehrter Torso hinter spitzen Stacheldrahtknoten zum dauerhaften Symbol für den Krieg in Bosnien, seine Grausamkeit und sein Echo der schlimmsten Katastrophen unseres Jahrhunderts werden sollte. Alic war aus einem weiteren Lager gekommen, Kereterm, wo er weinend zusammengebrochen war, nachdem er den Befehl erhalten hatte, etwa 150 Leichen wegzuräumen, die noch von dem Massaker der Nacht zuvor dalagen.

Ich ging nach Trnopolje hinein, vorbei an Familien, die auf dem Boden einer ehemaligen Schule aneinander gedrängt waren, vorbei an stinkenden Löchern, die als Latrinen in den Boden gegraben worden waren. ›Ich kann Ihnen nicht alles sagen, was hier vor sich geht‹, sagte ein junger Internierter, Ibrahim Demirovic, ›aber sie tun, was sie wollen.‹ Einem gütigen Arzt, Idriz, war die Leitung eines ›medizinischen Zentrums‹ übertragen worden, wo er uns einen nicht entwickelten Film übergab. Er zeigte seine Patienten, die buchstäblich grün und blau geschlagen worden waren.

Am Tag nach der Entdeckung der Lager Trnopolje und Omarska schreckte ich wegen der unweigerlichen Assoziation mit den bestialischen Methoden des Dritten Reiches davor zurück, sie als Konzentrationslager zu bezeichnen. Ich argumentierte, dass wir sehr vorsichtig sein müssten, um die Völkermorde unserer Zeit nicht mit dem Holocaust in einen Topf zu werden, der einmalig und unverwechselbar gewesen sei. Auch wenn in dem GULAG serbischer Lager Tausende vorsätzlich ermordet wurden, ließ sich das mit dem industrialisierten Massenmord der Nazis an Juden und anderen vergleichen?

Bei näherer Betrachtung ist jedoch *Konzentrationslager* genau der richtige Begriff für das, was wir an jenem Tag entdeckten. Denn hier wurde die Zivilbevölkerung buchstäblich *konzentriert* – in Kolonnen an Orte geschleppt oder in Bussen herangekarrt mit dem rechtswidrigen Ziel der Misshandlung, der Folter, des Missbrauchs, des Tötens und – was ausschlaggebend war – der zwangsweisen Verlegung oder der ›ethnischen Säuberung‹. Tatsächlich stellte die unabhängige Expertenkommission der UN nach einer einjährigen Untersuchung fest, dass Trnopolje ein Konzentrationslager sei und die Lager Omarska und Keretem ›de facto Vernichtungslager‹.«

Konzentrationslager in Asien und Lateinamerika

Das KZ-System in China

Im chinesischen KZ-System gab es und gibt es mehrere institutionelle Ebenen: Die *Laogai,* eine Abkürzung für *laodong gaizao* – »Besserung durch Arbeit« –, die *Laojiao* – »Umerziehung durch Arbeit« – und die *Jiuye* – »Arbeitsverpflichtung«. Im Folgenden dient *Laogai* als Sammelbegriff für die Bezeichnung des chinesischen KZ-Systems.

Die ersten von den Kommunisten errichteten Konzentrationslager existierten in den von ihnen kontrollierten Zonen. Diese Phase verlief ziemlich chaotisch und besonders schwierig für die Gefangenen. Wie in der UdSSR kam es zu Folterungen und Übergriffen durch die Lagerleitungen, die durch keinerlei von zentraler Stelle ausgegebene Regeln diszipliniert wurden. Über allem hing zudem das Damoklesschwert der Hinrichtung, überwiegend durch Erschießen.

Ab 1952/1953, in der Phase des so genannten Aufbaus des Sozialismus, wurden die *Laogai* auf organisatorischer Ebene vereinheitlicht. Im Juni 1952 erinnerte eine nationale Konferenz über *Laogai-Arbeit* daran, dass »politische Umformung und Besserung durch Arbeit, Strafe und Erziehung kombiniert werden« müssten. Die Konzentrationslager sollten jetzt nach militärischem Vorbild neu organisiert und politischen Kommissaren unterstellt werden. Damit begann jetzt die Zeit der großen Lager.

Im April 1953 kritisierte ein hoher Funktionär auf einer nationalen Konferenz über Justizarbeit die hohe Zahl der Fehlurteile und Folterungen. Es setzte von da an bis 1957 die Welle einer gewissen Entspannung ein. Es kann aber keine Rede davon sein, dass die Schrecken der Lager deshalb verschwanden.[1]

Die *Laogai* lehnte sich in der Anfangsphase an das sowjetische Modell an. James Seymour[2] nennt als theoretischen Bezugspunkt für die Initiatoren der chinesischen Lager vor allem Bogdanow, obwohl es diesen GULAG damals schon nicht mehr gab. Für diese chinesisch-russische Kooperation in den fünfziger Jahren gibt es einige Beispiele. So wirkten sowjetische Lagerexperten im »Führungskomitee für Besserung durch Arbeit der reaktionären Elemente des Nordwestens« mit sowie bei der Einrichtung des Lagers von Shijing bei Kanton, bei der Organisation der Zwangsarbeit in einer Kohlemine bei Fushun und bei der Ausgestaltung des Lagers Caokejing bei Shanghai.

Während der Kampagne gegen die Rechtsabweichler von 1958 führte die politische Radikalisierung zu einer Etablierung von Zwangsarbeit. Es gab keine geregelten Arbeitszeiten mehr. Brutal geschuftet werden musste bis zu 16 Stunden am Tag und mehr. Im Herbst 1959 erfolgte für einige Häftlinge eine Amnestie. Nach den Freilassungen gab es ähnliche Szenen, wie sie Zeugen aus Nordkorea (siehe Seite 299) berichten. Jean-Luc Domenach spricht von einem »demütigenden Ritual der Amnestie – strenge, pathetische

Reden der vor Gesundheit strotzenden Funktionäre einerseits, unterwürfige Danksagungen ausgemergelter ›neuer Menschen‹ andererseits. Überdies ›baten‹ manche Begnadete darum, als ›freie Gefangene‹ bleiben zu dürfen.«[3]

Gefangene in besonders schlechtem Zustand wurden auf der Staatsfarm von Qinghe in Hebei, dem so genannten Zentrum für Rekonvaleszenz Nr. 585, isoliert, um bei den übrigen Zwangsarbeitern die Verzweiflung einzudämmen. Ihre Leichen wurden an drei Sammelstellen aufgetürmt und nachts vergraben.

Die Hungersnot wütete auch außerhalb der Lager. Harry Wu[4] erinnert sich an einen entflohenen Häftling, der bis nach Peking kam und sich dort der Polizei stellte, weil die Lebensbedingungen dort kaum besser waren.

Ab 1960 stieg die Sterblichkeit spürbar an. Die Rationen Getreide wurden durch Kräuter, entkörnte Maiskolben, Getreidespelzen, Kartoffelkraut, Algen und Abfälle aus den Ölpressen ersetzt. Im Jahr 1961 hatte sich die Situation so sehr verschärft, dass Häftlinge die Erlaubnis erhielten, bei Angehörigen in weniger betroffenen Gebieten um Hilfe zu bitten oder das Lager zum Nachlesen auf den Feldern zu verlassen.

Betroffen waren vom Hunger sogar die Aufseher. »Trotz dieser Tatsache besteht jedoch ein großer Unterschied zu den sowjetischen Lagern, wo die Wärter immer genügend und sogar hervorragendes Essen bekamen, weit mehr noch zu den nationalsozialistischen KZs, wo das Wohlergehen der SS-Bewacher in dem Maße stieg, in dem die Entbehrungen der Häftlinge zunahmen.«[5]

Da Mao, der die Katastrophe ausgelöst hatte, diese leugnete, wurde das Lagerregiment kaum gelockert. Schon deshalb nicht, weil Menschen, die nichts mehr zu verlieren hatten, nach Maos Auffassung alles zuzutrauen war.

Ab 1972 entspannte sich dennoch die Situation im chinesischen KZ-System. Hygienische Verhältnisse und Verpflegung wurden erträglicher, aber der Umgang mit den Häftlingen blieb äußerst brutal. Zwar wurden manche während der so genannten Kulturrevolution gefällten Urteile überdacht und die Lebensumstände der freien Häftlinge verbessert, aber »reaktionäre« Äußerungen konnten unter anderem zu einer Verlängerung der Haft um Monate oder gar Jahre führen. Deshalb blieb das Prinzip bestehen, »dass das Geschick des Verurteilten von seinem Verhalten abhänge und er bis zu seiner hypothetischen Verwandlung zu einem ›neuen Menschen‹ unbegrenzt weiter verurteilt werden könne«.[6]

Unter Deng Xiaoping kam es zu weiteren Veränderungen. Ab Mitte August 1983 übernahm das Justizministerium wieder die Leitung der *Laogai,* wobei die Staatssicherheit die Verantwortung für die Gefängnisse und die *Laojiao* (siehe oben) behielt. Es gab jedoch Ausnahmen. So unterstand zum Beispiel das wichtigste Gefängnis für politische Gefangene der Eisenbahn! Es entstanden auch Schulen für die Lagerpolizei.

Die Einrichtungen für »Besserungsarbeit« funktionierten auf selbständigerer Basis – im Hinblick auf die Produktion ebenso wie bei den Institutionen und Löhnen. »Im Jahr 1983 wandelte Deng alle Lager in autonome wirtschaftliche Gebilde wie eine Firma oder Fabrik um. Die Leiter müssen die Uniformen, die Löhne, die Ausbildung der Aufseher sowie die der qualifizierten Arbeiter bezahlen, aber wenn sie ihre Aufgaben decken, profitiert das Personal davon. Der Gefängnsidirektor der alten Art hat sich zum Firmenchef gewandelt. Seine Gewinnmarge hängt von der Arbeit ab, die er aus den Gefangenen herausholt.«[7]

Anfang der neunziger Jahre bildeten die Lager noch immer den Kern des gesellschaftlichen Kontrollapparates der kommunistischen Partei, wobei die Zahlen der Häftlinge etwas zurückgingen, vor allem die der politischen Gefangenen. Ab Ende Dezember 1994 trat an die Stelle des Begriffs *Laogai* der Ausdruck *Giayu* (für »Gefängnis«). Statt *Laogai* wird jetzt entsprechend *Giayu* für die Gefangenen gebraucht. Im Blatt zur Veröffentlichung der Gesetzeswerke heißt es am 7. Januar 1955: »Unsere Beziehungen zur internationalen Gemeinschaft erfordern eine veränderte Bezeichnung unserer *Laogai*, sie ist außerdem im Rahmen unseres Kampfes für die Menschenrechte auf internationaler Ebene günstig.«[8]

Der Begriff *Laogai* verschwand demnach, doch Charakter und Aufgaben im KZ-System blieben unangetastet. Mit dem Siegeszug des »Ökonomismus« verloren zwar die Haftbedingungen an Strenge. Die Aufseher waren brutal, aber auch bestechlich. Übereinkünfte mit den Familien wurden möglich. Die Kommunikation mit der Außenwelt wurde besser, die meisten entlassenen Häftlinge konnten nach Hause zurückkehren.

Eine »Umerziehung« fand nur noch als Ritual statt. Aber das neue Gesicht der *Laogai* in den neunziger Jahren änderte kaum etwas an der Realität. Die Verpflegung wurde etwas besser, aber die Überfüllung der Lager, die unzulängliche Ausstattung, die obligatorische Uniform mit der Nummer des Häftlings, die Arbeit im Bergbau, der Textilindustrie und im Maschinenbau blieben. Daran hat sich auch kaum etwas bis in unsere Zeit geändert.

So weit die historische Entwicklung des chinesischen KZ-Systems. Zum besseren Verständnis eines typischen *Laogai*-Lagers sei das Konzentrationslager von Yingde etwas näher betrachtet[9], weil darüber genauere und umfänglichere Informationen vorliegen, nämlich durch Progagandaschriften – weil es mehrfach als Musterlager galt –, Augenzeugenberichte und Artikel der taiwanesischen und Honkonger Presse, zumal viele Auslandschinesen dort gefangen gehalten worden sind. Dieses Lager wird je nach Fall »Farm« oder »Lager« Yingde genannt, doch seine offizielle Bezeichnung war »*Laogai*-Brigade Nr. 3 der Provinz Guangdong«, und es firmierte als »Vereinigte Unternehmen des Neuen Lebens mit lokaler Verwaltung in Yingde«.

Es ist nicht ganz klar, warum man gerade hier einen sehr ausgedehnten Strafkomplex gründete. Einem ehemaligen Häftling zufolge war das Gelände unkultiviert und nur von Räubern und wilden Tieren bewohnt. Jedenfalls dehnt sich das Lager nach Westen hin in ziemlich abschüssiges Gelände aus. Möglicherweise nutzten die Behörden Boden, der bei der Agrarreform beschlagnahmt worden war. Auch das Vorkommen von Bodenschätzen könnte eine wichtige Rolle gespielt haben.

Berichten zufolge wurde das Lager 1952 gegründet, als die Agrarreform in Guangdong besonders radikal war. Die ersten Häftlingskontingente mussten Straßen anlegen, Gebäude errichten und nebenher noch für ihre Ernährung sorgen. Nachschub brachten die brutalen Säuberungskampagnen, die in der Provinz stattfanden. Im Jahr 1954 soll das

Lager 20 000 Häftlinge gehabt haben und drei Jahre später 30 000 Gefangene. Auf jeden Fall war Yingde schon Mitte der fünfziger Jahre das berüchtigste Lager in Guangdong, und schon seine Erwähnung genügte, um die Bevölkerung in Angst und Schrecken zu versetzen.

Zur Ernährung der Häftlinge baute man zunächst Getreide an, doch die Erträge waren nicht ausreichend genug, sodass man auf einen Anbau umstellte, der für dieses hügelige Gelände geeignet war: den »roten Tee aus Yingde«, der in der Provinz und in Hongkong Berühmtheit erlangte. Ein eklatanter Zwischenfall im Jahr 1955 dürfte diese Umorientierung beschleunigt haben. Anlässlich einer Inspektion stellte Tao Zhu, ein hoher Provinzfunktionär, fest, dass der Direktor einen falschen Bericht über die Situation des Lagers vorgelegt hatte, in dem er behauptete, dass die Sterblichkeit mit »nur« 163 Toten 1954 niedriger gelegen habe als in den benachbarten Lagern. Die Wirklichkeit sah aber weit schlimmer aus mit über 1000 Toten in diesem Jahr, sodass ein Massengrab geschaufelt werden musste. Die Gründe waren Hinrichtungen – mehrere Dutzend –, Arbeitsunfälle und vor allem Epidemien aufgrund der mangelnden Hygiene und der unzulänglichen Ernährung.[10]

Die wirtschaftliche Diversifikation beschränkte sich nicht auf die Teeplantagen, sondern erstreckte sich auch auf Bergbau und Industrie. Anfang der sechziger Jahre herrschten wegen der Katastrophe des Großen Sprungs furchtbare Zustände. In einer Bergbaubrigade von 1000 Gefangenen starben 1961 bis zu drei pro Tag. Achtzig Prozent der Häftlinge einer Arbeitsgruppe litten an Hungerödemen, zehn Prozent an Typhus und fünf Prozent an Tuberkulose. Dieses Drama spielte sich in einem Lager ab, das Lai Ying als »regelrechte Stadt« bezeichnete: viele Baracken, Verwaltungsbüros, Silos, Schulen, Werkstätten, Fabriken, ein Kalkofen, ein Krankenhaus und die Kasernen für die Aufseher. Das Ganze umgab ein Netz von Reisfarmen, Plantagen – Bambus, Zuckerrohr und vorwiegend Tee –, Bergwerken und Industrieanlagen – Zuckerraffinerie, Aroma- und Zahnpastaherstellung, Maschinenbau.

Viele Häftlinge trugen Ketten an den Knöcheln. Widerspenstige sperrte man in winzige so genannte Disziplinarzellen, wo häufig gefoltert wurde. Diese Zellen waren noch in den siebziger Jahren zu sehen, sie hatten nur eine vergitterte Öffnung. Der Schmutz darin war grauenhaft und die Hitze im Sommer unerträglich. Die Häftlinge zogen es bei weitem vor, den Farmen statt den Minen zugeteilt zu werden, obwohl die Arbeitszeit dort länger war, vor allem im Sommer.

In den Bergwerken und Fabriken dauerte die Arbeit von acht bis 16 Uhr, die landwirtschaftlichen Brigaden gingen bei Sonnenaufgang auf die Felder und blieben dort bis Sonnenuntergang. Nach dem Abendessen fand politisches Studium statt. Jeder *Laogai*-Häftling erhielt monatlich einen Yuan Taschengeld.

Gerüchten zufolge soll das Lager eine Zeit lang geschlossen gewesen sein. Es soll Häftlingstransfers nach Heilongjiang gegeben haben, doch offenbar blieben fünf Brigaden an Ort und Stelle, die hauptsächlich auf einer Teeplantage namens »Roter Stern« arbeiteten. Verschiedene Zeugen bestätigten den Fortbestand von Yingde in den siebziger Jahren, ihre Schätzungen reichen von 13 000 bis zu 40 000 Häftlingen.[11] Nachdem es einen Teil des abgetretenen Areals zurückerhalten hatte, umfasste das Lager 1977 neun Brigaden, die Tee anpflanzten, Bauarbeiten ausführten sowie in einem Steinbruch und einem Schwefelbergwerk tätig waren.

Seit dieser Zeit ist über die Entwicklung in Yingde weniger bekannt. Angeblich musste 1978 neuerlich Land abgetreten werden an eine Staatsfarm für 2500 Auslandschinesen aus Vietnam. Aber in den achtziger Jahren fanden sein *Laoyiao*-Zentrum und seine Teeplantage Erwähnung. Am Ende des Jahrzehnts wurde der »rote Tee aus Yingde« bis in die Vereinigten Staaten exportiert.

Insgesamt war die Unterdrückung in China anders geartet als in der Sowjetunion. Die unteren Schichten, insbesondere die ländlichen, stellten im chinesischen KZ-System immer eine Minderheit dar. In seiner Bevölkerung waren zwei Kategorien überproportional vertreten. Die früheren Eliten und die Stadtbevölkerung. Diese Tatsache ist insofern von Bedeutung, als sie zeigt, dass der chinesische Totalitarismus im Gegensatz zum sowjetischen die Bauernschaft nicht vernichtete und daher weniger Feindseligkeit von Seiten der Landbevölkerung hervorrief. Anders als Stalin hat Mao die Gesellschaft – einschließlich der Stadtbevölkerung – nicht ihrer Grundlage beraubt, sondern sie unter seine Kontrolle gebracht.

Die Lager in Vietnam

Im KZ-System Vietnams gibt es zwei größere Perioden. Während der ersten Periode ging es im Zeitraum von 1946 bis 1954 um die Internierung von Franzosen, die zwar dem Status nach Kriegsgefangene waren, aber wie KZ-Häftlinge in entsprechenden Lagern behandelt wurden. Die zweite Periode umfasst die kommunistische Zeit, vorwiegend nach der Machtübernahme im gesamten Land ab 1975. Über die beiden Jahrzehnte dazwischen liegen nur unzureichende Informationen vor.

Die Inhaftierungen während der ersten Periode im Indochinakrieg von 1946 bis 1954 sind durch folgende drei Phasen gekennzeichnet:

- Von 1946 bis 1950 gab es nur wenige Häftlinge. Wenn diese Gefangenen mit ihren Bewachern »kooperierten«, hatten sie gute Überlebenschancen.
- Von 1950 bis 1952 praktizierten die Vietnamesen eine Indoktrinierung der französischen Soldaten, indem sie den Gefangenenstatus institutionalisierten.
- Die Jahre 1953 und 1954 markieren die brutalste Phase. In den vietnamesischen kommunistischen Konzentrationslagern – offiziell als »Umerziehungslager« bezeichnet – waren besonders demütigende Praktiken an der Tagesordnung.

Von den 26 000 französischen Kriegsgefangenen des Indochinakrieges, die wie KZ-Häftlinge behandelt wurden, sind etwa 8500 in den Lagern umgekommen. Wer nicht mehr arbeiten konnte – bei einer Tagesration von durchschnittlich drei Tassen Reis –, wurde zum Sterben in eine Strohhütte mit vier Schlafstellen gesperrt.

Nach dem Sieg der Kommunisten im April 1975 begann die zweite Periode des vietnamesischen KZ-Systems.

Beschreibungen der Lebensbedingungen in diesen Lagern sind drastisch: Unterernährung und schwere Erkrankungen grassierten. »Die vietnamesischen Kommunisten praktizieren die langsame Ausrottung, ohne Kalaschnikow-Salven und Krematorien und zudem abgeschirmt gegen allzu neugierige Beobachter.«[12]

Andere Belege – vor allem die von Tran Huynh Chau und Nguyen Van Lien, die 1985 in der Zeitschrift Quê Mê[13] veröffentlicht wurden, vermitteln ebenfalls eine Vorstellung von den brutalen Haftbedingungen:

»Im Winter 1978 bestand ich nur noch aus Haut und Knochen. Von den 66 Kilogramm bei einer Körpergröße von 1,70 Meter vor meiner Inhaftierung war ich bis auf 40 Kilogramm abgemagert. Kleine Gefangene verloren proportional weniger an Gewicht. Die großen sahen wirklich erbärmlich aus. Trotzdem waren wir immer noch besser dran als die Abteilung für ›Kriminelle‹. Die Gefangenen aus dem Norden waren sehr viel ärmer als die aus dem Süden und erhielten stets weniger Pakete als wir. Sie waren erschreckend ausgezehrt. Als ich an der Krankenstation von Sektion B des Lagers Nr. 5 von Thanh Hoa wohnte, kamen viele Gefangene in unsere Zone, um im Müllhaufen nach Kartoffelschalen zu wühlen.«

Noch im Jahr 2000 hat es in Vietnam fast 200 Konzentrationslager mit 200 000 Häftlingen gegeben. »Die große

Mehrheit besteht aus ›Strafgefangenen‹, aber es gibt auch zahlreiche Intellektuelle, Bonzen, Priester und Journalisten unter den Gefangenen.« Die Zustände haben sich gegenüber den von 1985 ebenfalls in der Zeitschrift Quê Mê beschriebenen kaum verändert.

Konzentrationslager in Laos

Bis 1961 tobte der Bürgerkrieg zwischen den national-revolutionären, von Vietnam gestützten Pathet Lao, der Regierung in Vientiane und dem prowestlichen Champassak. Im Rahmen der 2. Genfer Konferenz 1961/1962 erfolgte zwar eine so genannte Neutralisierung der Kriegsparteien unter internationaler Kontrolle, aber ab 1964 brachen im Sog des Vietnam-Kriegs erneut schwere Kämpfe aus. 1972/1973 kam es zum Waffenstillstand, aber die Guerillakämpfe dauerten dennoch nach dem Kriegsende 1972/1973 an, was zu starken Flüchtlingsbewegungen von fast acht Prozent der Bevölkerung (bis 1983) nach Thailand führte.

Im Zeitraum von 1975 bis 1979 erfolgte nach der Proklamation der Demokratischen Volksrepublik Laos im Dezember 1975 die Machtübernahme durch die Kommunisten mit vietnamesischer und sowjetischer Unterstützung.

Nach sowjetischem Muster entstand auch in Laos ab 1975 ein KZ-System zum Zweck kommunistischer »Umerziehung«. Unter den ersten Häftlingen waren der laotische König Savang Vatthana, seine Frau und der Kronprinz. Viele Tausende Häftlinge folgten ihnen, denn die größte Verhaftungswelle tobte in den Jahren 1975 bis 1980. Ein Bericht der laotischen Menschenrechtsbewegung geht von etwa 100 000 Toten aus.[14]

Die Häftlinge wurden in primitiven Baracken interniert. Der Boden bestand aus gestampfter Erde. In jeder Baracke waren etwa 50 Häftlinge eingepfercht. In allen Lagern gab es eine Hütte für Verhöre und einen unterirdischen Kerker für zwei bis zehn Gefangene zur Verbüßung von zusätzlichen Strafen.

Hände und Füße der Häftlinge steckten in Eisen, die Notdurft mussten sie in ein hohles Stück Bambus verrichten, das einmal in der Woche geleert wurde. Einmal im Monat wurden die Gefangenen – an Hälsen und Füßen aneinander gekettet – in Sechser- bis Zehnergruppen ins Freie geführt. Mais- und Reisfelder, Gemüsegärten und ein Schweinestall umgaben die meisten Lager.

Nach den demütigenden Lagerstatuten mussten die Häftlinge zu den Wärtern mindestens vier Meter Abstand halten und durften sie nur kniend, mit niedergeschlagenen Augen und den Händen auf dem Kopf ansprechen. Verboten waren das Sammeln von Essbarem, die Unterhaltung mit anderen Häftlingen über Themen, die nicht der »Umerziehung« dienten, und jede Unterhaltung nach 21 Uhr.

Nach einem Bericht der laotischen Menschenrechtsbewegung wurden manchmal Mitgefangene gezwungen, Häftlinge, die nach misslungenen Fluchtversuchen gefasst wurden, zu steinigen.[15]

Souvannavong V.[16] beschreibt eine ähnliche Szene so:

»Obwohl im Allgemeinen verletzt, wurden die Ausbrecher gefesselt vor die Gefangenen gestellt. Nach einer kurzen moralischen Diskussion zogen die Häftlinge im Gänsemarsch an dem Opfer vorüber und mussten der Reihe nach auf seinen Körper einschlagen. Sie wurden beiderseits der Reihe von Soldaten überwacht. Wer sich zimperlich anstellte, wurde selbst ausgiebig mit Fußtritten traktiert, um ihm den notwendigen revolutionären Eifer beizubringen. Der Ausbrecher, der am ganzen Körper Schläge erhalten hatte, starb gewöhnlich, noch ehe das gesamte Lager die kollektive Arbeit ausgeführt hatte. Anschließend brachten einige Soldaten und eine Gruppe Gefangener den Leichnam auf eine benachbarte Insel und verbrannten ihn auf einem Scheiterhaufen aus Bambus.«

Obwohl die große Welle der »Umerziehung« ab 1986 verebbte, gibt es noch heute Lager in Laos – lediglich mit dem Unterschied, dass Konzentrationslager durch ein System der indirekten Überwachungen ersetzt wurden, bei dem die Häftlinge mit Wohnsitz auf Kollektivfarmen zur Arbeit gezwungen werden und wo sie unter anderem Wälder roden, Felder bestellen sowie Straßen und Brücken bauen müssen.

Lager in Kambodscha unter der Terrorherrschaft der Roten Khmer

Nach der von der Genfer Indochina-Konferenz am 20. 7. 1954 bestätigten Unabhängigkeit erlebte das damalige Königreich Kambodscha unter der Herrschaft von Prinz Norodom Sihanouk zunächst eine Blütezeit. Das änderte sich, nachdem Kambodscha Mitte der sechziger Jahre zunächst von den vietnamesischen Kommunisten, dann aber auch von den USA zunehmend in den Vietnam-Krieg hineingezogen worden war.

Der Sturz Sihanouks im März 1970 führte zu einem erbitterten Bürgerkrieg zwischen dem proamerikanischen Lon-Nol-Regime und der Nationalen Einheitsfront Kampucheas, die Sihanouk mit den Roten Khmer eingegangen war. Nach ihrer Machtübernahme im April 1975 ermordeten die Roten Khmer unter Pol Pot sehr viele ihrer tatsächlichen und vermeintlichen Gegner. Die Roten Khmer verwandelten unter ihrer Terrorherrschaft *das ganze Land in ein einziges Lager*. Während ihrer Terrorherrschaft von 1975 bis Anfang 1979 ermordeten sie nach zuverlässigen Schätzungen eine Million Menschen.

Die Terrorherrschaft wurde nach den Prinzipien Arbeit, Unterwerfung, Strafe, Beseitigung in dörflichen Gemeinschaften der Volkskommunen ausgeübt. Für Henry Locard[17], einen ausgewiesenen Fachmann auf dem Gebiet des kommunistischen Kambodscha, waren diese Volkskommunen »als Konzentrationslager angelegt«. Innerhalb des großen Lagers Kambodscha gab es somit Tausende kleinerer Lager.

Darüber hinaus hatten die Roten Khmer auch zusätzlich so genannte Umerziehungslager eingerichtet, die Bezirksgefängnissen angeschlossen waren. Wo dies geschah, so Henry Locard, waren in den »Umerziehungslagern die Arbeitsbedingungen hart, die ideologische Prägung sehr oberflächlich und die Todesrate durch Erschöpfung, Krankheit und Unterernährung sehr hoch. Es gab allerdings weder Eisenfesseln – diese Praxis war ausschließlich in den Gefängnissen der Roten Khmer üblich – noch Verhöre, und nach einer unbestimmten Zeit konnten die Häftlinge darauf hoffen, in eine ländliche Volkskommune zurückkehren zu dürfen.«

Mit Blick auf die Umgestaltung von ganz Kambodscha zum Konzentrationslager kann diese Art von »Umerziehungslagern« eher als »Randerscheinung« gelten – so entsetzlich auch diese Form von Lagern war.

Totale Unterdrückung im KZ-System Nordkoreas

Die Lager in Nordkorea, dessen Herrschaftssystem bis heute ein erzstalinistisches Regime ist, wie es ansonsten weltweit nicht mehr existiert, entstand das KZ-System Nordkoreas gleichzeitig mit der von den Sowjets aufgebauten Verwaltung. Noch vor der offiziellen Gründung der Demokratischen Volksrepublik Nordkorea 1948 wurden Arbeitslager für eine bestimmte Anzahl von Regimegegnern – zum Beispiel »Kollaborateuren« mit Japan als Kolonialmacht bis 1945 oder Großgrundbesitzern – errichtet.

Erste Konzentrationslager entstanden nach dem Koreakrieg 1950 bis 1953. Häftlinge waren in dieser Phase vorwiegend Sympathisanten mit dem Süden, erklärte Regimegegner und Kommunisten, die den Säuberungen Kim Il Sungs zum Opfer fielen.

In der Anfangsphase waren die Konzentrationslager weniger gut organisiert als heute. Es kam zu Ausbrüchen und Aufständen. Die noch heute bestehende Organisation geht auf die sechziger Jahre zurück und zielt nicht nur auf das Einsperren von »Reaktionären«, sondern auch auf die Festigung des Regimes durch Terror. Die Häftlinge werden im

Allgemeinen ohne Prozess und Urteilsspruch gefangen gehalten. Nach zuverlässigen Aussagen ist den Betroffenen nicht einmal die Dauer ihrer Haft bekannt. Es sind zwei Kategorien von Häftlingen zu unterscheiden, die so genannten »unresozialisierbaren« und die »resozialisierbaren« Arbeiter.

Ein wichtiger Gewährsmann und Zeuge ist An Myung Chul[18], ein ehemaliger Wachsoldat, der in verschiedenen Konzentrationslagern Nordkoreas Dienst getan hat. Was die Lager für die »Unresozialisierbaren« betrifft, so berichtet der ehemalige Wachsoldat:

»Ich habe mit eigenen Augen mehrfach gesehen, wie Menschen grausam getötet worden sind. Frauen sterben nur selten friedlich. Ich habe von Messern zerfleischte Brüste, Genitalien, in die ein Schaufelstiel gerammt wurde, und mit einem Hammer eingeschlagene Hinterköpfe gesehen.«

Weitere Hinweise auf die gnadenlose Struktur der Lager und die mörderische Behandlung der Häftlinge gibt Kang Chul Hwang[19], ein ehemaliger Häftling, der 1992 nach Südkorea entkommen konnte:

»Der nordkoreanische Staat, der Kategorien und Unterkategorien liebt, hatte im Übrigen innerhalb dieser Unresozialisierbaren eine weitere Unterscheidung eingeführt. Nach welchen Kriterien, weiß ich nicht, aber mehrere Gefangene haben mir versichert, dass einige dieser Leute einer Isolierung unterzogen und unter Bedingungen festgehalten wurden, unter denen sie bald umkamen. Sie wurden auf Großbaustellen geschickt und beteiligten sich unter härtesten Bedingungen am Bau von Militäranlagen oder unter strengster Geheimhaltung an der Fabrikation von Raketen oder von Spezialmunition. Solche Aktivitäten werden in Nordkorea niemals ›normalen‹ Bürgern oder solchen Häftlingen übertragen, die darauf hoffen können, wieder ins normale Leben zurückzukehren. Die Unglücklichen werden nur unter den ›Unresozialisierbaren‹ ausgewählt. Da sie die Arbeit physisch vernichtet, bleibt das militärische Geheimnis gewahrt. Und auch die Ersparnis ist gewaltig: Man verschwendet an sie keine Kugel, sondern lässt sie langsam bei der Arbeit für den Staat sterben – eine besonders Gewinn bringende Arbeit, da sie praktisch nichts zu essen bekommen.«

Da Kang Chul Hwang ebenso Lager für »Resozialisierbare« kennen gelernt hatte, ist er auch dafür ein ebenso wichtiger wie zuverlässiger Zeuge:

»In dem Schreckenskatalog halten nur einige besondere Zwangsarbeiten einen Vergleich mit dem Kerker stand. Solche Zwangsarbeiten halten einen immer auf Trab. Terrassen müssen angelegt oder dicke Baumstämme in Lastwagen gehievt werden und das alles in einem Höllentempo. Wenn es nichts zu tun gibt, zwingen einen die Aufseher zu unnützen Arbeiten, zum Beispiel ein Loch oder einen Graben auszuheben und dann wieder zuzuschütten. Der Kerker bedeutet das Gegenteil. Man darf sich nie rühren. Nach Ehemaligen aus Yodok war Kerkerhaft als Strafe mit einer Verlängerung der Lagerhaft um fünf Jahre verbunden, die Zwangsarbeit hingegen nicht.«

Die Todesstrafe, die in den achtziger Jahren noch öffentlich vollstreckt wurde, war für die Mithäftlinge ebenfalls mit einem grausamen Ritual verbunden. Dem Bericht Kang Chul Hwangs zufolge mussten sich alle Häftlinge eines Barackendorfes auf dem Hinrichtungsplatz versammeln. Nach dem Verlesen des Urteils durch die Lagerleitung fand die Hinrichtung durch Hängen statt. Dann kam das Barbarische für die Häftlinge. Kang Chul Hwang bezeugt dies so: »Nach ihrem Tod befahlen die Polizisten den ›Zuschauern‹ – wir waren immerhin 2000 bis 3000 –, einen Stein aufzuheben und ihn mit dem Ruf ›Nieder mit den Volksverrätern!‹ auf die Erhängten zu schleudern. Jeder musste vorbeigehen und einen Stein werfen. Wir gehorchten alle, aber sichtlich angewidert, und die meisten von uns schlossen die Augen oder senkten den Kopf, um die Leichen, aus denen rotes und schwarzes Blut strömte, nicht sehen zu müssen. Aber manche hoben einen großen Stein auf, um die Aufseher auf sich aufmerksam zu machen, und warfen diese großen Steine absichtlich in die Gesichter der Hingerichteten. [...] Die Gesichtshaut platzte auf und die Kleider zerrissen. Als ich an der Reihe war, lag schon ein ganzer Haufen Steine um den Galgen herum. Manche vergaßen, einen Stein zu werfen. Dann hagelte es jedes Mal Prügel von den Aufsehern. [...] Am nächsten Morgen entdeckten die Gefangenen entsetzt, dass die Leichen die Nacht über am Strick hängen geblieben waren. Polizisten hatten sie bewacht, um sicherzustellen, dass niemand sie beerdigte. In der Nacht hatten die Polizisten ein Feuer entzündet, und am Morgen sahen wir viele Krähen um die Leichen schwirren.«

Ganz allgemein – so Kang Chul Hwang weiter in seinem Bericht – habe die Lagerleitung jede Auflehnung gegen die brutalen Lagerstatuten im Keim erstickt. Dazu dienten im Wesentlichen die totale Überwachung durch die Aufseher, ein ganzes Netz von Spitzeln und die »Umerziehung«. Auch die Gehirnwäsche war brutal. Die »Frohe Botschaft der Revolution« wurde den Häftlingen sehr oft mit Fausthieben und Fußtritten beigebracht. Wie in anderen asiatischen Konzentrationslagern spielte und spielt noch heute auch in den nordkoreanischen Lagern die »Umerziehung« als »Pädagogik« und »Psychologie« eine zentrale Rolle. Kang Chul Hwang: »Um alle Spuren der verrotteten Ideologie loszuwerden, wird den Häftlingen immer wieder eingetrichtert, dass es nur Arbeit und Kontrolle gibt.« Kontrolle ist jedoch nicht nur im Sinn von Überwachung zu verstehen. Sie zielt auch auf eine ideologische Kontrolle.

In allen kommunistischen Konzentrationslagern Asiens war und ist die Umformung der Häftlinge notwendigerweise auch mit »Unterweisung« und »Selbsterforschung« verbunden. Auf diese Weise wird der Häftling gezwungen, den »alten Menschen« abzulegen.

Wer überhaupt die mörderischen Strapazen in den Konzentrationslagern überlebt, kann nur dann mit seiner Entlassung rechnen, wenn die Lagerleitung »nach eingehender Prüfung« zu dem Ergebnis kommen sollte, dass der Häftling ausreichend große »ideologische Fortschritte« gemacht habe. Die Entlassung geht dann einher mit einem Ritual des Dankes an die Partei und den »Großen Führer«, der sich abermals fürsorglich gezeigt und es dem Häftling ermöglicht habe, »sich zu bessern«.

Fidel Castros KZ-System zur Ausbeutung von Zwangsarbeitern

Politische Gegner ließ Castro seit 1959 gezielt verhaften und zwang die Häftlinge, in Steinbrüchen oder bei verschiedenen Einsätzen in der Landwirtschaft zu arbeiten.

Berüchtigt war die Strafkolonie auf der Insel Isla de Pinos, wo bis zur Erschöpfung gearbeitet werden musste und zusätzliche Strafen verhängt wurden. Wer zum Beispiel einige Meter hinter der Reihe der Mithäftlinge stehen blieb oder beim Unkrautjäten oder Umgraben eine kurze Pause einlegte, musste mit einer harten Strafe rechnen.

Aufrührer landeten im Kerker. Manche Häftlinge wurden gezwungen, Unkraut mit den Zähnen auszureißen, andere mussten die berüchtigte »Mojonera« reinigen, die Jauchegrube der Strafkolonie auf der Isla de Pinos. »La Mojonera«, berichtet Fermín Amador Chamizo[20], der dort Zwangsarbeit leisten musste, »war eine riesige Grube unter freiem Himmel mit allen Exkrementen. Unter der Oberfläche der schwarzen Brühe sah man den dichten weichen Schlamm, der sich in drei Jahrzehnten angesammelt hatte.« Um ein Überlaufen in der Regenzeit zu verhindern, musste die Mojonera unbedingt »gereinigt« werden. Diese Prozedur zählte zu den schlimmsten Strafen.

In nur drei Jahren war die Isla de Pinos Konzentrationslager für fast 10 000 Häftlinge. 1967 wurde dieses Lager aufgegeben. Offenbar hatte die Logik, den Willen der Häftlinge durch verschärfte Haftbedingungen zu brechen und sie zur Selbstaufgabe zu bewegen, nicht im erwarteten Maß funktioniert. Das »Muster«-Konzentrationslager verwandelte sich in ein Museum für jene »Helden der Castro-Revolution«, die auf derselben Insel während des Regimes Batista ebenfalls, aber zu weitaus besseren Bedingungen, inhaftiert waren.

Die Häftlinge wurden nun auf mehrere Lager verteilt, so auf die Lager Sandino 1, Sandino 2 oder Tacotaco, im Westteil der Insel. Versucht wurde jetzt die Umsetzung eines weiteren Programms zur Zwangsarbeit, des so genannten Plans Antonio Maceo.

Aufgrund größerer wirtschaftlicher Probleme führte Castro in den siebziger Jahren diesen nach seinem Erfinder Maceo benannten Stufenplan ein. Dieser Plan sah vor, dass der Häftling zunächst auf einer so genannten Farm arbeitete, die nichts anderes als ein Arbeitslager war. Für ihre Arbeit bei der Zuckerrohrernte oder auf dem Bau erhielten die Gefangenen nach einer Probezeit, die in der Regel drei Monate dauerte, ein geringes Taschengeld. Von diesem »Lohn«, der 95 Pesos – entspricht etwa vier US-Dollar – betrug, wurden die Kosten für bestimmte Leistungen abgezogen – das Waschen von Wäsche, Kauf von Seife usw.

Nach der Probezeit konnte der Gefangene in Konzentrationslager zurückgeschickt werden. Den Ausschlag gaben dabei in der Regel »seine Einstellung zur Arbeit«, seine Produktivität sowie seine ideologische oder physische »Gefährlichkeit«. In der letzten Phase der ersten Stufe konnte der Häftling gewisse »Verbesserungen« anstreben, zum Beispiel einen oder zwei Tage »Hafturlaub«. Die internen Regeln auf der »Farm« waren eine Angelegenheit des Lagerleiters. Da hier große Willkür herrschte, waren die Lebensbedingungen in den Lagern entsprechend großen Schwankungen unterworfen.

Der Maceo-Plan sah in seiner zweiten Stufe die Verlegung der Gefangenen von den »Farmen« an »offene Arbeitsfronten« vor. Die Haftbedingungen in dieser zweiten Stufe waren erleichtert, und die Häftlinge konnten sogar an Wochenenden Angehörige besuchen. Die Gefangenen wurden zu Einheiten zusammengefasst, und eine Einheit umfasste zwischen 100 und 200 Gefangene. Die so genannten Kriminellen wurden in diesen Stufenplan integriert und verbüßten seit Anfang der siebziger Jahre ihre Strafen gemeinsam mit den so genannten Politischen.

Auf Kuba gab es aber außerdem auch brutale Zwangsarbeitslager. Sie tauchten bereits Anfang der sechziger Jahre mit der Ausschaltung verschiedener Oppositionsgruppen auf, vor allem während der Verhaftungswelle von 1961, von der etwa 100 000 Menschen betroffen waren. Das erste Arbeitslager wurde bereits im Jahr 1960 errichtet.

Im Jahr 1964 wurde die Organisation dieser Arbeitslager durch die Armee übernommen. Damit entstanden die so genannten UMAP, Militäreinheiten zur Unterstützung der Produktion. Anfänglich nur für Homosexuelle, so genannte Asoziale und andere »Parasiten« bestimmt, wurden die UMAP schnell zu richtigen Konzentrationslagern ausgebaut. Die von den Häftlingen selbst errichteten Baracken lagen im Allgemeinen mitten in einer Einöde, umgeben von Wachtürmen und mehreren Reihen Stacheldraht. In einigen Konzentrationslagern liefen zwischen den Verhauen Wachen umher. Jede Baracke konnte bis zu 20 Häftlinge aufnehmen. Sie schliefen auf drei übereinander liegenden Pritschen, die ein schmaler Gang von anderen trennte. Im Rahmen zusätzlicher Strafmaßnahmen wurden die Gefangenen nackt an einem Pfahl angebunden, wo sie den ganzen Tag über – den Moskitos ausgesetzt – ohne Essen und Wasser ausharren mussten. Weitere Strafen bestanden in Isolationshaft, Essensentzug oder Prügel.

Gefangene der UMAP-Lager wurden in der Regel zu Erdarbeiten oder in der Landwirtschaft eingesetzt. In den UMAP-Konzentrationslagern waren auch etwa 25 000 Jugendliche eingesperrt, die sich nicht in die sozialistische Gesellschaft »einfügen wollten«. Emilio Izquierdo[21], der in der Provinz Camagüey eingesperrt war, wo sich einige der härtesten Konzentrationslager befanden, berichtet:

»Sie lasen uns auf den Straßen sämtlicher Städte unseres Landes auf, steckten uns in Züge, Autobusse oder auf Laster, die von Militärs bewacht wurden und bedrohten uns mit Gewehren oder Maschinenpistolen. Wir wurden in vielen Stadien der Städte von Camagüey zusammengepfercht, wo uns schussbereite großkalibrige Maschinengewehre ins Visier nahmen. Überall warteten Kordons von Soldaten, die sich wie beim Abtransport von Kriegsverbrechern verhielten. Am Bestimmungsort sagten sie uns mehrere und groteske und absurde Parolen im reinsten kommunistischen Slang. Aber das Wichtigste war: Wir waren an einem Ort angekommen, wo sie uns zu ›richtigen Menschen‹ umformen wollten. Wir waren gerade 17 oder 18 Jahre alt und gehörten angeblich zum Abschaum der kubanischen Gesellschaft. Unsere Führung bestimmte die Zeit unserer Inhaftierung, deren Dauer anfangs überhaupt nicht festgelegt war.«

Die Häftlinge der als Umerziehungs- oder Arbeitslager getarnten Konzentrationslager stammten aus allen gesellschaftlichen Gruppierungen, vor allem aber zählten dazu

Mönche, Homosexuelle und verschiedene »Asoziale«, die ins Visier der Machthaber geraten waren. Sie mussten bis zu 16 Stunden am Tag und mehr Zuckerrohr ernten oder ohne richtiges Werkzeug auf den Feldern jäten. Die Einhaltung vorgeschriebener Arbeitsnormen wurde von Offizieren kontrolliert. Wer diese Normen nicht erfüllte, wurde zusätzlich mit der Kürzung der Essensration bestraft. Der Schriftsteller José Mario[22] wurde 1966 verhaftet, weil seine Publikationen angeblich gegen die »sozialistische Moral« verstoßen hatten. Er verbrachte acht Monate in einem Lager der UMAP in der Provinz Camagüey im Zentrum der Insel und beschrieb seine Gefangenschaft folgendermaßen:

»Das Lager hatte eine ungefähre Abmessung von 50 auf 30 Metern. Die zwei Baracken waren mit übereinander liegenden ›Betten‹ aus Jutematten und Baumstämmen ausgestattet. Am Eingang war eine Krankenstation, bewehrt mit Maschinengewehren. Der Stacheldraht reichte bis auf etwa zwei Meter Höhe und lief um das gesamte Lager. Ebenfalls am Eingang lagen die Gemeinschaftstoiletten und eine Kantinenbaracke, dann die Küchen und die Gemeinschaftsduschen. Während die einen duschten, mussten die anderen eine Art Hebel bedienen, um Wasser zu pumpen. Die Kasernen unserer Wärter – Militärs – lagen zwischen den beiden Baracken der Gefangenen. Alles war militarisiert: Wir wurden von Korporalen, einem Sergeant und einem Hauptmann befehligt, der in unserem Lager das Kommando hatte. Am Eingang verkündete ein riesiges Schild ›Arbeit macht aus euch Menschen‹. Das erinnerte mich an ein Gedicht des Nobelpreisträgers Salvatore Quasimodo. Es beschwor das berüchtigte ›Arbeit macht frei‹ der NS-Konzentrationslager.

Alles beruhte auf der Ideologie des ›neuen Menschen‹. Man wollte uns Schuldgefühle einreden, uns klar machen, dass wir Müll, der Abschaum der Gesellschaft seien und unsere Aufseher die Aufgabe hätten, uns zu rehabilitieren, zu ›erneuern‹. [...] Unter uns gab es alle möglichen Leute: Zeugen Jehovas, Christen, Priester, Homosexuelle, aber auch Heterosexuelle, die als ›verweiblicht‹ galten, sowie Mitglieder kubanischer religiöser Sekten. Unter uns gab es viele Schwarze, Rückfalltäter, kleine Diebe aus den unterschiedlichsten sozialen Schichten, aber hauptsächlich Leute vom Rand der Gesellschaft, denen vor allem kleinere Vergehen vorgeworfen wurden, die ansonsten nicht vor Gericht verhandelt worden wären – arme Leute im Grunde, einfache Menschen der Gesellschaft. Sie waren den – zumeist anonymen – Denunziationen der Komitees zur Verteidigung der Revolution zum Opfer gefallen. Manche wussten nicht einmal, warum sie im Lager waren.«

Die Konzentrationslager der UMAP haben zwar offiziell zu existieren aufgehört, in Wahrheit aber haben sich die Machthaber meistens nur damit begnügt, das Schild am Lagereingang mit dem Namen zu entfernen und den Stacheldraht und die Wachtürme abzureißen. Doch nach der offiziellen Schließung setzten diese Lager ihre Aktivitäten fort. Ein erheblicher Teil der kubanischen Gesellschaft war weiterhin davon betroffen.

In den Lagern von Potosi in der Region von Las Victorias de las Tunas zählte man zum Beispiel 1986 rund 3000 weibliche Häftlinge, so genannte Kriminelle und Politische. Bei Santiago de las Vegas war das Lager Arcoiris mit 1500 Jugendlichen belegt. Weitere Häftlinge saßen im Konzentrationslager »Neues Leben« (Nueva Vida) im Südosten von Kuba. Das Lager El Capitolio war als Konzentrationslager für Kinder um die zehn Jahre errichtet worden.

Die berüchtigsten Konzentrationslager gab es in der Provinz Oriente. Dazu zählten das Lager El Mambi bei Camagüey in den achtziger Jahren mit etwa 3000 Häftlingen. Nicht weniger berüchtigt war das Konzentrationslager Siboney mit Stacheldraht, Wachtürmen und Hunden. Diese Konzentrations- und Arbeitslager sind zwar seit Anfang der neunziger Jahre außer Betrieb, aber die Häftlinge in den Gefängnissen werden nach wie vor zu Arbeiten in der Landwirtschaft gezwungen, vor allem bei der Zuckerrohrernte. Heute gibt es nach Angaben von Amnesty International insgesamt etwa 100 000 Häftlinge in den Konzentrationslagern und Gefängnissen.

Chile und Argentinien – die KZ-Systeme der Generäle

Auf den Putsch des chilenischen Generals Pinochet im Jahr 1973 folgten viele Verhaftungen, Folterungen, Morde und Hinrichtungen ohne Gerichtsverfahren.

Die Nutzung des Stadions von Santiago de Chile als provisorisches Lager ist vielen noch immer im Gedächtnis. 7000 Häftlinge wurden hier durchgeschleust. Und in den Wochen und Monaten nach dem Putsch waren nach Angaben von Amnesty International mindestens 3000 Tote zu beklagen. Aber gab es in Pinochets Chile auch Konzentrationslager?

Der Journalist und Schriftsteller Hernán Valdés[23], der nach Spanien und dann nach Großbritannien geflohen war, hat darüber ein Buch mit dem Titel »Chiliean Gulag« geschrieben. Wie daraus hervorgeht, handelte es sich in Chile um eine besondere Art von Konzentrationslagern: Einrichtungen ausschließlich für Verhöre und für Folter. Valdés selbst war in dem Konzentrationslager Tejas Verdes nahe der Hafenstadt San Antonio inhaftiert, ungefähr 100 Kilometer von der Hauptstadt Santiago de Chile entfernt.

Nach seiner Verhaftung wurde er, wie er in seinem Buch berichtet, mit verbundenen Augen an einen ihm unbekannten Ort verschleppt. Dieser Ort war nach seinem Zeugnis in gewisser Hinsicht »entsetzlicher als viele Konzentrationslager dieser Welt«. Dennoch handelte es sich weniger um einen »GULAG« nach sowjetischem Muster, um auf den Titel seines Buches Bezug zu nehmen, als vielmehr um ein Durchgangsgefängnis oder ein Militärlager, in dem Gefangene ohne Prozess verhört wurden. Das Erschreckendste an Valdés Beschreibungen seiner Gefangenschaft sind die Folterungen mit Elektroschocks, wobei er gleichzeitig auf vulgärste Weise beschimpft wurde und demütigende Fragen beantworten musste, zum Beispiel: »Bist du schwul?«, »Welche Verhütungsmittel benutzt deine Freundin?«, »Beschreib uns den Arsch und die Brüste deiner Freundin!«, »Erzähl ganz genau, was ihr im Bett treibt. [...]«

Es handelte sich um ein typisches chilenisches Konzentrationslager, das Valdés hier beschreibt, es war von Stacheldraht umgeben und hatte völlig verdreckte Latrinen. In der Baracke, in der er eingesperrt war, gab es nur einen Eimer für die Nacht. Die Verpflegung war völlig unzureichend, und tödliche Krankheiten waren vorprogrammiert. Valdés richtete sich auf eine Situation ein, wie er sie aus tschechischen und polnischen Filmen kannte, doch die Wirklichkeit sah teilweise noch brutaler aus.

Ähnliches lässt sich zu den argentinischen Konzentrationslagern sagen.

Im Jahr 1975 spitzte sich dort die Lage dramatisch zu. Am 25. Oktober griffen Guerilleros an der Grenze zu Paraguay eine Armeeeinheit an. Entführungen und Terrorakte häuften sich. Ende Dezember desselben Jahres starteten etwa 500 Guerilleros einen Angriff auf ein Waffenlager und Polizeiposten in der Region von Buenos Aires und La Plata, wenige Tage darauf einen weiteren Angriff gegen ein Kommunikationszentrum.

Nach dem Putsch vom 24. 3. 1976 gingen die bewaffneten Angriffe weiter, und die Staatsmacht reagierte mit brutaler Gewalt.

Nach Amnesty International wurden Ende des Jahres 1976 zwischen 5000 und 6000 Menschen aus »politischen Gründen« verhaftet.

Die Militärs oder paramilitärische Kommandos begingen außerhalb der Haftzentren und in den Verhör- und Folterzentren viele Menschenrechtsverletzungen, darunter Kindesentführungen, Morde, Folter.

Bei Zusammenstößen mit den Guerilleros, aber auch bei Verhaftungen und Entführungen kamen in wenigen Jahren nahezu 30 000 Menschen ums Leben. Der Bericht eines Zeugen, der von Cimade[24] wiedergegeben wird, erinnert an das Lager in Chile, in das Valdés verschleppt wurde.

Es handelte sich um eine Art Durchgangsgefängnis, das zugleich als Verhör- und Folterzentrum diente. Der Ort war von hohen Mauern umgeben, und die Häftlinge wurden mit verbundenen Augen und ohne Gerichtsbeschluss zum Verhör gebracht. Dabei wurden sie geschlagen, mit Elektroschocks oder durch Quetschen des Ohrs gefoltert. Diese Verhaftungen dienten dem Terror. Wie der Autor mitteilt, wurden viele der Gefangenen nur zur Einschüchterung einige Tage oder Wochen festgehalten. Diese Zeit reichte jedoch aus, um Menschen ein Leben lang zu traumatisieren.

Konzentrationslager – eine unendliche Geschichte?

Jeder, der sich fragt, wie Konzentrationslager im zurückliegenden Jahrhundert möglich waren und noch heute existieren, darf vor allem eine gesellschaftliche Entwicklung nicht übersehen, die dazu führte, Handlung und Moral voneinander zu trennen, die Aufspaltung zwischen dem, was Menschen fühlen oder glauben, und dem, was sie tun und wie sie kollektiv handeln. Ohne diese Aufspaltungen und die damit verbundenen Defizite hätte es weder Konzentrationslager noch Völkermord gegeben, und ohne sie wären auch Völkermord in Ex-Jugoslawien, in Afrika und Lager heute auf Guantánamo, wo weder Recht noch Gesetz zählen, ebenso wenig möglich.

Der Soziologe Wolfgang Sofsky[1] bringt diese Entwicklung und ihre Auswüchse auf den Punkt, wenn er schreibt: »Die Institutionen des Verfolgungsterrors zählen zur Signatur der modernen Gesellschaftsgeschichte. Die Betriebe des Quälens und Tötens bezeichnen eine Zäsur, nicht allein in der Geschichte der Macht und Gewalt, sondern auch in der Geschichte gesellschaftlicher Exklusion. Zwar werden in vielen Gesellschaften Individuen und Gruppen zu Außenseitern oder Überzähligen abgestempelt und verfolgt. Das Konzentrationslager jedoch war eine Einrichtung besonderer Art.

[…] Inmitten der Gesellschaft, eingefügt in ein Geflecht politischer und ökonomischer Institutionen war das Konzentrationslager ein Kosmos an der Grenze der sozialen Welt, ein Universum beispielloser Tortur, Destruktivität und Vernichtung. Was einst als fiktiver Zustand der Natur entworfen worden war, wurde von der Realität des Konzentrationslagers übertroffen. Für die überwiegende Mehrzahl der Eingeschlossenen war das Leben elend, traurig, brutal und kurz.«

Drei Eigenschaften markieren nach Zygmunt Baumans[2] soziologischer Forschung das Elend der eingangs erwähnten gesellschaftlichen Entwicklung, und zwar die Fähigkeit

- mit Distanz zu handeln,
- die Neutralisierung des moralischen Gehalts einer Handlung und
- das »gärtnermäßige« Vorgehen bei der Verwirklichung einer künstlichen, rational geplanten »Ordnung«.

Vor diesem Hintergrund muss »der Mörder« – so Bauman weiter – »gar nicht gnadenlos sein, er hat nicht einmal Gelegenheit, Mitleid zu empfinden. Das dürfte der offensichtlichste und trivialste, aber auch dramatischste Aspekt der ›Handlung mit Distanz‹ sein. […] Moderne Organisation ist die *Herrschaft von niemandem.* Wir können sagen, sie ist eine Vorrichtung, *Verantwortung zu umgehen* – insbesondere moralische Verantwortung.«

Nur so konnte das Unvorstellbare eintreten, indem Menschen Gelegenheit bekamen, in Terror- und Vernichtungslagern unmenschliche Taten zu begehen, ohne sich dabei im Mindesten unmenschlich zu fühlen (siehe dazu insbesondere die Ausführungen über Adolf Eichmann Seite 201 ff.).

Um mit Hannah Arendt zu argumentieren, hat die »alte spontane Bestialität einer absolut kalten und ebenso systematischen Vernichtung menschlicher Körper Platz gemacht«, wodurch erst der »Durchschnittsdeutsche, den die Nazis trotz jahrelanger Propaganda nicht dazu bringen konnten, einen Juden aus eigenem Antrieb zu töten (selbst als man ihm klar gemacht hatte, dass ein solcher Mord unbestraft bliebe)«, der »Vernichtungsmaschine ohne Opposition« dienen konnte.[3]

Um kein Missverständnis aufkommen zu lassen: Die Menschen sind seit dem 20. Jahrhundert nicht grausamer geworden, aber die zurückliegende und heutige Zeit hat wie gesagt gesellschaftlich eine Methode geliefert, nach der »grausame Dinge von nicht grausamen Menschen«[4] getan werden können. Im Gegensatz zu den vielen anderen historisch bekannten Fakten massenhafter Grausamkeit waren und sind Konzentrations- und Vernichtungslager Mittel zum Zweck gezielter Vernichtung – nicht wie in blutigen Schlachten früherer Tage, um den Gegner auszuschalten, sondern um Menschen, die nicht ins »Ordnungsschema« passen, zu vernichten.

Über den Holocaust an den Juden hat Zynthia Ozick[5] geschrieben, dass er wie die Geste eines Künstlers war, der einen Fleck von einem ansonsten vollkommenen Gemälde entfernt. Dieser Fleck waren eben gewisse Menschen, die nicht in das »Ordnungsschema« passten. Ihre Vernichtung war eine »kreative« Vernichtung, so wie auch die Unkrautvertilgung ein »kreativer Akt« ist, um die Schönheit eines Gartens zu bewirken.

Im Fall Hitlers war das »Ordnungsschema« der Entwurf

einer »rassenreinen« Gesellschaft. Im Fall Lenins und Stalins war es eine klassenlose Gesellschaft. In beiden Fällen ging es um ein ästhetisch befriedigendes, transparentes und homogenes »Ordnungsschema«, frei von quälenden Ungewissheiten, Zwiespälten, Zufälligkeiten.

Der moderne Geist – so übereinstimmend auch die soziologische Forschung – hegt den Traum einer vollkommenen Gesellschaft, die von den Resten menschlicher Schwäche »gereinigt« ist. Dieser »Reinigungsprozess« richtet sich vor allem auf schwache Menschen, die den Maßstäben dieses »Ordnungsschemas« nicht entsprechen. Voll Ehrgeiz will man diesen Traum durch permanente, zielstrebige und radikale Anstrengungen der »Problemlösung« verwirklichen. Zu diesem Zweck müssen alle Hindernisse weggeräumt werden, die diesem Traum im Weg stehen – einschließlich der Männer und Frauen, die Probleme bereiten, die das vermeintliche Problem sind.

Das moderne Denken geht mit dem Lebensraum des Menschen wie mit einem Garten um, dessen Idealform durch einen sorgfältig übertragenen und gewissenhaft ausgeführten Entwurf festgelegt wird. Angelegt wird er, indem die im Plan vorgesehenen Büsche und Blumen gehegt werden, der Rest aber wird vergiftet oder gejätet – das Unerwünschte und Ungeplante, das Unkraut.

Die extremsten Fälle von »social engineering« der modernen Geschichte unter Hitler und Stalin waren bei all ihren Grausamkeiten weder Ausbrüche vormoderner Barbarei – sie waren legitime Abkömmlinge des modernen Geistes, des Drangs, den »Fortschritt« der Menschheit hin zur Vollkommenheit zu unterstützen und zu beschleunigen. Exakt darin besteht das hervorstechendste Merkmal der Moderne. Es basiert auf der Annahme, dass der wissenschaftliche und industrielle Fortschritt im Prinzip alle Einschränkungen der Planung, Erziehung und der Sozialreform des Alltags überwinden kann. Dieses Merkmal geht außerdem zurück auf die Annahme, dass alle sozialen Probleme endgültig gelöst werden können und die Welt nach dem Maßstab der menschlichen Vernunft neu erschaffen werden kann.

Die Visionen der Nazis und der Kommunisten einer »geordneten«, zufalls- und abweichungsfreien Gesellschaft bezogen ihre Legitimität aus Ansichten und Überzeugungen, wie sie im öffentlichen Bewusstsein nach über 150 Jahren Aufklärung (Rationalismus) fest verankert waren, gestärkt durch die sichtbar gewordene Wundermacht moderner Technologie. Nur so ist zu erklären, dass weder die Vision der Nazis noch die der Kommunisten dem kühnen Selbstvertrauen und der Hybris der Moderne zuwider liefen. Sie boten sich an, besser und vielleicht etwas rücksichtsloser zu tun, wovon die modernen Mächte träumten, was sie vielleicht versucht hatten oder woran sie gescheitert waren oder wozu ihnen der Mut fehlte.

»Es darf nicht vergessen werden, dass der faschistische Realismus das Modell einer neuen Sozialordnung hervorbrachte, eine neue innere Ausrichtung. Ihre Basis waren die rassistische Ausmerzung aller Elemente, die von der Norm abwichen: aufsässige Jugendliche, ›Arbeitsverweigerer‹, ›Asoziale‹, Prostituierte, Homosexuelle, Behinderte, Menschen, die ihre Arbeit nicht bewältigten. Die Eugenik der Nazis – also die Einteilung und Selektion von Menschen nach angeblichem genetischem ›Wert‹ – diente nicht nur der

Sterilisierung und der Tötung der ›Wertlosen‹ und der Ermutigung der ›Wertvollen‹ zur Fortpflanzung. Sie legte auch Beurteilungskriterien und Effizienznormen für die Gesamtbevölkerung fest.«[6]

Tatsächlich muss man nicht nur der zitierten Ansicht Detlev Peukerts zustimmen, sondern auch seiner Schlussfolgerung: dass nämlich der Nationalsozialismus lediglich »den utopischen Glauben an allumfassende ›wissenschaftliche‹ Endlösungen sozialer Probleme bis an die äußerste logische Grenze vorantrieb«. Die Entschlossenheit und die Freiheit, »den ganzen Weg« zu gehen und das Äußerste zu erreichen, war Hitlers und Stalins jeweils eigener Beitrag, aber die Logik und ihre Legitimierung stammten vom Geist und der Praxis der Moderne.

Die grausamsten Verbrechen des 20. Jahrhunderts wurden im Namen der menschlichen Herrschaft über die menschliche Natur begangen, über menschliche Bedürfnisse, Sehnsüchte und Träume. Wenn dem Ziel der Herrschaft uneingeschränkte Priorität über alle anderen Erwägungen gegeben wird, werden Menschen selbst überflüssig. In diesem Zusammenhang hatten Konzentrationslager, die in jeder anderen Hinsicht ebenso grausam wie sinnlos sind, ihre eigene unheilvolle »Rationalität«. Die Konzentrationslager waren Werkzeuge zu diesem Zweck, grausame Werkzeuge mit drei Hauptaufgaben:

- Sie waren Laboratorien, wo neue Stufen der Beherrschung und Kontrolle erforscht und getestet wurden.
- Sie waren Schulen, in denen eine bisher unbekannte Bereitschaft bislang ungewöhnlicher Menschen, Grausamkeiten zu begehen, trainiert wurde.

- Schließlich waren sie Schwerter, die über den Köpfen derer hingen, die auf der anderen Seite des Stacheldrahts geblieben waren. Sie sollten lernen, dass nicht nur ihre Ablehnung nicht toleriert würde, sondern auch, dass ihre Zustimmung nicht gefragt sei und nur sehr wenig von ihrem Protest oder ihrem Beifall abhinge.

Die Konzentrationslager waren so das Destillat einer anderswo vergossenen Essenz, Niederschlag totalitärer Herrschaft, und sie bedeuteten in ihrer Konsequenz die Überflüssigkeit des Menschen, wie sie in reiner Form anderswo nur schwer oder gar nicht zu erreichen gewesen wäre. Die Konzentrationslager waren Vorbild und Bauplan für die totalitäre Gesellschaft.

Der moderne Traum von der totalen Ordnung und Herrschaft begann zu wuchern, entledigte sich der letzten Spuren des Eigensinns und der unvorhersagbaren menschlichen Freiheit, die ihn noch im Zaum gehalten hatten. Die Internierungen waren das Versuchsgelände für Gesellschaften, die wie Konzentrationslager geführt werden sollten.

Der Stacheldraht, den die Nazis und Kommunisten brauchten, ist jetzt entfernt – wie die totalitären Staaten, die ihn errichtet hatten. Aber der Stacheldraht spricht immer noch, schickt immer noch Botschaften an alle, die zuzuhören gewillt sind. Die Botschaft heißt: Es gibt keine geordnete Gesellschaft ohne Angst und Erniedrigung, es gibt keine menschliche Herrschaft über die Welt, bei der die Menschenwürde nicht mit Füßen getreten und die menschliche Freiheit nicht zerstört würde.

In den Konzentrationslagern ist nicht »nur« die menschliche Leidensfähigkeit auf die Probe gestellt worden, sondern auch die Machbarkeit einer endgültigen »menschlichen Ordnung« – mit dem unausweichlichen Ergebnis, dass diese eine unmenschliche Ordnung ist.

Das Verschwinden Hitlers und Stalins bedeutet nicht zwangsläufig, dass die Zeit der Konzentrationslager zu Ende ist. »Totalitäre Problemlösungen«, warnte Hannah Arendt, »können sehr wohl den Fall totalitärer Regime überleben und tauchen als Versuchungen immer dann auf, wenn es unmöglich erscheint, politisches, soziales oder ökonomisches Elend in menschenwürdiger Weise zu lindern.«[7]

Heute gibt es so viel Elend überall und es wird noch zunehmen in einer überbevölkerten und verschmutzten Welt, in der die Rohstoffe knapp werden und die Nachfrage nach manueller und geistiger Arbeit. Mindestens jeder zehnte Erwachsene im wohlhabenden Teil der Welt ist gegenwärtig überflüssig – sei es als potenzielle Arbeitskraft, sei es als Kunde in den Einkaufszentren. Es wäre auch angesichts des Schreckgespensts Terrorismus töricht und verantwortungslos, unter diesen Umständen die Versuchung »totalitärer Problemlösungen« herunterzuspielen, die immer stark bleiben wird, wenn bestimmte Menschen als entbehrlich gelten und in den Status der Überflüssigen versetzt werden. Dennoch dürften sich aller Wahrscheinlichkeit nach die Problemlösungen in der Art des Totalitarismus mit seinen Konzentrationslagern unter anderen, wohlklingerenden Namen verstecken.

Es wäre dabei naiv zu glauben, dass die demokratische Mehrheitsherrschaft eine ausreichende Garantie dafür böte, dass die totalitäre Versuchung zurückgewiesen würde. Es wäre vor diesem Hintergrund voreilig, Nachrufe auf die Konzentrationslager nach Art Himmlers und Stalins zu schreiben. Diese Konzentrationslager waren eine moderne Erfindung, auch wenn sie von antimodernen Bewegungen benutzt wurden. Gemeinsam mit elektronisch gelenkten Waffen, Kraftfahrzeugen und Videoanlagen – so ist zu befürchten – bleiben die Lager höchstwahrscheinlich die Instrumentarien, die in Gesellschaften unter Modernisierungsdruck am massivsten gefordert und am begierigsten aufgegriffen werden – in Gesellschaften, die sich gegen andere moderne Errungenschaften wie Meinungsfreiheit oder den Parlamentarismus wehren oder individuelle Freiheiten und die Toleranz gegenüber dem Anderssein als Zeichen von Gottlosigkeit und Verfall betrachten.

Bei all unserer Weisheit am Beginn des 21. Jahrhunderts leben wir doch – auch in Zukunft – in einer durchweg modernen und sich modernisierenden Welt, deren unheimliche Fähigkeiten vielleicht sichtbarer und begreifbarer geworden sind, aber deshalb nicht einfach verschwunden sind (siehe dazu auch Seite 23). Die Lager sind wie gesagt ein Teil dieser modernen Welt. Der Beweis bleibt noch anzutreten, dass sie nicht ihr integraler und untrennbarer Bestandteil sind.

Ethik des Erinnerns und Gedenkens

Vergessen oder erinnern?

Warum ist die Erinnerung für die Menschen so wichtig? Ist Vergessen manchmal nicht besser, das einzige Heilmittel?

Ebenso überzeugende wie bewegende Antworten auf diese zentralen Fragen hat Wladyslaw Bartoszewski, Friedenspreisträger des Deutschen Buchhandels, gegeben.

Wladyslaw Bartoszewski hat Auschwitz und die stalinistischen Gefängnisse erlitten und überlebt, er hat Gewalt und Folter ertragen und dennoch zu Frieden und Versöhung aufgerufen. Aus einem solchen Leben erwachsen Erfahrungen, Einsichten und Analysen, die einzigartig sind und die erhellen, dass wir vor der Vergangenheit die Augen nicht verschließen dürfen, da wir sonst blind werden für die Gegenwart. Wladyslaw Bartoszewski beschwört die Menschen, für eine weltweite Kultur des Friedens die Augen offen zu halten, Menschenrechtsverletzungen – wo immer sie geschehen – zu ächten, die Gefahren von Gleichgültigkeit zu erkennen und sie zu überwinden. Wie er Erinnerung sieht, beschreibt er so:

»Es gibt viele Gründe, wenn der Mensch vergessen will, doch ich halte viel von der Erinnerung. Mein ganzes Leben ist mit Erinnerungen verbunden, als Mensch, als Historiker und als publizistischer Zeitzeuge.

Sofort nach dem Abzug der deutschen Truppen, schon im Februar 1945, ging ich zu den Ruinen des Gestapo-Gefängnisses Pawiak in Warschau und in die umliegenden Häuser, in der Hoffnung, Spuren der unseligen Vergangenheit zu entdecken. Von dieser Vergangenheit waren jedoch nur noch armselige Reste da: Trümmer von Gebäuden, Asche von Menschen, Asche verbrannter Frauen und Männer.

Im Dezember 1945 wurden in Palmiry bei Warschau, einem von den Deutschen geheim gehaltenen Erschießungsplatz, der uns jedoch im Untergrund bekannt war, die ersten Exhumierungsarbeiten durchgeführt. Dann begannen Nachforschungen auch an anderen Stellen. Ich habe das in meinem Buch ›Todesring um Warschau 1939–1944‹ geschildert. Ich war bei all diesen Arbeiten dabei. Ich sah die menschlichen Überreste, die paar Habseligkeiten von Menschen, auch von Frauen und Männern, die mir aus der gemeinsamen Arbeit im Widerstand und im Untergrund gut bekannt waren, darunter waren enge Freunde.

Ich fühlte mich immer mehr verpflichtet, aufzuschreiben, was diesen Opfern wichtig gewesen ist, was sie gedacht hatten, wie und warum sie gestorben sind. Ich kann sie alle nicht vergessen. Es ging mir um das Andenken der unschuldigen Opfer, aber auch um das Wachhalten der Erinnerung, für eine Generation, die eben erst geboren wurde. Aufzuschreiben für alle Zeiten, was Menschen damals gelitten haben.

Über die ersten Opfer der Massenerschießungen unterrichteten wir in der Okkupationszeit die Regierung in London, es gab Kuriere, Männer und Frauen. Bald gab es auch die ersten Opfer unter ihnen. Auch die Häuser der Professoren, die Mitglieder der Untergrund-Universität waren, wurden durchsucht. Die Verfolgung blieb bei den Arbeitern und bei den Redakteuren der geheimen Zeitungen und Zeitschriften nicht stehen. Wir alle, sie alle lebten in ständiger Gefahr, entdeckt und umgebracht zu werden. Wir waren alle Todeskandidaten, wenn wir irgendwelche Spuren hinterließen.

Darum war es auch so schwer, nach dem Ende des Krieges und nach dem Ende der Okkupation die Spuren wiederzufinden. Wir hatten sie verwischt. Und die Deutschen hatten ihrerseits großes Interesse, ihre Spuren zu verwischen. Aber sie hatten in vielen Fällen buchhalterisch Bericht erstattet, wenn auch viele Tatsachen gefälscht worden waren. Vieles war in Flammen aufgegangen, nachdem der Warschauer Aufstand niedergeschlagen war und die Deutschen die Stadt systematisch zerstört hatten.

Bewusst habe ich den größten Teil meiner Forschungen auf die Menschen meiner Geburtsstadt Warschau konzentriert. Fast die ganze Zeit des Zweiten Weltkriegs, außer meiner Inhaftierung in Auschwitz, hatte ich in Warschau gelebt, mit den Menschen dort gelitten und gekämpft.

Manchmal habe ich selber das Gefühl, ich sei ein Totengräber, denn einen großen Teil meiner historisch-wissenschaftlichen und schriftstellerischen Tätigkeit widmete und widme ich den Toten. Mit vielen verbindet mich das eigene Leben – und die Gewissheit, dass sie für eine gerechte Sache gestorben sind, dass sie eigentlich Helden waren. Niemand wird sie so nennen, keine Kirche wird sie selig oder heilig sprechen. Aber in meiner Erinnerung lassen sich die Toten, die Gefolterten und die Gequälten, die Opfer, die Märtyrer nicht von meinem Leben trennen. Sie sind ein Chor, dessen Stimme ich manchmal höre. Keiner von ihnen sollte vergessen werden. Jeder von ihnen hatte einen Namen, ein Gesicht, hatte Gefühle, liebte und hing am Leben.

Es gibt für mich keine entscheidenden Unterschiede zwischen Juden und Polen, zwischen Menschen verschiedener Rassen und Nationalitäten. Das zeigt sich in extremen Situationen, am deutlichsten im Leiden. Ich versuchte vor allem zu dokumentieren, was im Untergrund in den Bereichen der Kultur, der Literatur, von Theater und Bildung und Unterricht vor sich ging. Ich habe mich auf verschiedene Schwerpunkte konzentriert: die mit den Fakten und den Folgen der Okkupation zusammenhängenden Probleme, die Methoden der deutschen Besatzungsmacht, die Vernichtung der Juden, die polnische Widerstandsbewegung, nicht zuletzt auf die Heimatarmee.

Diese Erinnerungsarbeit hat mich die ersten 20 Jahre seit dem Krieg beschäftigt, wenn ich die Zeiten in stalinistischen Gefängnissen dazurechne, wo ich auch über diese Probleme mit verschiedenen Häftlingen sprach, vor allem mit Leidensgenossen. Manche wichtige Einzelheiten, wichtig auch in der Einschätzung, erfuhr ich hier. Manchen unschätzbaren Hinweis speicherte ich in meinem Gedächtnis.

Mitte der sechziger Jahre konnte ich ins Ausland reisen. Ich schrieb Artikel über Israel, später über die Bundesrepublik Deutschland, zwei Länder, mit denen wir auf sehr verschiedene Weise besonders verbunden sind. Ich hielt Vorträge über unsere besondere Situation in Polen, traf Exilpolen.

Ich schrieb Artikel, um meinen Landsleuten authentische Eindrücke zu vermitteln. Die Berichte erschienen zum großen Teil in der bekannten katholischen Krakauer Wochenzeitung *Tygodnik Powszechny*.

Ich stand als Zeuge bei den Nazi-Prozessen in Hamburg einem deutschen Gericht zur Verfügung. Den Frankfurter Auschwitz-Prozess beobachtete ich als Privatmann. Meine Bücher über den Widerstand und den Zweiten Weltkrieg wurden auch in Fremdsprachen übersetzt. Die Arbeit dauert noch an. Es kommt immer wieder neues Material hinzu.

Die Erinnerung spielt für uns Polen eine besondere Rolle, sie war jedoch an enge Grenzen gebunden: Über alles, was unter sowjetischer Herrschaft geschah – das betrifft schon die Zusammenarbeit der deutschen Wehrmacht mit der Roten Armee im Zweiten Weltkrieg aufgrund der im August und September 1939 geschlossenen Geheimabkommen –, durfte nichts geschrieben, nichts veröffentlicht werden. Wenigstens nicht in offiziellen Verlagen. Ich wollte nicht lügen, nichts verdrehen, nichts auslassen. In dieser Situation musste ich Themen wählen, die man ehrlich und ohne Versteckspiele bearbeiten konnte. Das war mit ein Grund, warum ich mich als Warschauer auf Warschau konzentrierte, denn diese Stadt litt am meisten unter der deutschen Herrschaft.

Ich habe, glaube ich, keinen einzigen Satz geschrieben, zu dem ich heute nicht mehr stehen kann. Es ging mir dabei als Historiker nicht um die großen Schlachten, um strategische Ereignisse. Ich schrieb über die Menschen aus Fleisch und Blut. In den Archiven habe ich geforscht und Tausende von Namen gefunden, die so viel gelitten, die so viel geleistet haben, die es wert sind, aufbewahrt zu werden. Vor allem in meinem Werk über die ›1859 Tage Warschau‹ ist dies dokumentiert. Um zu zeigen, wie die Menschen damals lebten, habe ich das ganze Umfeld erforscht. Ich fand Gedichte, ich sammelte Witze und Anekdoten und schrieb sie auf. Ich notierte auch die Preise für Lebensmittel, die Lebensmittelkarten, die Preise auf dem Schwarzen Markt, die deutschen Bekanntmachungen aus dieser Zeit, die Veröffentlichungen der polnischen Untergrundpresse. Das Leben, alle Seiten des Lebens. Auch die schmutzigen Seiten habe ich nicht weggelassen. Ich habe nicht nur über Helden berichtet, sondern auch über die Spitzel und Kollaborateure unter meinen Landsleuten, die mit der deutschen Besatzung zusammengearbeitet haben. Nicht in allen Fällen habe ich Namen genannt. Ich wollte keine Art Sippenhaft erzeugen, vor allem dann nicht, wenn noch Kinder und Enkel lebten.

Ich wollte auch nie primär für die Professoren und Archive schreiben. Ich hatte zwölf Jahre lang das Glück, an der Katholischen Universität in Lublin die jungen Generation in Zeitgeschichte zu unterrichten. Viele Schüler, die ich in dieser Zeit hatte, sind auf dem Weg oder sind den Weg gegangen, den ich selbst ging und noch gehe. Sie haben Denken, Urteilen und Handeln gelernt. Auch ihre Arbeit wird für die Zukunft unserer Gesellschaft und meines Landes wichtig sein.

Erinnern, schreiben und sprechen. Das war und ist mein Leben. Aber ich habe auch das Schweigen gelernt. Geschwiegen habe ich, als ich eineinhalb Jahre lang an der Grenze des menschlich Erträglichen in einem Gefängniskeller gelebt habe. Ohne Spaziergang und ohne Dusche.

Wir haben auch stundenlang geschwiegen, wenn wir zu Dutzenden in einer Zelle versammelt waren, ein Zeichen, dass wir die anderen respektierten. Auch das Schweigen als eine Kunst, mich nicht mehr zu erinnern, habe ich gelernt, vor allem bei den Verhören. Da hat mich mein Gedächtnis oft im Stich gelassen. Sei es, um mich selber, meine Freunde und meine Familie zu schützen. Denn nichts anderes schätzt die Polizei in autoritären Systemen mehr als ein gutes Erinnerungsvermögen. Mich hat in solchen Fällen mein sonst immer so geschätztes Gedächtnis im Stich gelassen …

Wenn ich auch gerne mit Menschen spreche, so suche ich mir doch meine Kontakte aus. Ich hatte nämlich damals auch Zeit, über mich nachzudenken, über das, was wirklich wichtig ist in meinem Leben. Andere tun das vielleicht heute in einem ›Kloster auf Zeit‹ oder bedienen sich verschiedener asiatischer und anderer Methoden. Mein Übungsraum war das Gefängnis.

Die Jahre waren für mich trotz aller Einschränkungen sehr fruchtbar. Und das Wichtigste: Ich habe überlebt. Andere sind gestorben, sie haben viel mehr gelitten, haben Schreckliches durchgemacht.

Zur Einsamkeit und zur besonderen Situation gehörte damals auch etwas, worüber ich nicht gerne schreibe: die Bereitschaft oder mindestens in jedem Fall die Möglichkeit sterben zu müssen.

Man hat alles getan, um uns zu erniedrigen. Wir hatten nicht einmal etwas zum Lesen. Wir sollten uns geistig nicht weiterentwickeln.

Wir hatten trotz all dieser Entbehrungen die beste Schule, die man sich denken kann. Es waren Männer im Gefängnis, die älter und erfahrener waren als ich. Sie hätten mein Vater, mein älterer Bruder, mein Onkel sein können. Mit diesen entwickelten sich unter dem Druck der Lage Gespräche ganz besonderer Art.

Wir sprachen auch viel mit katholischen Priestern, denn viele von ihnen waren verhaftet und inhaftiert worden. Ich bin der Meinung, es war gut für uns und gut für die Geistlichen, gut, dass auch mancher Priester, dass auch mancher Bischof in dieser Zeit gelitten hat. Da waren einfache Vikare und Priester vom Land dabei. Es gab aber in den Gefängnissen auch Studenten-Seelsorger, Professoren der Theologie und Philosophie. Wenn sie das Glück hatten, zu überleben, dann kamen sie als andere Menschen nach Hause. Sie waren anders, sie waren erfahrener. Jetzt wussten sie, was man vergessen soll und an was man sich erinnern muss.«[1]

Das Wiedererstarken des Rechtsradikalismus und Rechtsextremismus in Deutschland gibt Anlass genug, dass die Erinnerung die beste Waffe gegen das Vergessen ist, denn »wer sich der Unmenschlichkeit nicht erinnern will, der wird wieder anfällig für neue Ansteckungsgefahren« – so Richard von Weizsäcker in seiner berühmten Gedenkrede zum 40. Jahrestag des Endes des Zweiten Weltkriegs vom 8. Mai 1985.

Ethik des Erinnerns

»Es gibt tausend und ein Tor zum Garten der mystischen Wahrheit. Jeder Mensch muss das seine suchen und finden. Das Tor, das die Vergangenheit öffnet, ist das gleiche Tor, das die Zukunft aufschließt« – so Elie Wiesel.[2]

Eine Ethik des Erinnerns kann nur gelingen, wenn sie einen Weg markiert, der sicherstellt, dass dem Holocaust und anderen Völkermorden vergleichbare Geschehen sich in Gegenwart und Zukunft nicht erneut einstellen und den Opfern Respekt und Gerechtigkeit gleichermaßen widerfährt. Ihr Ziel ist daher, diesen beiden Aspekten nicht nur Rechnung zu tragen, sondern Erinnerung auch als Kraftquelle für gegenwärtige und in die Zukunft weisende Handlungsorientierungen zu erfahren. Der Erinnerung an die Leiden der Opfer und an die Missachtung der Menschenwürde sowie der Erinnerung an die Mitleidlosigkeit und an die Kälte zwischen den Menschen kommt dabei eine zentrale Rolle zu. Auch Theodor W. Adorno, Hannah Arendt, Walter Benjamin, Karl Jaspers und mit ihnen alle, die sich mit der »Katastrophenhaftigkeit« des Menschen auseinander gesetzt haben, messen der Erinnerung diese notwendige Kraft zu. Karl Jaspers: »Das, was geschah, muss eine Warnung sein. Es zu vergessen ist ein Vergehen. Es muss fortwährend in unserer Erinnerung liegen. Es war möglich, dass es geschah, und es ist möglich, dass es wieder geschieht. Davon zu wissen allein kann dies verhindern.«[3]

Ihre Basis hat eine Ethik des Erinnerns in der Aufforderung, die aus zwei einfachen Worten besteht: Nie wieder! Und in der Forderung, den Opfern gedenkend Würde zurückzugeben und Achtung entgegenzubringen, nach Adorno alles uns Mögliche zu tun, unser Denken und Handeln so einzurichten, dass sich Auschwitz nie wiederhole.[4]

Dieser kategorische Imperativ im Sinne Adornos ist geschichtlich eingebunden sowie an das Denken und Handeln heute und für die Zukunft rückgebunden. Eine Ethik, die sich einem historisch verankerten Imperativ verpflichtet, ist ihrerseits an Erinnerung rückgebunden.

Der Erinnerung an das Grauen von Auschwitz, dem Gedenken der Opfer des Holocaust wird eine Kraft zugemessen, die auf eine praktische Revision unseres Bewusstseins zielt, uns wachrüttelt und in der Lage ist, unsere Entschlossenheit und Bereitschaft zu stärken, ein geistiges, kulturell-gesellschaftliches und politisches Klima zu schaffen, eine auch nur annähernd vergleichbare Katastrophe in Zukunft mit allen Mitteln auf jeden Fall zu verhindern. Eine solche Praxis der Gegenwarts- und Zukunftsverantwortung kann nur gelingen, wenn die Erinnerungen der Menschen ihr Inneres berühren, in der Gesellschaft verwurzelt sind und nicht zu einer theoretischen Disziplin ethischer Experten verkommen.

Der Prozess des Erinnerns führt uns zu den Untergegangenen, zu den Menschen an den Rändern der Gesellschaften, zu den konkret anderen, er führt uns von ihnen auch wieder zu uns zurück und zeigt uns unsere eigenen Beschädigungen.

Eine Ethik des Erinnerns entscheidet sich, obwohl sie sich so sehr um die Vergangenheit bemüht, für die Gegenwart und nicht für die Vergangenheit. Sie entscheidet sich, obwohl sie den Toten verpflichtet ist, für die Lebenden. Elie Wiesel lässt in »Tag« den Künstler Gyula – einen Holocaust-Überlebenden – die Entscheidung für das Leben ausdrücken: »Vielleicht ist Gott tot, aber der Mensch lebt. Der Beweis dafür ist, dass er der Freundschaft fähig ist. [...] Es ist die Pflicht des Menschen, dem Leiden ein Ende zu bereiten, und nicht, es zu vermehren. Eine Stunde Leiden weniger ist schon ein Sieg über das Schicksal.«[5] Noch misslingt Gyulas Versuch, seinen Freund für die Gegenwart und Zukunft zu erreichen, er vergisst die Asche mitzunehmen, der Ich-Erzähler bleibt noch in der Vergangenheit, im Königreich der Nacht zurück.

Die Relevanz einer Ethik der Erinnerung zielt auf ein der Zukunft verantwortetes Handeln ebenso wie auf eine gerechte Welt für alle. Der Grundgedanke: »Radikale Umbesinnung auf Humanität hin in allem und jedem, weil Auschwitz stattgefunden hat.«[6] Maßstab einer Ethik der Erinnerung ist folglich Humanität. Anders ausgedrückt: Ihr Reflexionszentrum ist der Zivilisationsbruch durch Auschwitz. Als skeptische Ethik misstraut sie einem naiven ethischen Optimismus und weiß um »die Unzulänglichkeiten des Tuns« und um das Gefühl »einer letzten Vergeblichkeit«.[7] Da die aufklärerische Vernunft neben Licht und Befreiung auch unvergleichliches Grauen hervorgebracht hat, gilt es, die Stimme der Opfer zu hören und zu bewahren. Deshalb durchdenkt eine Ethik der Erinnerung die Gesamtheit der Moralphilosophie aus der Perspektive und den Forderungen der »Verantwortung« für die Opfer, mit dem Ziel, eine geschichtliche Alternative zu finden, die es erlaubt, wie Enrique Dussel formuliert, »in Ägypten zu kämpfen, während der Übergangszeit in der Wüste zu wandern und das verheißene Land aufzubauen«.[8] Auf der Suche nach dieser geschichtlichen Alternative geht eine erinnernde Ethik von der Negation der Negation, dem Nein, dem Widerstand gegen die Vernichtung des anderen aus. Deshalb ist eine Ethik des Erinnerns eine hörende Ethik, »die sich an den Zeugnissen der Opfer orientiert und die ethische Relevanz literarischer Verarbeitung von Leidenserinnerungen hervorhebt«.[9]

Die ganze Welt wusste von den Verbrechen und schwieg, die ganze Menschheit ließ die Verfolgten mit dem Tod ringen und sterben. »Allerdings«, betont Elie Wiesel immer wieder, »nicht nur unser Volk lag im Sterben: In uns allen kam etwas zu Tode.«[10]

Um möglichen Missverständnissen zu begegnen: Einer Ethik der Erinnerung geht es nicht um einfache »Lehren aus der Vergangenheit« oder um »Lehren von Auschwitz«. Diese darf es nicht geben, wenn das grauenhafte, unfassbare Leiden nicht verzweckt werden soll. Es geht auch nicht um künstliche Parallelen zwischen der Vergangenheit und Gegenwart und schon gar nicht darum, im Heute überall Ähnlichkeiten und Strukturen des Nationalsozialismus zu finden – das käme einer Banalisierung der ganzen Verbrechen gleich. Aber eine Ethik, die Entscheidungen treffen will über das Zusammenleben von Menschen, muss die Geschichte studieren und ihre Normen aus der Kenntnis dieser Geschichte entfalten. Ein wesentliches Anliegen einer erinnernden Ethik ist demnach, an beschädigtes und ausgelöschtes Leben zu erinnern.

Was bedeutet dies nun für die Frage nach der Darstellbarkeit der NS-Verbrechen und den Formen der Erinnerung? Die Verbrechen der Nazis ließen den Menschen, denen sie das Recht auf Leben absprachen, in den wenigsten Fällen einen Namen, ein Grab oder auch nur eine Nummer. Die Spur der Ermordeten verliert sich meist mit der Nummer eines Transports. Da mit der nationalsozialistischen Vernichtungsmaschinerie ein Morden praktiziert wurde, »das mit dem Leben immer auch die Möglichkeit des Erinnerns zu nehmen suchte«,[11] gilt es als ein vernünftiger widerständiger

Akt, zuallererst die konkreten, verstummten, individuellen Opfer zu erinnern.

Die NS-Diktatur hat den furchtbaren Begriff der »Unerwünschten« und »Lebensuntauglichen« gesetzt. Und dieses Leben ließ das NS-System von der Erdoberfläche verschwinden, als hätte es diese Lebenden nie gegeben. Hannah Arendt beschreibt die einzige Spur, die sie hinterließen, als die »Erinnerung derer, die sie kannten, liebten und zu deren Welt sie gehörten«. Berichte von Überlebenden sind oft die letzte Spur der Ermordeten. Und damit nicht die totalitäre Polizei mit ihrer »vornehmsten und schwierigsten Aufgabe [...] auch die Spur mit den Toten zugleich auszulöschen«[12] einen späten Sieg davonträgt, gilt es, die Lebensgeschichte, den Leidensweg und den Kampf der Ermordeten und Überlebenden wach zu halten.

Aber es gilt auch, an die individuellen Zustimmungen zum Nationalsozialismus konkret zu erinnern. Wenn aktuelles Handeln wirklich motivierbar sein sollte aus erinnerter Vergangenheit, muss sowohl an die Opfer als auch an die Täter konkret erinnert werden. Erst dann kann eine Antwort auf Primo Levis Fragen gefunden werden: »Wie viel von der Welt des Konzentrationslagers ist tot und kehrt nicht wieder [...]? Wie viel ist wiedergekehrt oder ist dabei, wiederzukehren? Was kann jeder Einzelne von uns tun, damit in dieser von vielen Gefahren bedrohten Welt zumindest diese eine gebannt wird?«[13] Ein pluralistisches und tolerantes Welt- und Menschenbild dürfte zur Beantwortung dieser Fragen und zur Verhinderung der Wiederkehr eines vergleichbar Grauenhaften beitragen.

Eine Ethik des Erinnerns ist an eine Ethik des Gedenkens gebunden und umgekehrt – sie bedingen sich gegenseitig.

Mit den Feiern zum 50. Jahrestag der Befreiung der Konzentrationslager wurde 1995 vom Bundestag der Beschluss zur Institutionalisierung des 27. Januar – dem Tag der Befreiung von Auschwitz – als nationalem Gedenktag für die Opfer der NS-Verfolgungs- und Vernichtungspolitik gefasst. Heraus kam dabei bisher um dieses Datum herum erhöhte Betriebsamkeit der Medien und Schulen, nicht über das System Auschwitz als Symbol neu nachzudenken, sondern wieder fast ausschließlich die Reproduktion bekannter Dokumentationen und pathetisch-ästhetisierender Darstellungen der Verfolgung der deutschen Juden.

Seit zehn Jahren wird über ein Holocaust-Denkmal und ein Holocaust-Museum in Berlin gestritten. Die Einrichtung von Holocaust-Studiengängen, eine Didaktik der Holocaust-Erziehung für Kinder im Vorschul- und Grundschulalter in Nachahmung der schon entwickelten Programme in den USA und Israel wird auch bei uns propagiert und mit der Notwendigkeit einer Werteerziehung und Vorurteilsvermeidung zur Prävention von Rechtsextremismus und der Wiederholung des Holocaust begründet. Multimediale Holocaust-Programme für die Kinder und Jugendlichen der Computergeneration sind der neueste Trend. Virtuelle Realität in Kombination mit Holocaust – die negativen Möglichkeiten scheinen nicht zu Ende gedacht. Erste Produkte auf dem Markt lassen dies erahnen.

Die Befürchtung, dass nach den Gedenkzeremonien zum

50. Jahrestag des Kriegsendes und der Befreiung der KZ-Häftlinge das Gedenken ein Ende nehmen werde, hat sich nicht bewahrheitet. Unsere Überlegungen sollten sich daher neben dem immer noch erforderlichen Appell »Wehret den Anfängen und Fortgängen« auch mit einem »Wehret dem Leidenskitsch und sinnentleerter Betroffenheit« heutiger Gedenkkultur beschäftigen. Es kann nicht sein, dass dieselben Politiker, die Kränze an Gedenkstätten niederlegen, andererseits Menschenrechtsverletzungen begehen und sie mit Kreuzzügen gegen die »Schurkenstaaten« rechtfertigen. Es leidet aber auch hierzulande die Ernsthaftigkeit ebenso wie die Glaubwürdigkeit, wenn Einrichtungen wie die Deutsche Bundesbahn als Beitrag zum Gedenken einen Intercity-Expresszug nach Anne Frank benennt, einen anderen Zug aber gleichzeitig nach Friedrich Ludwig Jahn, der eben nicht nur »Turnvater«, sondern Erzantisemit und völkischer Vordenker war.

Die primäre Funktion der meisten Gedenkstätten, insbesondere von KZ-Gedenkstätten, besteht weiterhin darin, dass dies große Friedhöfe sind, dass dort auch zu Gedenktagen zeremonielles Gedenken stattfindet und wohl auch in Zukunft stattfinden wird. Dennoch muss man sich Gedanken darüber machen, in welchen Formen dies in Zukunft geschehen kann. Für die Jugendlichen von heute wirkt ritualisiertes, pathetisches Gedenken heuchlerisch und damit völlig unglaubwürdig.

Eine weitere Funktion dieser Stätten ist die der Dokumentation der Ereignisse am authentischen Ort, selbst wenn durch Verfall und gestalterische Eingriffe oft nicht mehr viel authentisch ist. Die künstlerische Gestaltung der Denkmale thematisiert durchgängig Tod und Zerstörung, die Ikonographie der Gedenkstätten ist die eines Todeskultes.

An vielen Orten musste und muss noch Forschung nachgeholt werden. Diese Aufgabe ist jedoch in ihren Dimensionen überschaubar und ändert an den zu vermittelnden Grunderkenntnissen nichts. Gedenkstätten zu akademischen Forschungsinstituten auszubauen, würde in die Irre führen, denn Forschung setzt emotionale Distanz voraus, die in einer KZ-Gedenkstätte problematisch ist.

Viel stärker in die Zukunft hinein weist die Funktion dieser Orte als Lernorte, womit wiederum nicht Schulunterricht gemeint ist. Es geht an diesen Orten nicht darum, mit ausgeklügelten Strategien den Besucher zu belehren, wie dies Schulen und Universtitäten zu leisten haben und vielfach ja auch tun. Es geht vielmehr darum, Geschichte individuell kognitiv und emotional erfahrbar zu machen. Dies kann jedem Einzelnen helfen, sich seiner selbst, seiner nationalen Identität und des Eingebundenseins in geschichtliche Zusammenhänge sowie der daraus resultierenden Verantwortung – nicht Schuld – bewusst zu werden.

Durch ein- bis zweistündige standardisierte Ausstellungsführungen für Großgruppen, wie dies überwiegend in Gedenkstätten geschieht, lässt sich das nicht erreichen, sondern nur, indem Möglichkeiten der vertieften individuellen Auseinandersetzung angeboten werden. Häufig werden die Besucher vor allem in konzentrierter Form schockierenden Fotos und Schilderungen von gedemütigten und misshandelten Menschen und den schauderhaften Bedingungen in Ghettos und Konzentrationslagern ausgesetzt, die im Gedächtnis haften bleiben. Die Konfrontation mit dem Grauen geschah und geschieht immer wieder in guter Absicht. Der Anblick soll Empathie mit den Opfern wecken und moralische Ermahnung zugleich sein.

Ausstellungsmacher und die pädagogischen Angebote von Gedenkstättenmitarbeitern haben vor allem Jugendliche als Adressaten moralischer Erziehung im Visier. So wurde auf einer internationalen Konferenz in der Gedenkstätte Yad Vashem in Jerusalem im Oktober 1996 die Erwartung geäußert, »Holocaust-Erziehung« würde die Jugend befähigen, »eine bessere Welt zu schaffen«.

Wenig hinterfragt wird dabei aber, ob durch die Anschauung von Gewalt und Brutalitäten, Zeitzeugenberichten aus der Opferperspektive, bei denen die Darstellung von Leid und Grausamkeiten im Zentrum steht, Vorurteilsbereitschaft und latenter Rassismus nachhaltig abgebaut werden. Erkenntnisse über die Ursachen und die Verursacher von Unrecht und Leid werden durch diese Präsentationsform kaum gefördert. Auf Schock- und Betroffenheitspädagogik reagieren Jugendliche ebenso mit Abwehr wie auf konventionelle Vermittlungsformen – Vortrag und Führung – sowie monotone Wiederholungen des gleichen Stoffes. Bemerkenswerte Vorschläge zur Gedenkkultur und zur pädagogischen Arbeit machte Annegret Ehman: »Jugendliche sollten eigenständig die in einer Gedenkstätte zu bearbeitenden Themenschwerpunkte wählen können. Motivationen und Interessen müssen Vorrang vor jenen des Gruppenleiters beziehungsweise des Lehrers oder die Notwendigkeiten eines Lehr- oder Seminarplans haben. Ein Gedenkstättenbesuch sollte auch nicht mit anschließenden Leistungsprüfungen verbunden sein. Methodisch sind Lern- und Arbeitsweisen zu ermöglichen, die im normalen Schulbetrieb überwiegend nicht zu realisieren sind, dass heißt weitgehend selbständige, arbeitsteilige Kleingruppenarbeit mit Dokumenten, Bild- und Tonquellen, Recherchen in der Bibliothek, eigenständige Fotoausstellungen und Videoproduktionen, Bild- und Textcollagen, Schreiben von Texten, Erarbeitung einer szenischen Lesung usw.

Trotz ermutigender Beispiele aus der Praxis heutiger Gedenkstättenarbeit ist es dennoch ein Fehlschluss zu erwarten, dass durch die didaktisch richtige Vermittlung der NS-Verbrechen quasi in einem Akt der Katharsis die besseren Menschen nach einem Studientag aus einer Gedenkstätte hervorgehen. Das ist nicht nur pädagogische Hybris, sondern auch eine ungerechtfertigte Überfrachtung der Jugendlichen mit moralischen Maximen, die ihnen die Erwachsenenwelt keinesweg glaubwürdig vorlebt. Über die langfristigen Auswirkungen der Auseinandersetzungen mit dem Nationalsozialismus auf das historische und politische Bewusstsein, insbesondere bei Jugendlichen, liegen bisher nur sehr wenige Untersuchungen vor, wie überhaupt nur die Rezeption von Ausstellungen in Gedenkstätten. Ebenso wenig Verlässliches wissen wir über die Entstehung und vor allem Veränderung historisch-politischer Einstellungen. Ob also diese Jugendlichen nach einem solchen Holocaust-Intensivkurs beziehungsweise einem Gedenkstättenbesuch – sei es auch ein ganzer Tag, in der Regel sind es aber nur zwei bis drei Stunden – so nachhaltig ›moralisch sensibilisiert‹ sind, dass sie Jahre später an ihrem jeweiligen Arbeitsplatz – sofern sie bei der desolaten Arbeitsmarktlage überhaupt einen finden – dazu beitragen, eine ›bessere Welt‹ zu gestalten, darf bezweifelt werden. Dennoch besteht kein Zweifel darüber, dass diese Geschichte in Schulen und Gedenkstätten gelernt werden muss. Sie ist unabdingbarer Teil unserer Geschichte auch für alle kommenden Generationen.

Die fast ausschließliche Konzentration des Angebots von Gedenkstätten auf Jugendliche, möglichst noch im Pubertätsalter, ist nicht nur problematisch. Es ist auch eine Form der Verdrängung. Seminare für Erwachsene haben ergeben, dass Erwachsene an Angeboten zur historisch-politischen Weiterbildung durchaus interessiert sind, um ihre lückenhaften und veralteten Geschichtskenntnissse aufzubessern. Sie suchen solche Möglichkeiten nicht zuletzt, um als Eltern und Großeltern qualifiziert mit ihren Kindern oder Enkeln über die Schwierigkeit des Umgangs mit der deutschen Geschichte diskutieren zu können, wenn diese in der Schule damit konfrontiert werden. Auf diese veränderten Bedingungen müssen Gedenkstätten weit stärker als bisher adäquat reagieren.

Der Nationalsozialismus ist eine der am intensivsten erforschten Geschichtsepochen. Die Fachliteratur ist kaum noch überschaubar. Aber das Wissen, das Detailwissen beschränkt sich meist auf einen sehr kleinen Kreis von Fachleuten. Die Aufgabe von Gedenkstätten sollte es daher vordringlich sein, diesen Wissensstand und die jeweils aktuellen Forschungsergebnisse einer breiten Öffentlichkeit zugänglich und vermittelbar zu machen, das heißt außer Jugendlichen auch Erwachsenen im Rahmen von Weiterbildungsangeboten. Politische Bildung dieser Art braucht eine dem jeweiligen Adressaten gerecht werdende Didaktik und Methodik, die Vorkenntnisse und Fähigkeiten berücksichtigt, sich nicht in moralisierender Belehrung erschöpft, sondern auf Empathiefähigkeit vertrauend sensibilisiert und damit erst die Voraussetzung für lebendiges Erinnern und Gedenken schafft. Die Konfrontation mit dem Grauen per se hat keinen Erkenntnis- oder Bildungswert. Die grundlegenden Fakten sind heutigen Besuchern von Gedenkstätten bekannt. Der ständige Verweis auf Auschwitz und das Grauen, die Wissensvermittlung über Auschwitz allein – so unverzichtbar Wissen auch ist – ist nicht gleichbedeutend mit ›Erziehung nach Auschwitz‹, wie Theodor W. Adorno[14] in seinem viel zitierten Aufsatz unter diesem Titel schon vor drei Jahrzehnten forderte: ›Die einzige wahrhafte Kraft gegen das Prinzip von Auschwitz wäre Autonomie, die Kraft zur Reflexion, zur Selbstbestimmung zum Nicht-Mitmachen.‹[15] ›Erziehung nach Auschwitz‹ im Adorno'schen Sinne ist ›Erziehung zur Mündigkeit‹.«[16]

»Erziehung zur Mündigkeit« sollte Basis daher auch jeglicher didaktischer Arbeit in KZ-Gedenkstätten sein. Gedenkstätten können dazu einen wesentlichen Beitrag leisten, wenn sie weder dem »Leidenskitsch« und heuchlerischer Betroffenheitskultur dienen noch von Geschäftemachern instrumentalisiert werden, wie dies zu Recht Norman G. Finkelstein[17] anprangert.

Gedenken – Mahnen – Lernen
Zusammenfassung

Gedenken

Das Gedenken an die Opfer muss an Orten ehemaliger Konzentrationslager weiterhin Aufgabe bleiben. Bedingt durch den mit der zeitlichen Entfernung verbundenen immer geringer werdenden persönlichen Bezug kann dieses Gedenken nicht im Sinne der Nah-Emotion der individuellen Trauer verstanden werden.

Vielmehr sollte die Möglichkeit des Nachempfindens und Einfühlens über die Vermittlung von Einzelschicksalen geboten werden. Die Gedenkstätten sollten in ihrer pädagogischen Arbeit den Besuchern die Möglichkeit des Nachdenkens und In-Sich-Gehens bieten. Eine Identifikation mit den Opfern, die nur auf Kosten der historischen Darstellung geleistet werden kann, oder eine Überbetonung der emotionalen Elemente sollte dabei auf jeden Fall vermieden werden. Daher ist es weder für die Überlebenden und deren Angehörige noch für eine Auseinandersetzung mit dieser Geschichte sinnvoll und hilfreich, allein bei dem Leid der Opfer zu verharren. Dieses Leid macht sprachlos und handlungsunfähig. Wenn neben dem individuellen Leiden nicht auch nach den gesellschaftlichen Umständen gefragt wird, besteht die Gefahr, dass Ursachen und Auswirkungen, Opfer und Täter vermischt werden, wie zum Beispiel im Zellenbau des ehemaligen Konzentrationslagers Sachsenhausen, wo die Gedenkstättenleitung 1991 eine Inschrift mit dem Text »... und vergib uns unsere Schuld, wie auch wir vergeben unseren Schuldnern« anbringen ließ. Auch Mitarbeiter der Stiftung *Topographie des Terrors* machen immer wieder die Erfahrung, dass falsch oder überhöht gesetzte Aspekte das historische Gelände überformen. So zeigen sich immer wieder Besucher von den »Folterkellern« beeindruckt und meinen, sich durch diese »Betroffenheit« emotional den Opfern auf der Ebene »wie schrecklich es doch war« nähern zu können. Der historische Ort sperrt sich gegen eine solche Interpretation. Zur Verdeutlichung: »Der Anspruch auf historische Information, darauf, historische Zusammenhänge und die Bedingungen von Ereignissen zu erklären, setzt die Analyse voraus und erfordert die rationale Aufmerksamkeit des Besucher. Die emotionale Anrührung durch das dargestellte Leiden ist eine wichtige Voraussetzung dafür, diese intellektuelle Arbeit in Angriff zu nehmen, trägt aber zur Erklärung selbst nicht bei.«[18]

Ein Perspektivwechsel ist im Land der Täter und Mitläufer die beste Form, der NS-Opfer zu gedenken. Dies müsste bei der Sichtweise und Interpretation der Dokumente, die häufig von Tätern geschrieben wurden oder bei den Fotos, die anzufertigen ebenfalls nur die Täter die Möglichkeit hatten, Berücksichtigung finden. Die Selbstzeugnisse der Verfolgten und Ermordeten müssten einer anderen Würdigung unterzogen werden. Sowohl eine individuelle als auch gesellschaftliche Anerkennung der Opfer und Überlebenden, die sich auch in einer angemessenen finanziellen Entschädigung ausdrückt, müssten als Ergebnis dieses Prozesses stehen.

In Deutschland, wo der Großteil der Bevölkerung als Täter und Mitläufer während des NS-Regime agiert hat, ist die

Einrichtung von Gedenkstätten für die Opfer dieser Taten eine einzigartige gesellschaftliche Leistung. Erst wenn sich diese Gesellschaft der Verbrechen erinnert, sich dazu bekennt und die Verantwortung dafür übernimmt, wird ein Gedenken an die Opfer möglich, das nicht als Alibi verkommen ist. Insofern ist die Arbeit in den Gedenkstätten untrennbar mit der Darstellung der Täter und ihrer Taten verbunden. Die Stiftung *Topographie des Terrors* betont diesen Aspekt, den Beweischarakter und die historische Aufklärung. Nicht über Opfer, sondern über Strukturen und Täter wird informiert. Dieses führt immer wieder zu Spannungen, wenn von Besuchern bewusst der Opferaspekt gesucht wird. Wobei offensichtlich ist, dass diese analytische Trennung in Wirklichkeit nicht besteht und Taten auch immer Opfer verursachen.

Mahnen

Gerade die menschliche Dimension der NS-Verbrechen macht das Geschehene auch für die Gegenwart und Zukunft so gefährlich. Zugleich stellt sich immer wieder aufs Neue die Frage, ob und inwieweit aktuelle Konflikte oder Problemlagen mit Ereignissen im Nationalsozialismus verglichen werden können. Aktuelle Prozesse als Mittel zu nutzen, um die NS-Geschichte interessanter zu gestalten – zum Beispiel Asylbewerber heute = Juden in der NS-Zeit –, wird von den meisten Gedenkstättenmitarbeitern zu Recht als hilflos und falsch betrachtet. Ebenso ist festzustellen, dass sowohl die Ausstellungsmacher als auch die Besucher »aktualisieren«, das heißt die Art und Weise der Gedenkstättenarbeit sowohl von den gesellschaftlichen Rahmenbedingungen als auch der Erfahrungswelt der Besucher geprägt ist. Auf diese Bedürfnisse sollte bei den Gedenkstättenbesuchen individuell und mit der notwendigen Differenzierung eingegangen werden.

Der mahnende Charakter der Gedenkstättenarbeit kommt zum Tragen, indem Besucher durch die Beschäftigung mit der Geschichte für ihre Gegenwart sensibilisiert und zum Nachdenken und entsprechendem Handeln angeregt werden. Alle Formen der Beschäftigung sollten davon ausgehen, »das Vorurteile und Stereotype sich auf dem Hintergrund der politischen Kultur eines Landes entwickeln. Erwiesenermaßen werden sie wenig durch direkte Gegeninformation und sachliche Diskussion beeinflusst. Aneignung und Vermittlung von Geschichte, die immer aktuelle politische Situationen tangieren, sind zunächst einmal Annäherungen, Einkreisungen, Zuspitzungen, die über das Intellektuelle hinausreichen oder die Sachinformationen vorbereiten. Auf diese Weise prägen die Vermittlungsformen in Gedenkstätten umgekehrt auch die politische Kultur ein Stück weit mit.«[19]

Die Beschäftigung mit den NS-Verbrechen, dem schwer Verständlichen und kaum Beschreibbaren, darf nicht als »Wundermittel« für die politische und moralische Läuterung einer Gesellschaft in Frage kommen.[20] Sie können bestenfalls zur Findung eines eigenen Maßstabes für heutiges Handeln genutzt werden. Es muss eher der aktuell sichtbaren Tendenz entgegengewirkt werden, die Gedenkstätten als »Recyclingsinstitution« für unsere Gesellschaft zu benutzen.

Die Erinnerung wird so nur aus der Gesellschaft herausgedrängt und an dafür geschaffenen Orten professionell »ghettoisiert«.

Lernen

Bildungsarbeit in Gedenkstätten wird von außen mit einem zunehmend moralischen Anspruch behaftet. Von den Medien und der Politik werden diese Einrichtungen als Bollwerke gegen Rechtsextremismusentwicklung angesehen. Diese hohen moralischen und inhaltlich an der falschen Stelle ansetzenden Ansprüche können von Gedenkstätten nicht erfüllt werden. Aus diesem Grund sollte dafür plädiert werden, die Erwartungen an die Wirkungen dieser Einrichtungen realistischer einzuschätzen. Was zugleich aber auch bedeutet, dass es nach wie vor für alle Bereiche der Gesellschaft wesentlich ist, sich mit den NS-Verbrechen und ihren Auswirkungen zu beschäftigen und dieses nicht auf kleine, überforderte Institutionen abzuwälzen.

Die Vorbereitung auf einen Besuch in einer Gedenkstätte und dessen Einbettung in eine intensive Beschäftigung mit der NS-Zeit ist besonders wichtig. Bei einem zweistündigen Aufenthalt können nicht die Versäumnisse von Gesellschaft und Erziehung insgesamt aufgeholt werden. Demzufolge sollten sich die Gedenkstätten nicht in die »Totalitätsfalle«[21] begeben. Die Erfahrungen und wenige empirische Untersuchungen[22] zeigen, dass das Interesse an dem konkreten Geschehen vor Ort Ausgangspunkt und Schwerpunkt des Besuches ist. Deren Einordnung in die historischen Zusammenhänge muss in der Vor- und Nachbereitung stattfinden. Häufig richtet sich die Erwartung – auch junger Besucher – auf die Suche nach dem authentischen Erleben, der sinnlichen Erfahrung. Immer wieder berichten Gedenkstättenpädagogen über die Enttäuschung der Besucher, wenn das Gesehene nicht diesen Erwartungen entspricht. Viele Besucher, vor allem wenn sie zu der Generation gehören, die mit dem Fernsehen aufgewachsen ist, erwarten eine Filmkulisse, wo doch die historische Wirklichkeit nicht nachzuvollziehen ist. Gedenkstätten sind daher aufgefordert, anstatt in der Verpackung mit den Medien eine vergebliche Konkurrenz anzustreben, eine Reflexion über die Vergangenheit anzuregen. Dies auch indem Erwartungen von Besuchern gebrochen werden, denn, wie Jörn Riesen treffend formuliert hat: »Bruchstellen sind Fundstellen.«[23]

Die Authentizität des Ortes wird dabei für die Arbeit von Gedenkstätten mit zunehmendem zeitlichem Abstand wichtiger. Diese »steinernen Zeugen« sind das Dokument dafür, dass sich die Geschichte ereignet hat. Die Orte bieten Anlässe, Leiden und Hoffnung, Vereinzelung und Überlebenswillen, Entwürdigung und Sehnsucht zu vergegenwärtigen. Gedenkstätten verstehen sich dabei als offene Lernorte, die sich als solche von schulischem und musealem Lernen unterscheiden. Der Lernortwechsel wird dadurch produktiv genutzt, dass die Ereignisse vor Ort beschrieben und Einzelschicksale dargestellt werden. Bei längeren Lern- und Studienaufenthalten oder Projektwochen können darüber hinaus inhaltliche Bereiche intensiver behandelt werden. Mit einem ausreichenden Zeitbudget bieten diese authentischen Orte die Möglichkeit, die Trennung von Erforschung, Dokumentation und Bildungsarbeit aufzuheben sowie inhaltlich und methodisch vielfältig zu gestalten: Zeitzeugenaussagen, Dokumente, Archivbilder und Diskussionen können sich abwechseln.

In Gedenkstätten sollte darauf verzichtet werden, enzyklopädisches Wissen und interessengebundene Deutungen zu vermitteln. Empathie und Solidarität mit den Opfern sollte geweckt werden, anstatt eine auf moralische Appelle ausgerichtete Pädagogik zu verfolgen. Aus der Sicht der Gedenkstätten erscheint es zudem wesentlich, die Vorbereitung und den Aufenthalt für Gruppen junger Menschen ohne moralischen Druck durchzuführen. GedenkstättenmitarbeiterInnen haben mit Pädagogen, die darauf verzichten, einen Niveauunterschied zwischen sich und den jüngeren Menschen aufzubauen und sich mit ihren Fragen in den Besuch einbringen, gute Erfahrungen gemacht. Dieses Beteiligtsein überträgt sich und führt in der Regel zu einem wachen Interesse der gesamten Gruppe.

Vor allem von der Generation, für die die Auseinandersetzung mit der Verdrängung der NS-Verbrechen Zentrum der politischen Meinungsbildung dargestellt hat, wird oft der eigene moralische Anspruch auch auf die Schüler übertragen. Im Unterricht zum Thema Nationalsozialismus werden wesentlich höhere Maßstäbe an das Verhalten und die inhaltliche Bearbeitung angestrengt als bei jedem anderen Stoff. Die Zielvorgaben erlauben den Schülern nicht mehr, sich zu distanzieren oder nicht betroffen zu sein. Vor allem bei einem Besuch in Gedenkstätten, bei dem von den Schülern erwartet wird, dass sie die vorhergesagte Betroffenheit ausdrücken, wird der Anspruch dieser Form der Pädagogik an die Schüler noch erdrückender. Diese gut gemeinten Absichten bergen die Gefahr in sich, dass die autoritären Unterrichtsstrukturen bei den Schülern das von Lehrenden erwartete Verhalten an den Tag legen, ohne dass sich die Lernenden wirklich auf die Anfragen, die die Fakten der NS-Verfolgung auszulösen vermögen, einlassen können. Angesichts des besonderen Gegenstandes sollte die Möglichkeit des Unbeteiligt-Bleibens oder Sich-Entziehens für die Lernenden jedoch immer vorhanden sein.

Gedenkstätten bemühen sich um eine große Offenheit für vielfältige und neue Formen der Vermittlung. Da das Eigentliche, der Bericht der Überlebenden, aufgrund des zeitlichen Abstandes immer seltener in die Gedenkstättenarbeit einbezogen werden kann, werden die MitarbeiterInnen mit ihrer Kompetenz immer wichtiger. Das Gespräch, in dem auf die Fragen und das Befinden der Gruppen spontan reagiert werden kann, sollte dabei das zentrale methodische Prinzip bleiben.

Ziel eines Besuches in den Gedenkstätten sollte es daher sein, die Gedenkstätten als Lernorte so normal wie möglich zu gebrauchen und zugleich in Zusammenarbeit mit den MitarbeiterInnen deren pädagogische Möglichkeiten denkbar vielfältig zu nutzen. Wenn die Besucher genügend Zeit mitbringen, bieten sich hier viele Möglichkeiten neben Führungen und Gesprächen, Formen des Arbeitens mit Dokumenten, Fotos oder Zeitzeugenaussagen. Auch die Mitarbeit an einem Geschenkbuch oder praktische Arbeiten zur Erhaltung der Gedenkstätte sind denkbar.

Aus der Sicht der Gedenkstätten-MitarbeiterInnen ist die Bereitstellung dieser pädagogischen Angebote personalaufwändig und zeitintensiv. Leider sind die Gedenkstätten in Deutschland, selbst im Vergleich zu Museen mit ähnlich hohen Besucherzahlen, schlecht ausgestattet. Der hohe Anspruch an die gesellschaftliche Bedeutung, die ihnen an Gedenktagen zugesprochen wird, hat sich noch nicht in eine entsprechende Unterstützung umgesetzt. Neben den vielen inhaltlichen Schwierigkeiten, den komplexen Themengegenstand adäquat zu präsentieren, erschweren die fehlenden Finanzen die Möglichkeit, oben bezeichnete idealtypische theroretische Überlegungen in die Praxis umzusetzen.

Hier könnte finanzielle Unterstützung von Firmen, die von der Zwangsarbeit während der NS-Diktatur profitierten, gute Dienste leisten.

»Indem wir über die Vergangenheit nachdenken, müssen wir uns der Gegenwart und der Zukunft zuwenden. Im Namen von allem, was uns in der Erinnerung heilig ist, lassen Sie uns dem Blutvergießen Einhalt gebieten, wo immer es noch auftritt. [...] Lassen Sie uns religiösen Fanatismus und Rassenhass verwerfen und ihnen wirksamer entgegentreten« – so Elie Wiesel in einem Appell[24], dem nichts hinzuzufügen ist.

Anhang

Anmerkungen und Quellenverweise

Einführung

1 Anlass dieser Begegnung mit Avner W. Less im Mai 1983 in Bonn waren Vorgespräche im Rahmen der ARD-Dokumentation »Das Protokoll«, die live am 29.05.1983 nach dem Buch »Das Eichmann-Protokoll. Tonbandaufzeichnungen der israelischen Verhöre«, hrsg. von Jochen von Lang, Berlin 1982, ausgestrahlt wurde.

2 Siehe dazu auch Hannah Arendts Buch »Eichmann in Jeruslam. Ein Bericht von der Banalität des Bösen«, München 1964. – Dieses Buch, aus der Konsequenz und Unabhängigkeit des politisch-philosophischen Denkens H. Arendts resultierend, zielt über die Analyse des Prozesses in Jerusalem hinaus auf ein Grundproblem politisch-moralischen Begreifens der Gegenwart: auf die Erkenntnis von der Banalität des Bösen, der Durchschnittlichkeit der Schuldigen und der Rolle des anonymen Machtapparates.

3 Dieser Exilroman Hannah Arendts aus dem Jahr 1942, der vom Terror des NS-Regimes, von Flucht und Qual, aber auch von Solidarität und Tapferkeit handelt, gilt als das bedeutendste Werk der Autorin und zählt zur Weltliteratur.

4 Willi Bredel schrieb in seinem Roman »Die Prüfung«, Prag 1935/Berlin 1946, als erster Schriftsteller nieder, was KZ-Haft bedeutete, nachdem er 13 Monate im Konzentrationslager Hamburg-Fuhlsbüttel eingesperrt gewesen war.

5 In seinem Roman »Nackt unter Wölfen«, Halle 1958, erzählt Bruno Apitz, was er im Konzentrationslager Buchenwald erlebt hatte.

6 Nico Rosts »Goethe in Dachau«, Berlin 1948, basiert auf Tagebuchaufzeichnungen. Anna Seghers im Vorwort zu diesem Buch: »Man

legt dieses Buch mit dem Gefühl aus der Hand, das nur wenige Bücher in einem wachrufen: Das ist das Buch, das ich brauche. Das ist das Buch, auf das ich gewartet habe. [...]« – Mit wachem Verstand und in nie schwindender Hoffnung findet Nico Rost in der Literatur die Kraft, seinem Schicksal zu trotzen. Er verschlingt die Bücher, die ihm andere aus der Lagerbibliothek heimlich besorgen. In Goethe sieht er den Gewährsmann für eine Welt außerhalb des Lagers, die es zurückzugewinnen gilt. »Goethe in Dachau« ist eines der beeindruckendsten Tagebücher, das je im Reich der mörderischen SS geschrieben worden ist.

7 Er wolle Wien »in einen blühenden Garten verwandeln«, hatte Hitler nach seinem Einmarsch in Österreich 1938 im Rahmen des so genannten Anschlusses erklärt. Während die Massen jubelten, rollten bereits die ersten Häftlingszüge in die Konzentrationslager. Unter den oppositionellen und deshalb unerwünschten Österreichern war im Transport nach Dachau, der bereits am 1. April 1938 den Wiener Westbahnhof verließ, auch der Schriftsteller Rudolf Kalmar. In »Zeit ohne Gnade«, Wien 1946, einem Buch, das völlig zu Unrecht vom Büchermarkt verschwunden ist, wird er zu einem authentischen Zeugen der grauenhaften Brutalität der NS-Lagerwelt.

8 Zitiert nach »Das Gedenken – ein Geschäft?« von Philipp Blom in: »Denkanstöße 2003. Ein Lesebuch aus Philosophie, Kultur und Wissenschaft«, München 2002.

Vor- und Frühgeschichte der Konzentrationslager

1 Wolfgang Sofsky, »Die Ordnung des Terrors. Das Konzentrationslager«, Frankfurt a. M. 1993. – Es handelt sich bei diesem viel beachteten Buch um eine »soziologische Situationsanalyse« der äußeren Gestalt und sozialen Struktur der NS-Konzentrationslager.

2 Francisco Pérez Guzmán, »Herida profunda«, Havanna 1998.

3 Philip S. Foner, »The Spanish-Cuban-American War«, New York/London 1972.

4 F. P. Guzmán, a. a. O. Er spricht bewusst von der »Rekonzentration der Landbevölkerung«.

5 Joseph Tenenbaum, »Race and Reich«, New York 1956.

6 Ulrich Kröll, »Die internationale Buren-Agitation 1899–1902. Haltung der Öffentlichkeit und Agitation zugunsten der Buren in Deutschland, Frankreich und den Niederlanden während des Bu-

renkrieges«, Münster 1973. – Aufgrund teilweise erstmals erschlossener publizistischer und archivalischer Quellen in Europa und Südafrika entwirft diese Publikation ein genaues Bild davon, wie sich während des Burenkrieges die öffentliche Meinung Europas und Nordamerikas zu den südafrikanischen Ereignissen stellte und in welchem Maß eine gezielte internationale proburische Agitation die öffentliche Diskussion und die zentralen Regierungen zu lenken und zu beeinflussen suchte.

7 Emily Hobhouse, »Die Zustände in den südafrikanischen Konzentrationslagern. Bericht von Emily Hobhouse«. hrsg. vom Deutschen Burenhilfsbund, Berlin 1902.

8 Helmut Bley, »Kolonialherrschaft und Sozialstruktur in Deutsch-Südwestafrika«, Hamburg 1968.

9 Günther Spraul, »Der Völkermord an den Herero. Untersuchungen zu einer neuen Kontinuitätsthese«, in: Geschichte in Wissenschaft und Unterricht 12/1988.

10 Horst Drechsler, »Südwestafrika unter deutscher Kolonialherrschaft. Der Kampf der Herero und Nama gegen den deutschen Imperialismus 1884–1915«, Berlin 1966.

11 H. Drechsler, a. a. O.

12 Hannah Arendt, »Elemente und Ursprünge totaler Herrschaft«, Frankfurt a. M. 1955. – Karl Jaspers im Vorwort zu diesem Buch: »[...] Ich halte dieses Buch für Geschichtsschreibung großen Stils. [...] Das Buch ist das Ergebnis jahrzehntelangen Denkens. Jahre vor 1933 sah Hannah Arendt kommen, was ich damals in Deutschland für unmöglich hielt. Als es 1933 begann, war sie sich bewusst, dass es eine unerhört tiefgreifende Wende bedeutete. [...]«

13 Paul Rohrbach, »Der deutsche Gedanke in der Welt«, Düsseldorf/Leipzig 1912.

14 Tom Sanders, »Imperialsm and Genocide in Namibia«, in: Socialist Action, April 1999.

15 Zur Geschichte des Kaiser-Wilhelm-Instituts und Daten zu Eugen Fischers Biografie siehe Benno Müller-Hills aufschlussreiches Buch »Tödliche Wissenschaft. Die Aussonderung von Juden, Zigeunern und Geisteskranken 1933–1945«, Reinbek 1984.

16 Hartwig Hummel (Hrsg.), »Völkermord – friedenswissenschaftliche Annäherungen«, Baden-Baden 2001. Siehe dort im Abschnitt »Der Völkermord als Teil der Moderne« den Beitrag »Der Völkermord im zwanzigsten Jahrhundert – Plädoyer für eine vergleichende Betrachtung« von Gerhard Hirschfeld. – Aufgrund der Niederlage im Balkankrieg 1912/1913 und dem Verlust der osma-

nischen Territorien in Europa und Afrika steigerte sich dieser Nationalismus noch.

17 Taner Akcam, »Armenien und der Völkermord«, Hamburg 1966.

18 Vahakn N. Dadrian, »Der vergessene Völkermord. Der Genozid an den Armeniern«, in: »Völkermord und Verdrängung«, hrsg. vom ArbeitsKreis Armenien, Zürich 1998.

19 T. Akcam, a. a. O.

20 Yves Ternon, »Der verbrecherische Staat. Völkermord im 20. Jahrhundert«, Hamburg 1996.

21 V. N. Dadrian, a. a. O.

22 Y. Ternon, a. a. O.

23 Diese Aussagen basieren vorwiegend auf Raymond Kevorkians wegweisender Studie »L'extermination des deportés armeniens ottomans dans les camps de concentration de Syrie-Mesopotamie«, in: Revue d'Histoire arménienne contemporaine, Bd. 2, Paris 1998.

24 R. Kevorkian, a. a. O.

25 Diese und weitere Textpassagen (siehe a. a. O.) sind mit freundlicher Genehmigung des Verlags dem Werk »Das Jahrhundert der Lager. Gefangenschaft, Zwangsarbeit, Vernichtung« von Joël Kotek/Pierre Rigoulot, Berlin/München 2001, entnommen.

Konzentrationslager in der Sowjetunion

1 Siehe dazu Wladimir Iljitsch Lenin, »Sämtliche Werke«, Bd. 26, Moskau 1958 (Zit. nach Kotek/Rigoulot, a. a. O).

2 Andrzej J. Kaminski, »Konzentrationslager 1896 bis heute. Eine Analyse«, Stuttgart 1982. – Der Verfasser, als polnischer Widerstandskämpfer in nationalsozialistischen Konzentrationslagern inhaftiert, 1973 aus Polen emigriert, legt mit diesem grundlegenden Werk und mit Hinweisen auf die außerdeutschen Vorläufer des NS-KZ-Systems eine erste Typologie von Konzentrationslagern seit Ende des 19. Jahrhunderts nach ihren Funktionen vor. Zu kritisieren ist allerdings die Tendenz, die nationalsozialistischen Konzentrationslager mit den übrigen KZ gleichzusetzen.

3 Michel Heller, »Stacheldraht der Revolution. Die Welt der Konzentrationslager in der sowjetischen Literatur«, Stuttgart 1975.

4 M. Heller, a. a. O.

5 M. Heller, a. a. O.

6 Die Angaben und Daten beruhen auf der ins Deutsche übersetz-

ten Studie der russischen Organisation Memorial »Das System der Konzentrationslager zum Zweck der Umerziehung durch Arbeit«, Moskau 1998.

7 Aleksandr Solschenizyn, »Der Archipel Gulag. Folgeband. Arbeit und Ausrottung. Versuch einer künstlerischen Bewältigung«, Bern 1974–1976.

8 Memorial, a. a. O.

9 A. Solschenizyn, a. a. O., Bd. 2.

10 Beleg von Pierre Broissac (Zit. nach Kotek/Rigoulot, a. a. O.).

11 Jean-Jacques Marie, »Le Goulag. Que sais-je?«, Paris 1998 (Zit. nach Kotek/Rigoulot, a. a. O.).

12 J.-J. Marie, a. a. O.

13 Ralf Stettner, »Archipel Gulag. Stalins Zwangslager«, Paderborn/München/Wien 1996.

14 Memorial, a. a. O.

15 Jacques Rossi, »Le manuel du goulag«, Paris 1997 (Zit. nach Kotek/Rigoulot, a. a. O.).

16 Paul Barton, »L'Institution concentrationnaire en Russie (1930–1957)«, Paris 1959.

17 J.-J. Marie, a. a. O.

18 Anatolij Martschenko, »Meine Aussagen. Bericht eines sowjetischen Häftlings 1960–1966«, Frankfurt a. M. 1969.

19 P. Barton, a. a. O.

20 P. Barton, a. a. O.

21 P. Barton, a. a. O.

22 Jewgenija S. Ginsburg, »Gratwanderung. Mit einem Vorwort von Heinrich Böll und einem Nachwort von Lew Kopelew und Raisa Orlowa«, München/Zürich 1980.

Konzentrationslager in Italien, Spanien und Frankreich 1926 bis 1944

1 Romain H. Rainero, »Les camps de concentration en Italie«, in: »La deportation, le système concentrationaire nazi«, Nanterre 1995 (zit. nach Kotek/Rigoulot, a. a. O.)

2 Marie-Anne Matant-Bonucci, »Salo ou les derniers jours du Duce«, in: Histoire, Nr. 235, September 1999 (zit. nach Kotek/Rigoulot, a. a. O.).

3 R. H. Rainero, a. a. O.

4 Robert Belot, »Aux frontières de la liberté«, Paris 1998.

5 Gérard Bolet, »La retirada: de l'exode aux camps de la douleur«, in: L' Indépendant, 4. 2. 1939 (zit. nach Kotek/Rigoulot, a. a. O.).
6 Denis Peschanski, »Vichy 1940–1944, contrôle et exclusion«, Brüssel 1997.
7 J. Kotek/P. Rigoulot, a. a. O.
8 René Grando/Jacques Queralt/Xavier Febrès, »Les camps du mépris«, Perpignan 1991.
9 J. Kotek/P. Rigoulot, a. a. O.
10 Denis Peschanski, »Les Tziganes en France 1939–1946«, Paris 1994.
11 J. Kotek/P. Rigoulot, a. a. O.
12 Arthur Koestler, »Abschaum der Erde«, in: »Gesammelte Autobiographische Schriften«, 2 Bde., Bd. 2, Wien/München/Zürich 1971.

Die Konzentrationslager der NS-Zeit 1933 bis 1945

1 Zit. nach: Heinz Brüdigam, »Das Jahr 1933. Terrorismus an der Macht. Eine Dokumentation über die Errichtung der faschistischen Diktatur«, Frankfurt a. M. 1978.
2 Ulrich Herbert/Karin Orth/Christoph Dieckmann, »Die nationalsozialistischen Konzentrationslager. Geschichte, Erinnerung, Forschung«, in: »Die nationalsozialistischen Konzentrationslager. Entwicklung und Struktur«, 2 Bde., hrsg. von Ulrich Herbert, Karin Orth und Christoph Dieckmann, Bd. 1, Göttingen 1998. – Ein grundlegendes Werk, in dem Ergebnisse der jüngsten internationalen historischen Forschung zusammengetragen sind. Historikerinnen und Historiker aus acht west- und osteuropäischen Staaten sowie aus Israel, Kanada und den USA stellen ihre Arbeitsergebnisse vor.
3 Zahlen nach Karin Orths Dissertation »Die Konzentrationslager-SS. Sozialstrukturelle Analysen und biographische Studien einer nationalsozialistischen Funktionselite«, Hamburg 1997.
4 Verkehrslokale der SA. Bezeichnung nach den jeweiligen Stürmen der SA (Sturm = SA-Einheit in Kompaniestärke).
5 Rudolf Diels, »Lucifer ante portas«, Stuttgart 1950.
6 Abdruck eines Schutzhaftbefehls, zit. nach Heinz Kühnrich, »Der KZ-Staat 1938–1945«, Berlin 1980.
7 NS-Kurier (Stuttgart) vom 18. 7. 1933. Bericht eines Journalisten des Amsterdamer Telegraaf über das Schutzhaftlager Heuberg sowie in der Frankfurter Zeitung vom 7. 4. 1933, ebenfalls ein jour-

nalistischer Bericht im Lager Heuberg durch einen badischen Journalisten.

8 Klaus Drobisch, »Konzentrationslager und Justizhaft. Versuch einer Zusammenschau«, in: »Die Normalität des Verbrechens. Bilanz und Perspektive der Forschung zu den nationalsozialistischen Gewaltverbrechen«, Berlin 1994; Johannes Tuchel, »Die Inspektion der Konzentrationslager 1938–1945. Das System des Terrors«, Berlin 1994.

9 Klaus Drobisch/Günther Wieland, »Das System der Konzentrationslager 1933–1939«, Berlin 1993.

10 Siehe dazu »Kommandant in Auschwitz. Autobiographische Aufzeichnungen von Rudolf Höß. Eingeleitet und kommentiert von Martin Broszat«, Stuttgart 1958.

11 Zit. nach Klaus Drobisch, »Frühe Konzentrationslager«, in: »Die frühen Konzentrationslager in Deutschland«, Bad Boll 1995.

12 Zit. nach Falk Pingel, »Häftlinge unter SS-Herrschaft. Widerstand, Selbstbehauptung und Vernichtung im Konzentrationslager«, Hamburg 1978. – Disposition zum Vortrag des Amtschefs der Dienststelle »Vierjahresplan« beim Persönlichen Stab Himmlers, SS-Oberführer Greifelt, über die Aufgaben der Dienststelle vom 23. 1. 1939. – Albert Speer widmet den Großbauten in seinen Memoiren mehrere Kapitel. Sehr kurz jedoch – Albert Speer, »Erinnerungen«, Berlin 1970 – kommt Speer auf Himmlers Beitrag zu sprechen. Himmlers ehrgeizige Bemühungen zielten offenkundig darauf ab, mit dem Arbeitseinsatz die Konzentrationslagerhäftlinge im großen Stil just in dem Produktionsbereich einzusetzen, an dem Hitler besonders gelegen war. Hitler unterstützte zum damaligen Zeitpunkt bereits die Rekrutierung von Arbeitskräften in den Konzentrationslagern gegenüber Göring und dem Justizministerium.

13 Die wesentlichen Gründe für die Verknappung des Angebots an landwirtschaftlichen Produkten waren die Drosselung des Imports, um Devisen zu sparen, und die Nutzung landwirtschaftlicher Anbauflächen für militärisch verwendbare Produkte wie Flachs und Ölsaaten (siehe dazu Alfred Sohn-Rethel, »Ökonomie und Klassenstruktur des deutschen Faschismus«, Frankfurt a. M. 1973).

14 Aus einem Brief Eickes vom 18. 6. 1936 an das Forstamt Sachsenhausen geht hervor, dass das neue Lager auch die Häftlinge aus dem Lager Columbiahaus übernehmen sollte, dessen Auflösung zum 1. 10. 1936 beschlossene Sache war. Auch Eicke betonte in diesem Schreiben die militärische Sicherheitsfunktion des Lagers und dass er dafür zu sorgen hätte, dass im Mobilisierungsfall »ei-

nige 100 staatsgefährliche Elemente in ein Konzentrationslager in der Nähe Berlins« gebracht werden könnten. – Das Lager Esterwegen wollte die SS dem Reichsarbeitsdienst überlassen, der sich im Gegenzug dafür bereit erklärt hatte, die Kosten für die Errichtung des neuen Lagers zu übernehmen (Anmerkung in Anlehnung an F. Pingel, a. a. O.).

15 Brief Eickes, Inspekteur der Konzentrationslager, an den Gauleiter und Reichsstatthalter Sauckel vom 3. 6. 1936 (zit. nach »Buchenwald, Mahnung und Verpflichtung«). Für das Lager war eine Größe von 3000 bis 6000 Häftlingen veranschlagt worden.

16 Vor dem Krieg wurde außer diesen Konzentrationslagern und dem KZ Flossenbürg in Oberbayern kein weiteres Konzentrationslager neu errichtet. Flossenbürg diente der Ausbeutung von Granitvorkommen. Es entstanden jedoch vor 1939 noch einige Nebenlager der vorhandenen KZ. So errichtete die SS im Hamburger Stadtteil Neuengamme auf dem Gelände eines stillgelegten Klinkerwerkes Ende 1938 ein Nebenlager von Sachsenhausen, dessen Aufgabe darin bestand, die Produktionsfähigkeit des Klinkerwerkes wieder herzustellen und eine Erweiterung dieses Werkes voranzutreiben. Mit der Erweiterung des Klinkerwerkes und der Anlage von Wasserzufahrtswegen erreichte das Lager eine Größe, die dazu führte, dass Neuengamme im Sommer 1940 selbständiges Konzentrationslager wurde. – Zum Abbau von Granitvorkommen war das Lager Groß-Rosen in Niederschlesien als Nebenlager von Sachsenhausen gegründet und am 1. 5. 1942 zum selbständigen Konzentrationslager erhoben worden.

17 Dieser Einsatz als »Aufseherin« war als Kriegseinsatz eingestuft. Die Aufseherinnen zählten zum »Gefolge der Waffen-SS«.

18 Etwa 15 000 Häftlinge. Siehe dazu Anmerkung 19.

19 Bericht von Best an Pohl vom 12. 1. 1939 über eine Besprechung, die Best mit Finanzminister von Schwerin-Krosigk, den KZ-Haushalt 1938 betreffend, geführt hatte. Schwerin-Krosigk berief sich bei seiner Verweigerung, zusätzliche Mittel für die Konzentrationslager zur Verfügung zu stellen, auf eine Weisung von Göring, dem die Konzentration von Arbeitspotenzial unter Himmlers Leitung nicht gelegen kam (Anmerkung in Anlehnung an F. Pingel, a. a. O.).

20 Siehe dazu im Einzelnen Enno Georg, »Die wirtschaftlichen Unternehmungen der SS«, Stuttgart 1963.

21 Schreiben des SS-Verwaltungschefs Oswald Pohl an den Reichswirtschaftsminister vom 4. 5. 1939, in dem es um die Genehmigung für den Bau des Oranienburger Klinkerwerkes ging.

22 Siehe E. Georg, a. a. O.

23 Nach Lotte Zumpe, »Die Textilbetriebe der SS im Konzentrationslager Ravensbrück«, Jahrb. f. Wirtschaftsgeschichte I, 1969: Danach betrug die durchschnittliche Produktivität bei der DEST zwischen zehn und zwanzig Prozent. In die Berechnung der Produktivität ging die Ausstattung des Betriebs mit maschinellen Einrichtungen mit ein, die in den KZ sehr rückständig war, sodass die Prozente nicht in direktem Verhältnis zur Leistungsfähigkeit des einzelnen Häfltings stehen. – Den Abstufungen der Produktivität entsprechend sah die Gewinn- und Verlustrechnung der SS-Wirtschaftsbetriebe aus.

24 Siehe dazu Martin Broszat, »Nationalsozialistische Konzentrationslager 1933–1945«, in: »Anatomie des SS-Staates«, zwei Bde., Bd. 2, München 1967.

25 In diesen Zahlen sind jedoch nicht die Euthanasietransporte und die sowjetischen Kriegsgefangenen enthalten. Wegen der vorübergehenden Schließung Dachaus 1939/1940 und unvollständiger Unterlagen insbesondere für 1940 ist die Reihe nur bedingt vergleichbar.

26 Erlass des Chefs der Sicherheitspolizei (Sipo) und des Sicherheitsdienstes der SS (SD) vom 2. 1. 1941. Die Einstufung war aber schon vorher zumindest vorläufig geregelt, denn dieser spätere Erlass zur Einstufung nahm auf einen Erlass des Chefs der Sipo und des SD vom 28. 8. 1940 Bezug. Einige Lager wurden im Lauf der Zeit umgestuft. Siehe dazu auch insbesondere Hans Marsalek, »Die Geschichte des Konzentrationslagers Mauthausen«, Wien 1974.

27 Nach den Zu- und Abgangsbüchern des Konzentrationslagers Mauthausen, ohne Nebenlager Gusen.

28 Zahlen nach H. Marsalek, a. a. O. Berücksichtigt sind nur die Angaben der Totenbücher.

29 Aussage des Kommissionsarztes Dr. Mennecke. Alle wesentlichen Belege siehe Alexander Mitscherlich (Hrsg.), »Medizin ohne Menschlichkeit«, Frankfurt a. M. 1962.

30 Bericht des Staatsrats Dr. Schieber vom 17. 4. 1942 (zit. nach F. Pingel, a. a. O.): »Gemäß dem mir erteilten Auftrag sind zur Ermittlung des zweckmäßigen Verfahrens zuerst folgende Maßnahmen von mir angeordnet:
1. Gustloff-Werke, Fritz-Sauckel-Werk Weimar (FSW) verlagert sofort Karabinerfertigung 98 nach Buchenwald. Jetzige Fertigung 15 000 Stück pro Monat, die dringend gesteigert werden soll. […]
3. Gustloff-Werke, Waffenwerk Suhl (WS) verlagern sofort KK Wehrsportgewehr-Fertigung, die in Suhl stillgelegt werden muss-

te, weitgehendst nach Buchenwald, monatliche Ausbringung voraussichtlich 2000 Stück. […]
5. Die Ausnutzung des KZ-Lagers Neuengamme zur wirklichen Inbetriebnahme des hervorragend geeigneten Franke-Werkes bei Neuengamme für Munitions-Fertigung, leichten Feldhaubitzen oder 8,8-cm-Granaten wird geprüft. Dort sind 200 russische Kriegsgefangene eingesetzt, wodurch aber dieses mit seinem modernsten Maschinenpark bei weitem nicht ausgenutzt ist. Ich bitte vor allem um Anweisung an die Lagerverwaltungen, dass keinerlei Abdispositionen der Häftlinge in dem Lager Buchenwald und Neuengamme erfolgen, um diese Fertigungsversuche überhaupt durchführen zu können.«

31 Zit. nach F. Pingel, a. a. O.

32 Bericht Pohls am 16. 9. 1942 an Himmler.

33 Zit. nach F. Pingel, a. a. O.

34 Zit. nach F. Pingel, a. a. O.

35 Aus einem entsprechenden Erlass Heinrich Müllers vom 23. 3. 1943 (»Verstärkte Einweisung in die Konzentrationslager«) geht hervor, dass darauf zu achten sei, »dass nur arbeitsfähige Häftlinge […] überstellt werden, da sonst entgegen dem beabsichtigten Zweck eine Belastung der Konzentrationslager eintritt«. (Siehe »Beweisdokumente für die Spruchgerichte in der Britischen Zone«, hrsg. von der Dienststelle des Generalinspekteurs in der Britischen Zone für die Spruchgerichte, 2 Bde., Bd. 2, Hamburg 1947.)

36 Siehe dazu Raul Hilberg, »Die Vernichtung der europäischen Juden. Die Gesamtgeschichte des Holocaust«, Berlin 1982.

37 Am 22. 7. 1942 begann die Deportation aus Warschau und endete vorläufig am 12. 9. 1942. In den ersten Tagen der »Aktion« glaubten manche Juden, die Lebensbedingungen an den Orten, in die sie »umgesiedelt« werden sollten, könnten nicht schlimmer sein als im Ghetto, und strömten zu den Sammelstellen. Aber sehr bald schon sah sich die jüdische Polizei gezwungen, die Juden in Razzien zusammenzutreiben. Oft zerrte sie die Menschen mit brutaler Gewalt aus ihren Verstecken hervor und brachte sie zu den Sammelstellen. Als der Obmann des Judenrates, Adam Czerniakow, begriff, um was es bei den Deportationen ging und die Nazis auch die Deportation von Kindern verlangten, beging er Selbstmord. Angesichts der gewaltigen Zahl der täglich festgenommenen Menschen – 7000 allein im Warschauer Ghetto – endete die »Kooperation«, der Judenrat löste sich auf (nach J. Kotek/P. Rigoulot, a. a. O.).

38 Ausgenommen die Toten in den Vernichtungslagern.

39 Dieser Befehl wurde Ende Juni 1941 qua Anweisung noch dahingehend ergänzt, dass alle Funktionäre der kommunistischen Partei sowie alle kommunistischen »Agitatoren« und »Fanatiker« zu töten seien.

40 Hitler knüpfte sein Vorhaben, das er seit den dreißiger Jahren immer wieder verkündete, stets an diese Bedingung: Wenn Deutschland wie 1918 eine Niederlage erleiden sollte, würde er die Juden teuer dafür bezahlen lassen. Zum ersten Mal öffentlich sagte Hitler das in seiner Reichstagsrede vom 30. 1. 1939, die er selbst als »Prophezeiung« bezeichnete: »Wenn es dem internationalen Finanzjudentum in- und außerhalb Europas gelingen sollte, die Völker noch einmal in einen Weltkrieg zu stürzen, dann wird das Ergebnis nicht die Bolschewisierung der Erde und damit der Sieg des Judentums sein, sondern die Vernichtung der jüdischen Rasse in Europa.« (Zit. nach J. Kotek/P. Rigoulot, a. a. O.).

41 Siehe dazu R. Hilberg, a. a. O.

42 Kohlenmonoxid ist ein geruch- und farbloses Gas. Eine Konzentration von nur einem Prozent in der Luft reicht schon aus, die Herztätigkeit und Atmung zu verlangsamen und innerhalb von 20 Minuten zum Tod zu führen.

43 Es spricht einiges dafür, dass es aus der Zeit, in der die Vernichtungsmaschinerie in Chelmno auf Hochtouren lief, nur zwei Überlebende gab. Mitte Januar 1942 gelang Yaakov Grojanowski die Flucht. Er schlug sich nach Warschau durch und informierte dort den Judenrat des Ghettos über die Vorgänge in Chelmno. Über Mittelsmänner des polnischen Widerstands erreichten diese Informationen im Juni 1942 die britische Regierung in London.

44 Siehe dazu »Faschismus – Ghetto – Massenmord«, hrsg. vom Jüdischen historischen Institut Warschau, Berlin 1960.

45 Jüdisches historisches Institut Warschau, a. a. O.

46 Siehe dazu »Enzyklopädie des Holocaust. Die Verfolgung und Ermordung der europäischen Juden«, hrsg. von Israel Gutman, Eberhard Jäckel, Peter Longerich, Julius H. Schoeps, 4 Bde., Bd. 1, München/Zürich 1995.

47 Siehe dazu Gitta Sereny, »Am Abgrund. Eine Gewissenserforschung. Gespräche mit Franz Stangl, Kommandant von Treblinka, und anderen«, Frankfurt a. M. 1980.

48 Siehe dazu Filip Friedman, »Extermination of the Polish Jews in the Years 1939–1945«, in: »German Crimes in Poland« Bd. 1, o. O. 1946.

49 Siehe dazu R. Hilberg, a. a. O.

50 Siehe dazu »Majdanek 1945: Die Hölle von Majdanek, Bericht der

außerordentlichen polnisch-sowjetrussischen Kommission zur Untersuchung der von den Deutschen im Vernichtungslager Majdanek in der Stadt Lublin begangenen Verbrechen«, Singen/Zürich 1945.

51 Siehe dazu »Enzyklopädie des Holocaust«, a. a. O.

52 »Kommandant in Auschwitz. Autobiographische Aufzeichnungen von Rudolf Höß. Eingeleitet und kommentiert von Martin Broszat«, Stuttgart 1958.

53 Jadwiga Bezwinska u. a. (Hrsg.) »Konzentrationslager Auschwitz in den Augen der SS. Höß, Broad, Kremer«, Katowice 1981; Danuta Czech, »Das Konzentrationslager Auschwitz als Vernichtungslager«, in: Staatliches Auschwitz-Museum 1978; Wanda Michalak (Hrsg.). »Auschwitz. Geschichte und Wirklichkeit des Vernichtungslagers«, Reinbek 1980; Kazimierz Smolen, »Auschwitz 1940–1945. Ein Gang durch das Museum«, Krakow 1981.

54 Stéphane Bruchfeld/Paul A. Levine, »Erzählt es euren Kindern. Der Holocuast in Europa«, München 2000.

55 St. Bruchfeld/P. A. Livine, a. a. O.

56 »Enzyklopädie des Holocaust«, a. a. O.; Andrzej J. Kaminski, »Konzentrationslager 1896 bis heute. Eine Analyse«, Stuttgart/Berlin/Köln/Mainz 1982; Gudrun Schwarz, »Die nationalsozialistischen Lager«, Frankfurt a. M./New York 1990.

57 Zit. nach Jochen von Lang (Hrsg.), »Das Eichmann-Protokoll. Tonbandaufzeichnungen der israelischen Verhöre«, Berlin 1982.

58 Ebd.

59 Ebd.

60 Ebd.

61 Maxime Steinberg, »Le génocide juif, 1941–1944«, Brüssel 1997 (zit. nach J. Kotek/P. Rigoulot, a. a. O.).

62 Eberhard Jäckel, »Hitlers Weltanschauung. Entwurf einer Herrschaft«, Stuttgart 1981; ders., »Hitlers Herrschaft. Vollzug einer Weltanschauung«, Stuttgart 1986.

63 »Enzyklopädie des Holocaust«, a. a. O.; Wolfgang Benz (Hrsg.), »Dimension des Völkermords«, München 1991 (enthält Überblicke über Verfolgung nach Ländern, umfangreiche Statistiken zu Opferzahlen); Heiner Lichtenstein/Otto R. Romberg (Hrsg.); »Täter-Opfer-Folgen. Der Holocaust in Geschichte und Gegenwart«, Bonn 1995.

64 Hermann Graml, »Reichskristallnacht. Antisemitismus im Dritten Reich«, München 1998.

65 Wolfgang Benz, »Der Holocaust«, München 1995.

66 Ebd.

Die Lager des Ostblocks 1945 bis zum Niedergang des Kommunismus

1 Zit. nach Theodor Eschenburg, »Jahre der Besatzung 1945–1949«, in: »Geschichte der Bundesrepublik Deutschland«, hrsg. von Karl Dietrich Bracker, Theoder Eschenburg, Joachim C. Fest, Eberhard Jäckel, 5 Bde., Bd. 1, Stuttgart 1983.

2 Siehe dazu Karl Wilhelm Fricke, »Politik und Justiz in der DDR,« Köln 1979; ders., »Geschichte und Legende der Waldheimer Prozesse«, in: Deutschland-Archiv, H. 11/1980; ders., »Das Prinzip der ›sozialen Prophylaxe‹, in: Der Morgen v. 11.4.1990 (zit. nach Michael Klonovsky/Jan von Flocken, »Stalins Lager in Deutschland 1945–1950«, Berlin 1991).

3 Zit. nach Günther Birkenfeld, »Der NKWD-Staat«, in: Der Monat, H. 18/1950.

4 G. Birkenfeld, a. a. O.

5 Ebd.

6 Siehe dazu Gerhard Finn, »Die politischen Häftlinge in der Sowjetzone 1945–1958«, Berlin 1958.

7 Siehe dazu Hans-Peter Range, »Das Konzentrationslager Fünfeichen 1945–1948«, Ratzeburg 1989.

8 Siehe dazu »DDR-Handbuch«, hrsg. vom Bundesministerium für innerdeutsche Beziehungen, Köln 1995.

9 Alfred Bohmann, »Das Sudetendeutschtum in Zahlen«, München 1959.

10 Leopold Grünwald, »Der sudetendeutsche Widerstand gegen Hitler«, München 1979.

11 L. Grünwald, a. a. O.

12 Bericht des Reichsführers SS an die Reichsregierung vom 24.3.1939.

13 Diese Erklärung stammt vom August 1945.

14 Zit. nach J. Kotek/P. Rigoulot, a. a. O.

15 Ebd.

16 Ebd.

17 Siehe dazu György Faludy, »Heitere Tage in der Hölle«, München 1964.

18 G. Faludy, a. a. O.

19 Zit. nach J. Kotek/P. Rigoulot, a. a. O.

20 Zoltán Benko, »Historische Spaziergänge«, Miskole 1993.

21 Siehe dazu J. Kotek/P. Rigoulot, a. a. O.

22 Vortrag von Dragoslav Mihailovic in Blois im Jahr 1989 (zit. nach J. Kotek/P. Rigoulot, a. a. O.).
23 Stéphane Courtois u. a. (Hrsg.), »Das Schwarzbuch des Kommunismus«, München 1998.
24 Siehe dazu J. Kotek/P. Rigoulot, a. a. O.
25 Miroslav Popovic, »Les Vauriens de Tito«, Paris 1991.
26 Dieser Abschnitt über die Lager in Rumänien basiert in Verbindung mit Ausführungen von J. Kotek/P. Rigoulot, a. a. O., auf umfänglichen Arbeiten von Octavian Roske, wissenschaftlicher Leiter des Nationalinstituts für die Untersuchungen des Totalitarismus in Bukarest (NIST).
27 Ebd.
28 Tzvetan Todorov, »Au nom du peuple«, Paris 1992 (siehe dazu J. Kotek/P. Rigoulot, a. a. O.).
29 Hristo Devedjiev, »Stalinization of the Bulgarian Society 1949–1953«, Philadelphia 1975.
30 Georgi N. Vasilev, »Die Insel der Schande«, Sofia 1995.
31 Jusuf Vrioni/Eric Faye, »Monde effacés, Paris 1998 (siehe dazu J. Kotek/P. Rigoulot, a. a. O.).
32 Ebd.
33 Ebd.
34 Ebd.
35 Maks Velo, »Le jour de la mort d'Enver Hoxha au camp de Spaç«, in: »Albanie Utopie, huis clos dans les Balkans«, Paris 1996 (siehe dazu J. Kotek/P. Rigoulot, a. a. O.).
36 Siehe dazu J. Kotek/P. Rigoulot a. a. O.

Konzentrationslager in Griechenland und Ex-Jogoslawien

1 Anonym, »Makronissos, le Dachau grec«, hrsg. von Grèce libre, o. O. 1949 (zit. nach J. Kotek/P. Rigoulot, a. a. O.).
2 Livre noir de la dictature en Grèce« (zit. nach J. Kotek/P. Rigoulot, a. a. O.).
3 Ebd.
4 Ebd.
5 Siehe dazu Roy Gutman, »Augenzeugen des Völkermords. Reportagen aus Bosnien«, Göttingen 1994.
6 Ed Vulliamy, »Konzentrationslager«, in: »Kriegsverbrechen. Was jeder wissen sollte«, hrsg. v. Roy Gutman und David Rieff, Stuttgart/München o. J.

Konzentrationslager in Asien und Lateinamerika

1 Dieser Abschnitt über das Lagersystem in der Volksrepublik China basiert im Wesentlichen auf dem grundlegenden Werk von Jean-Luc Domenach, »Der vergessene Archipel. Gefängnisse und Lager in der Volksrepublik China«, Hamburg 1995. – Dazu schreibt der Verfasser in der Einleitung zu seinem Buch: »[...] Dieses Buch will belegen, dass es in China einen riesigen Archipel gab und noch heute gibt. [...] Angesichts des Zusammenbruchs des [sowjetischen] Gulags erscheint der Fortbestand des chinesischen Archipels umso schockierender. Ziel der vorliegenden Arbeit ist es daher, die Haftpraktiken in China seit der kommunistischen Machtergreifung der Vergessenheit zu entreißen und ihre Geschichte nachzuzeichnen, wenn möglich zu erklären. [...]«

2 James Seymour/Richard Anderson, »New Ghosts, Old Ghosts. Prisons and Labor Reform in China«, New York 1998.

3 J.-L. Domenach, a. a. O.

4 Harry Wu, »Laogai. The Chinese Gulag«, Boulder 1992.

5 J.-L. Domenach, a. a. O.

6 Ebd.

7 Ebd.

8 H. Wu, a. a. O.

9 Ebd.

10 J.-L. Domenach, a. a. O.

11 Ebd.

12 Doan Van Toai, »Der vietnamesische Gulag«, Köln 1980.

13 Dossier in Quê Mê, 1985.

14 Bericht der laotischen Menschenrechtsbewegung vom März 1998.

15 Ebd.

16 Zit. nach J. Kotek/P. Rigoulot, a. a. O.

17 Ebd.

18 Ebd.

19 Ebd.

20 Ebd.

21 Ebd.

22 Ebd.

23 Hernán Valdés, »Diary of a Chilean Concentration Camp«, London 1975.

24 H. Valdés, a. a. O.

Konzentrationslager – eine unendliche Geschichte?

1 Wolfgang Sofsky, »An der Grenze des Sozialen. Perspektiven der KZ-Forschung«, in: »Die nationalsozialistischen Konzentrationslager. Entwicklung und Struktur«, hrsg. v. Ulrich Herbert/Karin Orth/Christoph Dieckmann, 2 Bde., Bd. 1, Göttingen 1998.
2 Zygmunt Bauman, »Das Jahrhundert der Lager«, in: Die Neue Gesellschaft/Frankfurter Hefte 41 (1994), H. 1.
3 Zit. nach Z. Bauman, a. a. O.
4 Ebd.
5 Ebd.
6 Detlev Peukert, »Arbeitslager und Jugend. Die Behandlung ›Gemeinschaftsfremder‹ im Dritten Reich«, in: »Die Reihen fest geschlossen. Beiträge zur Geschichte des Alltags unterm Nationalsozialismus«, hrsg. von Detlev Peukert/Jürgen Reulecke, Wuppertal 1981.
7 Hannah Arendt, »Elemente und Ursprünge totaler Herrschaft«, Frankfurt a. M. 1955.

Ethik des Erinnerns und Gedenkens

1 Wladyslaw Bartoszewski, »Wer ein Leben rettet, rettet die ganze Welt. Die Erfahrung meines Lebens«, Freiburg i. Br./Basel/Wien 1986. – W. Bartoszewski, Professor für Zeitgeschichte und Publizistik, erhielt 1986 den Friedenspreis des Deutschen Buchhandels für sein Leben und sein Werk. Keiner hat W. Bartoszewski zutreffender charakterisiert als sein Freund, der Schriftsteller und Philosoph Stanislaw Lem: »Keine Preisverleihung, kein Lob kann einem solchen Mann und einem solchen Leben vollkommen gerecht werden. Wir alle, ungeachtet der Unterschiede von Nationalitäten, sind Schuldner solcher seltener Gestalten wie er. Vielleicht würde Isaak Bashevis Singer dafür die richtigen Worte finden, weil in dem von ihm Verfassten der Glaube an Gott und der vorwurfsvolle Zweifel am Höchsten Wesen zu einem Ganzen verschmelzen.« (Zit. nach Reinhold Lehmann, der das Nachwort zum Buch von Wladyslaw Bartoszewski verfasste.)
2 Elie Wiesel, »Die Pforten des Waldes«, Frankfurt a. M. o. J.
3 Zit. nach Lucy S. Dawidowicz, »Die Massenvernichtung als historisches Dokument«, in: Eugen Kogon/Johann B. Metz (Hrsg.), »Gott nach Auschwitz. Dimensionen des Massenmords am jüdischen Volk«, Freiburg i. Br./Basel/Wien 1989.

4 Theodor W. Adorno, »Erziehung nach Auschwitz«, in: Gesammelte Schriften, Bd. 10.2, Frankfurt a. M. 1977.
5 Elie Wiesel, »Tag«, in: ders., »Die Nacht zu begraben Elischa«, Frankfurt a. M. 1992.
6 Eugen Kogon, »Einführung«, in: E. Kogon/J. B. Metz (hrsg.), a. a. O.
7 Den Begriff »skeptische Ethik« hat Wilhelm Weischedel geprägt, siehe dazu ders., »Skeptische Ethik«, Frankfurt a. M. (zit. nach Maria Marchetta, »Erinnerung und Demokratie. Holocaust-Mahnmale und ihre Erinnerungspolitik: Das Beispiel Ravensbrück«, Berlin 2001).
8 Enrique Dussel, »Befreiungsethik. Grundlegende Hypothesen«, in: Concilium 20 (1984), H. 2 (zit. nach M. Marchetta, a. a. O.).
9 Rainer Boschert-Kimmig, »Handeln aus der Kraft der Erinnerung. Das Werk Elie Wiesels als Anstoß für eine ›anamnetische Ethik‹, in: Orientierung 55 (1991), H. 12 (zit. nach Maria Marchetta, a. a. O.).
10 Elie Wiesel, »Die Massenvernichtung als literarische Inspiration«, in: E. Kogon/J. B. Metz (Hrsg.), a. a. O.
11 Kira Kosnick, »Sozialwissenschaftliche Ansätze in der Diskussion zum Opfer und Überleben«, in: Theresa Wobbe (Hrsg.), »Nach Osten«, Frankfurt a. M. 1992 (zit. nach M. Marchetta, a. a. O.).
12 Hannah Arendt, »Elemente und Ursprünge toaler Herrschaft«, Frankfurt a. M 1955.
13 Primo Levi, »Die Untergegangenen und die Geretteten«, München 1993.
14 Theodor W. Adorno, »Erziehung zur Mündigkeit«, in: Gerd Kadelbach (Hrsg.), »Vorträge und Gespräche mit Hellmut Becker 1959–1969, Frankfurt a. M. (zit nach Annegret Ehmann, »Zur Pädagogik des Gedenkens«, in: Bernhard Schneider/Richard Jochum (Hrsg.), »Erinnerungen an das Töten. Genozid reflexiv«, Wien/Köln/Weimar 1999).
15 Ebd.
16 A. Ehmann, a. a. O.
17 Norman G. Finkelstein, »Die Holocaust-Industrie. Wie das Leiden der Juden ausgebeutet wird«, München 2001.
18 Andreas Ruppert/Wulff E. Brebeck, »Wewelsburg«, in: Joachim Meynert/Arno Klönne (Hrsg.), »Verdrängte Geschichte. Verfolgung und Vernichtung in Ostwestfalen 1933–1945«, Bielefeld 1986 (zit. nach Thomas Lutz, »Allgemeine Anmerkungen zur Pädagogik in Gedenkstätten für die Opfer des NS-Regimes«, in: Bayerische Landeszentrale für politische Bildungsarbeit, München

(Hrsg.), »Didaktische Arbeit in KZ-Gedenkstätten. Erfahrungen und Perspektiven«, München 1993).

19 Angela Genger, »Aktualisierung von Geschichte«, in: »Gedenkstätten im Wandel – Ein internationaler Vergleich«, Sonderbeilage von Zeichen 2/20. Jg. (1992).

20 Siehe dazu Th. Lutz, a. a. O.

21 Ebd.

22 Siehe dazu z. B. Landeszentralen für politische Bildung Hessen und Thüringen (Hrsg.), »Auswirkungen der Besuche von Gedenkstätten auf Schülerinnen und Schüler«, Wiesbaden/Erfurt 1992.

23 Siehe dazu Th. Lutz, a. a. O.

24 Elie Wiesel sprach diese Worte in Auschwitz-Birkenau, wohin er selbst deportiert worden war, im Rahmen der Gedenkfeier zum 50. Jahrestag der Befreiung, am 27. Januar 1995.

Literaturverzeichnis

Hilfsmittel und Quellenwerke

Deutsche Geschichte seit dem Ersten Weltkrieg, 3 Bde., hrsg. vom Institut für Zeitgeschichte, Stuttgart 1971–1973.

Dokumente des Verbrechens. Aus Akten des Dritten Reiches 1933–1945, hrsg. von Helma Kaden u. a., 3 Bde. Berlin 1993.

Die Einsatzgruppen in der besetzten Sowjetunion. Die Tätigkeits- und Lageberichte des Chefs der Sicherheitspolizei und des SD 1941/1942, hrsg. von Peter Klein, Berlin 1997.

Enzyklopädie des Holocaust. Die Verfolgung und Ermordung der europäischen Juden, hrsg. von Israel Gutman u. a., 4 Bde., München 1998.

Die Ermordung der europäischen Juden, hrsg. von Peter Longerich u. a., München/Zürich 1989.

Europa unterm Hakenkreuz. Die Okkupationspolitik des deutschen Faschismus (1938–1945). 7 Bde., Berlin/Heidelberg 1988–1993.

Justiz und NS-Verbrechen. Sammlung deutscher Strafurteile wegen nationalsozialistischer Tötungsverbrechen 1945–1999, hrsg. von Adelheid L. Rüter-Ehlermann u. a., bisher 28 Bde., München 1998–2003.

Legenden, Lügen, Vorurteile. Ein Wörterbuch zur Zeitgeschichte, hrsg. von Wolfgang Benz, München 1990.

Der Prozess gegen die Hauptkriegsverbrecher vor dem Internationalen Militärgerichtshof, Nürnberg 14. November 1945–1. Oktober 1946. 42 Bde., Nürnberg 1947–1949.

Ruck, Michael: Bibliographie zum Nationalsozialismus. 2. erw. Aufl. 2 Bde., Darmstadt 2000.

Verbrechen der Wehrmacht: Dimensionen des Vernichtungskrieges 1941–1944. Katalog zur Ausstellung, hrsg. vom Hamburger Institut für Sozialforschung, Hamburg 2002.

Vom Generalplan Ost zum Generalsiedlungsplan, hrsg. von Czeslaw Madajczyk u. a., München 1994.

Weiterführende Literatur zu Einzelthemen

Allen, Michael Thad: The Business of Genocide: The SS, Slave Labor and the Concentration Camps, Chapel Hill 2002.

Aly, Götz: »Endlösung«. Völkerverschiebung und der Mord an den europäischen Juden, Frankfurt a. M. 1995.

Arad, Yitzhak: Belzec, Sobibor, Treblinka. The Operation Reinhard Death Camps, Bloomington 1987.

Arendt, Hannah: Elemente und Ursprünge totaler Herrschaft, Frankfurt 1955.

Ausbeutung, Vernichtung, Öffentlichkeit. Neue Studien zur nationalsozialistischen Lagerpolitik, hrsg. von Norbert Frei, Sybille Steinbacher, Bernd C. Wagner, München 2000.

Auschwitz 1940–1945. Studien zur Geschichte des Konzentrations- und Vernichtungslagers Auschwitz, hrsg. von Waclaw Dlugoborski, Franciszek Piper. 5 Bde., Oswiecim 1999.

Auschwitz. Zeugnisse und Berichte, hrsg. von H. G. Adler u. a., Hamburg 1964.

Ayaß, Wolfgang: »Asoziale« im Nationalsozialismus, Stuttgart 1995.

Birn, Ruth Bettina: Die Höheren SS- und Polizeiführer. Himmlers Vertreter im Reich und in den besetzten Gebieten, Düsseldorf 1986.

Bock, Gisela: Zwangssterilisation im Nationalsozialismus. Studien zur Rassenpolitik und Frauenpolitik. Opladen 1986.

Brandes, Detlev: Die Tschechen unter deutschem Protektorat. 2 Bde., München 1969/1975.

Broszat, Martin u. a.: Anatomie des SS-Staates, 2 Bde., Olten/Freiburg i. Br. 1965.

Browning, Christopher R.: Der Weg zur »Endlösung«. Entscheidungen und Täter, Bonn 1998.

Buber-Neumann, Margarete: Als Gefangene bei Stalin und Hitler, Stuttgart 1968.
Burleigh, Michael: Tod und Erlösung. Euthanasie in Deutschland 1900–1945, Zürich/München 2002.
Ders./Wippermann, Wolfgang: The Racial State. Germany 1933–1945. Cambridge/New York 1996.
Croni, Gustavo: Hitler's Ghettos. Voices from a beteaguered society, 1939–1944, London 2002.
Datner, Szymon: Crimes against POWs. Responsibility of the Wehrmacht, Warschau 1964.
»Den Rauch hatten wir täglich vor Augen«. Der nationalsozialistische Völkermord an den Sinti und Roma, hrsg. von Ramoni Rose, Heidelberg 1995.
Dimension des Völkermords, hrsg. von Wolfgang Benz, München 1991.
Domenach, Jean-Luc: Der vergessene Archipel. Gefängnisse und Lager in der Volksrepublik China, Hamburg 1995.
Dörner, Bernward: »Heimtücke«: Das Gesetz als Waffe. Kontrolle, Abschreckung und Verfolgung in Deutschland 1933–1945, Paderborn 1998.
Drechsler, Horst: Südwestafrika unter deutscher Kolonialherrschaft. Der Kampf der Herero und Nama gegen den deutschen Imperialismus 1884–1915, Berlin 1966.
Drobisch, Klaus/Wieland, Günter: System der NS-Konzentrationslager 1933–1939, Berlin 1993.
»Durchschnittstäter«. Hrsg. von Christian Gerlach, Berlin 2000.
Das Eichmann-Protokoll. Tonbandaufzeichnungen der israelischen Verhöre, hrsg. von Jochen von Lang, Berlin 1982.
The Encyclopedia of Jewish Life Before, During and After the Holocaust. Hrsg. von Shmuel Spector u. a. 3 Bde., New York 2001.
Europa und der »Reichseinsatz«. Ausländische Zivilarbeiter, Kriegsgefangene und KZ-Häftlinge in Deutschland 1938–1945, hrsg. von Ulrich Herbert, Essen 1991.
Faulstich, Heinz: Hungersterben in der Psychiatrie, Freiburg i. Br. 1993.
Finkelstein, Norman G.: Die Holocaust-Industrie. Wie das Leiden der Juden ausgebeutet wird, München 2001.
Fleischer, Hagen: Im Kreuzschatten der Mächte. Griechenland 1941–1944, 2 Bde., Frankfurt a. M. 1986.
Foner, Philip Sheldon: The Spanish-Cuban-American War, New York/London 1972.
Friedlander, Henry: Der Weg zum NS-Genozid. Von der Euthanasie zur Endlösung, Berlin 1997.

Friedländer, Saul: Das Dritte Reich und die Juden. Die Jahre der Verfolgung 1933–1939, München 1998.
Furet, François: Das Ende der Illusion. Der Kommunismus im 20. Jahrhundert, München/Zürich 1998.
Garbe, Detlev: Zwischen Widerstand und Martyrium. Die Glaubensgemeinschaft Jehovas Zeugen im »Dritten Reich«, München 1993.
Gellately, Robert: Hingeschaut und weggesehen. Hitler und sein Volk, Stuttgart/München 2002.
Der »Generalplan Ost«. Hauptlinien der nationalsozialistischen Planungs- und Vernichtungspolitik. Hrsg. von Mechthild Rössler und Sabine Schleiermacher, Belin 1993.
Gerlach, Christian: Kalkulierte Morde. Die deutsche Wirtschafts- und Vernichtungspolitik in Weißrussland 1941–1944, Hamburg 1999.
Ders.: Krieg, Ernährung, Völkermord. Forschungen zur deutschen Vernichtungspolitik im Zweiten Weltkrieg, Hamburg 1998.
Ders.,/Aly, Götz: Das letzte Kapitel. Realpolitik, Ideologie und der Mord an den ungarischen Juden 1944/1945, Stuttgart/München 2002.
Die Gestapo im Zweiten Weltkrieg: Heimatfront und besetztes Europa, hrsg. von Gerhard Paul und Klaus-Michael Mallmann, Darmstadt 2000.
Grosser, Alfred: Ermordung der Menschheit. Der Genozid im Gedächtnis der Völker, München 1990.
Gutman, Roy: Augenzeuge des Völkermords. Reportage aus Bosnien, Göttingen 1994.
Hacker, Jens: Der Ostblock. Entstehung, Entwicklung und Stuktur 1939–1980, Baden-Baden 1983.
Heinemann, Isabel: »Rasse, Siedlung, deutsches Blut«. Das Rasse- und Siedlungshauptamt der SS und die rassenpolitische Neuordnung Europas, Göttingen 2003.
Henkys, Reinhard: Die nationalsozialistischen Gewaltverbrechen. Geschichte und Gericht, Stuttgart 1964.
Herbert, Ulrich: Fremdarbeiter. Politik und Praxis des »Ausländer-Einsatzes« in der Kriegswirtschaft des Dritten Reiches, Berlin/Bonn 1985.
Hilberg, Raul: Die Vernichtung der europäischen Juden. 3 Bde., Frankfurt a. M. 1990.
Ders.: Täter, Opfer, Zuschauer. Die Vernichtung der Juden 1933–1945, Frankfurt a. M. 1992.
The Holocaust Encyclopedia, hrsg. von Walter Laqueur, New Haven, CT 2001.

Das Holocaust-Mahnmal. Dokumentation einer Debatte, hrsg. von Michael S. Cullen, Zürich/München 1999.
Hrabar, Roman/Tokarz, Zofia/Wilczur, Jacek E.: Kinder im Krieg – Krieg gegen Kinder. Die Geschichte der polnischen Kinder 1939–1945, Reinbek 1981.
Im Auftrag. Polizei, Verwaltung und Verantwortung, hrsg. von Alfons Kenkmann, Christoph Spieker, Essen 2001.
Jäckel, Eberhard: Hitlers Weltanschauung. Entwurf einer Herrschaft, Stuttgart 1981.
Ders.: Hitlers Herrschaft. Vollzug einer Weltanschauung, Stuttgart 1986.
Jäger, Herbert: Verbrechen unter totalitärer Herrschaft. Studien zur nationalsozialistischen Gewaltkriminalität, Olten/Freiburg i. Br. 1967.
Jellonek, Burkhard: Homosexuelle unter dem Hakenkreuz. Die Verfolgung von Homosexuellen im Dritten Reich, Paderborn 1990.
Johnson, Eric: Der nationalsozialistische Terror. Gestapo, Juden und gewöhnliche Deutsche, Berlin 2001.
Kaminski, Andrzej: Konzentrationslager 1896 bis heute. Eine Analyse, Stuttgart 1982.
Klee, Ernst: Auschwitz, die NS-Medizin und die Opfer, Frankfurt a. M. 1997.
Klonovsky, Michael/Flocken, Jan von: Stalins Lager in Deutschland 1945–1950, Berlin/Frankfurt a. M. 1991.
Koehl, Robert Lewis: The Black Corps. The Structure and Power Struggle of the Nazi SS, Madison, Wisc. 1983.
Kogon, Eugen: Der SS-Staat. Das System der deutschen Konzentrationslager, München 1974.
Kommandant in Auschwitz. Autobiographische Aufzeichnungen von Rudolf Höß, eingeleitet und kommentiert von Martin Broszat, Stuttgart 1958.
Krausnick, Helmut/Wilhelm, Hans-Heinrich: Die Truppe des Weltanschauungskrieges. Die Einsatzgruppen der Sicherheitspolizei und des SD 1938–1942, Stuttgart 1981.
Kriegsverbrechen im 20. Jahrhundert, hrsg. von Wolfram Wette und Gerd R. Ueberschär. Darmstadt 2001.
Kriegsverbrechen. Was jeder wissen sollte, hrsg. von Roy Gutman u. a., Stuttgart/München o. J.
Kröll, Ulrich: Die internationale Buren-Agitation 1899–1902, Münster 1973.
Madajczyk, Czeslaw. Die Okkupationspolitik Nazideutschlands in Polen 1939–1945, Berlin 1987.
Marchetta, Maria: Erinnerung und Demokratie, Berlin 2001.

Marszalek, Józef: Majdanek, Geschichte und Wirklichkeit eines Vernichtungslagers. Reinbek 1982.
Mazower, Mark: Inside Hitler's Greece. The Experience of Occupation 1941–1944, New Haven 1993.
Messerschmidt, Manfred: Was damals Recht war ... NS-Militär- und Strafjustiz im Vernichtungskrieg, Essen 1996.
Meyer, Ahlrich: Die deutsche Besatzung in Frankreich 1940–1944. Widerstandsbekämpfung und Judenverfolgung, Darmstadt 2000.
Mommsen, Hans: Auschwitz, 17. Juli 1942. Der Weg zur europäischen »Endlösung der Judenfrage«, München 2002.
Mosaic of Victims: Non-Jews Persecuted and Murdered by the Nazis, hrsg. von Michael Berenbaum. New York 1990.
Nationalsozialistische Massentötungen durch Giftgas. Eine Dokumentation, hrsg. von Eugen Kogon u. a., Frankfurt a. M. 1983.
Die nationalsozialistischen Konzentrationslager. Entwicklung und Struktur, hrsg. von Ulrich Herbert, Karin Orth, Christoph Dieckmann. 2 Bde., Göttingen 1998.
Nationalsozialistische Vernichtungspolitik 1939 bis 1945, hrsg. von Ulrich Herbert, Frankfurt a. M. 1998.
Die Normalität des Verbrechens. Bilanz und Perspektiven der Forschung zu den nationalsozialistischen Gewaltverbrechen. Festschrift für Wolfgang Scheffler zum 65. Geburtstag, hrsg. von Helge Grabitz u. a., Berlin 1994.
NS-Prozesse. Nach 25 Jahren Strafverfolgung: Möglichkeiten, Grenzen, Ergebnisse, hrsg. von Adalbert Rückerl, Karlsruhe 1971.
NS-Vernichtungslager im Spiegel deutscher Strafprozesse. Belzec, Sobibor, Treblinka, Chelmno, hrsg. von Adalbert Rückerl, München 1977.
Orth, Karin: Die Konzentrationslager-SS. Sozialstrukturelle Analysen und biographische Studien, Göttingen 2000.
Dies.: Das System der nationalsozialistischen Konzentrationslager. Eine politische Organisationsgeschichte, Hamburg 1999.
Otto, Reinhard: Wehrmacht, Gestapo und sowjetische Kriegsgefangene im deutschen Reichsgebiet 1941/1942, München 1998.
Pingel, Falk: Häftlinge unter SS-Herrschaft. Widerstand, Selbstbehauptung und Vernichtung im Konzentrationslager, Hamburg 1978.
Pohl, Dieter: Verfolgung und Massenmord in der NS-Zeit 1933–1945, Darmstadt 2003.
Ders.: Holocaust. Die Ursachen – das Geschehen – die Folgen, Freiburg 2000.
Ders.: Nationalsozialistische Judenverfolgung in Ostgalizien 1941–

1944. Organisation und Durchführung eines staatlichen Massenverbrechens, München 1996.
Richter, Timm C.: »Herrenmensch« und »Bandit«. Deutsche Kriegsführung und Besatzungspolitik als Kontext des Partisanenkrieges (1941–1944), München 1998.
Rieß, Volker: Die Anfänge der Vernichtung »lebensunwerten Lebens« in den Reichsgauen Danzig-Westpreußen und Wartheland 1939/1940, Frankfurt a. M., 1995.
Schicksalsjahre der Tschechoslowakei 1945–1948, hrsg. von Nikolaus Lobkowicz und Friedrich Prinz.
Schreiber, Gerhard: Deutsche Kriegsverbrechen in Italien. Täter, Opfer, Strafverfolgung, München 1997.
Ders.: Die italienischen Militärinternierten im deutschen Machtbereich 1943–1945, München 1990.
Schwarz, Gudrun: Die nationalsozialistischen Lager, Frankfurt a. M. 1990.
Schweigendes Grauen. Ehemalige NS-Vernichtungslager in Polen, hrsg. von der Friedrich-Ebert-Stiftung, Bonn 1995.
Sinti und Roma im KL Auschwitz-Birkenau 1943–1944. Vor dem Hintergrund ihrer Verfolgung unter der Naziherrschaft, hrsg. von Waclaw Dlugoborski, Oswiecim 1998.
Social Outsiders in Nazi Germany, hrsg. von Robert Gellately und Nathan Stoltzfus, Princeton/Oxford 2001.
Speckner, Hubert: In der Gewalt des Feindes. Kriegsgefangenenlager in der »Ostmark« 1939 bis 1945, München/Wien 2003.
Spoerer, Mark: Zwangsarbeit unter dem Hakenkreuz. Ausländische Zivilarbeiter, Kriegsgefangene und Häftlinge im Dritten Reich und im besetzten Europa 1938–1945, Stuttgart 2001.
Die SS. Elite unter dem Totenkopf, hrsg. von Ronald Smelser und Enrico Syring, Paderborn 2000.
Steinbacher, Sybille: »Musterstadt« Auschwitz. Germanisierung und Judenmord in Ostoberschlesien, München 2000.
Streim, Alfred: Die Behandlung sowjetischer Kriegsgefangener im »Fall Barbarossa«. Eine Dokumentation, Heidelberg/Karlsruhe 1981.
Streit, Christian: Keine Kameraden. Die Wehrmacht und die sowjetischen Kriegsgefangenen 1941–1945, Stuttgart 1978.
Süß, Winfried: Der »Volkskörper« im Krieg. Gesundheitspolitik, Gesundheitsverhältnisse und Krankenmord im nationalsozialistischen Deutschland 1939–1945, München 2003.

Die Täter der Shoah. Fanatische Nationalsozialisten oder ganz normale Deutsche? Hrsg. von Gerhard Paul, Göttingen 2002.
Tomasevich, Jozo: War and Revolution in Yugoslavia, 1941–1945: Occupation and Collaboration, Stanford, CA 2001.
Trunk, Isaiah: Judenrat. The Jewish Councils in Eastern Europe under Nazi Occupation, New York 1972.
Tuchel, Johannes: Die Inspektion der Konzentrationslager 1939–1939. Das System des Terrors, Berlin 1994.
Vernichtungskrieg. Verbrechen der Wehrmacht 1941–1944, hrsg. von Hannes Heer und Klaus Naumann, Hamburg 1995.
Völkermord – friedenswissenschaftliche Annäherungen, hrsg. von Hartwig Hummel, Baden-Baden 2001.
Völkermord und Verdrängung. Der Genozid an den Armeniern, hrsg. vom Arbeitskreis Armenien, Zürich 1998.
Von Lidice bis Kalavryta – Widerstand und Besatzungsterror. Studien zur Repressalienpraxis im Zweiten Weltkrieg, hrsg. von Loukia Droulia und Hagen Fleischer, Berlin 1999.
Wagner, Patrick: Volksgemeinschaft ohne Verbrecher. Konzeptionen und Praxis der Kriminalpolizei in der Zeit der Weimarer Republik und des Nationalsozialismus, Hamburg 1996.
Weber, Wofram: Die innere Sicherheit im besetzten Belgien und Nordfrankreich 1940–1944. Ein Beitrag zur Geschichte der Besatzungsverwaltungen, Düsseldorf 1978.
Wildt, Michael: Generation des Unbedingten. Das Führerkorps des Reichssicherheitshauptamtes, Hamburg 2002.
Yahil, Leni: Die Shoah. Überlebenskampf und Vernichtung der europäischen Juden, München 1998.
Zimmermann, Michael: Rassenutopie und Genozid. Die nationalsozialistische »Lösung der Zigeunerfrage«, Hamburg 1996.

Namen- und Sachregister